ITALIEN
im 1. Jh. n. Chr.
km 100 200
Maßstab 1:5 540 000
GERMANIA
Augusta Vindelicum
Augusta Rauricorum
Raetia
Noricum
ALPES MONTES
ILLYRICUM
Lacus Venetus
Lacus Lemanus
Genava
Lacus Verbanus
Lacus Larius
Lacus Benacus
Rhenus
Rhodanus
Ticinus
Atesis
Aenus
Anisus
Isonta
Murus
Tridentum
Gallia Transpadana
Comum
Mediolanum
Vercellae
Ticinus
Cremona
Verona
Mantua
Patavium
Atria
Venetia
Via Postumia
Aquileia
Dalmatia
Pola
Placentia
Parma
Mutina
Bononia
Ravenna
Padus
Trebia
Tanarus
Liguria
Genua
Aemilia
Via Aemilia
Rubico
Ariminum
Via Aurelia
Lucca
Pisae
Florentia
Arnus
Metaurus
Etruria
Arretium
Umbria
Via Flaminia
Ancona
Picenum
Lacus Trasimenus
Perusia
Clusium
Volsinii
Lacus Volsiniensis
Tiberis
Asculum
Hadria
Reate
Tarquinii
Aternus
Corfinium
Lacus Fucinus
Sulmo
Samnium
Caere
Roma
Ostia
Praeneste
Anio
Arpinum
Latium
Antium
Tarracina
Formiae
Campania
Capua
Vesuvius
Neapolis
Pompei
Beneventum
Luceria
Apulia
Cannae
Aufidus
Venusia
Via Traiana
Via Appia
Brundisium
Casuentus
Tarentum
Calabria
Poseidonia (Paestum)
Lucania
Heraclea
Via Popilia
Sybaris
Croton
Bruttium
Locri
Rhegium
Liparaeae Insulae
Messana
Panormus
Drepanum
Segesta
Lilybaeum
Selinus
Agrigentum
Sicilia
Himeras
Via Valeria
Aetna
Syracusae
Corsica
Aleria
Olbia
Sardinia
Carales
Sulci
MARE LIGUSTICUM
MARE TYRRHENUM
MARE ADRIATICUM
MARE IONIUM
MARE AFRICUM
Spalatum
Salonae
AFRICA
Utica
Carthago
Tunes
Bagradas
Zama
Ostia
Alba Longa
Lavinium
Latium
Via Appia
Volturnus
Clanius
Capua
Beneventum
Via Appia
Campania
Nola
Neapolis
Cumae
Vesuvius
Herculaneum
Nuceria
Misenum
Pompei
Golf von Neapel
Stabiae
Via Popilia
km 30

Campus neu

Gesamtkurs Latein

Ausgabe C

Band 3

C.C.BUCHNER

Campus neu

Gesamtkurs Latein. Ausgabe C

Herausgegeben von Clement Utz und Andrea Kammerer

Begleitmaterialien herausgegeben von Michael Lobe und Christian Zitzl

Erarbeitet von Wolfgang Freytag, Johannes Fuchs, Reinhard Heydenreich, Ulf Jesper, Andrea Kammerer, Elisabeth Kattler, Birgit Korda, Michael Lobe, Diana Lohmer-Lößl, Stefan Müller, Wilhelm Pfaffel, Andreas Rohbogner, Clement Utz und Christian Zitzl.

Band 3 wurde bearbeitet von Reinhard Heydenreich, Andrea Kammerer, Michael Lobe, Wilhelm Pfaffel, Clement Utz und Christian Zitzl.

Zu diesem Lehrwerk sind erhältlich:
Digitales Lehrermaterial **click & teach** Einzellizenz, Bestell-Nr. 410231
Digitales Lehrermaterial **click & teach** Box (Karte mit Freischaltcode), ISBN 978-3-661-41029-6
Weitere Materialien finden Sie unter www.ccbuchner.de.

Dieser Titel ist auch als digitale Ausgabe **click & study** unter www.ccbuchner.de erhältlich.

Bamberger Wortschatz

1. Auflage, 2. Druck 2021
Alle Drucke dieser Auflage sind, weil untereinander unverändert, nebeneinander benutzbar.

Dieses Werk folgt der reformierten Rechtschreibung und Zeichensetzung. Ausnahmen bilden Texte, bei denen künstlerische, philologische oder lizenzrechtliche Gründe einer Änderung entgegenstehen.

An keiner Stelle im Buch dürfen Eintragungen vorgenommen werden.

Redaktion: Barbara Szlagor, Andrea Forster
Illustrationen und Karten: tiff.any GmbH / Heimo Brandt, Berlin
Layout und Satz: mgo360 GmbH & Co. KG, Bamberg
Druck und Bindung: Firmengruppe Appl, aprinta Druck, Wemding

www.ccbuchner.de

ISBN 978-3-661-**41013**-5

Hinweise zur Konzeption und zur Arbeit mit *Campus neu*

Das Lehrwerk *Campus neu*, Ausgabe C, ist unterteilt in drei Bände.

Jeder Band enthält den Stoff eines Schuljahres: Teil 1 umfasst die Lektionen mit Texten und Aufgaben, Teil 2 Wortschatz und Grammatik. Das Buch für das dritte Lernjahr bietet fünf Themenkreise zur Welt der Römer und zur antiken Kultur. Jeder Themenkreis wird durch eine Doppelseite eingeleitet. Diese enthält das verbindliche **kulturkundliche Grundwissen**, das mit dem Schriftzug *fundamentum* gekennzeichnet ist. Zum verbindlichen Grundwissen gehören auch die mit *fundamentum* markierten Sachinformationen in den Lektionen.

Jede **Lektion** umfasst eine Doppelseite, die den Stoff übersichtlich vorstellt (vgl. S. 4f.):

- Linke Seite (enthält keinen neuen Wortschatz, allenfalls einige Vokabeln, die den neuen Grammatikstoff repräsentieren):

E Lateinischer Text zum Entdecken des Grammatikstoffs
Ü Aufgaben zum Erarbeiten und Erlernen des Grammatikstoffs
I Sachinformation zum kulturellen Hintergrund der Lektion

In Lektionen, in denen ein selbsttätiges Entdecken des Grammatikstoffs ertragreich erscheint, wird dies durch eine konkrete Aufgabe unter *Lerncampus* **E** angeleitet. In gleicher Weise gibt es an geeigneten Stellen unter *Lerncampus* **Ü** Hinweise für selbstorganisiertes und binnendifferenziertes Üben.

- Rechte Seite (enthält den gesamten neuen Wortschatz):

T Lektionstext mit dem aktuellen Grammatikstoff und allen neuen Vokabeln
V Aufgaben zur Texterschließung und sprachlichen Vertiefung

Für die Behandlung einer Lektion bieten sich **zwei methodische Verfahren** an:

von links nach rechts: ▌Entdecken und Erarbeiten des Grammatikstoffs (E und Auswahl aus Ü) ▌Übersetzen und Erschließen des Lektionstextes (T, V a) ▌Sprachliche Vertiefung (Auswahl aus V)

von rechts nach links: ▌Übersetzen und Erschließen des Lektionstextes (T, V a) ▌dabei: Erarbeiten des Grammatikstoffs (T) ▌Einüben des Grammatikstoffs (Auswahl aus Ü, E) ▌Sprachliche Vertiefung (Auswahl aus V)

In der Regel nach drei Lektionen folgt eine Doppelseite *Kompakt*:

- Die linke Seite bietet meist einen lateinischen Text. Da dieser weder neue Grammatik noch neuen Wortschatz enthält, dient er v.a. der Schulung der Texterschließungskompetenz und der Umwälzung der vorhergehenden Spracherscheinungen.

- Die rechte Seite beinhaltet kompetenzorientierte Aufgabenstellungen, die sich für binnendifferenziertes Arbeiten eignen und das Fortleben des Lateinischen betonen.

Die Behandlung der lateinischen Texte (T) in den Lektionen und auf den *Kompakt*-Seiten ist ebenso verbindlich wie der Wortschatz und die Grammatik; die anderen Bestandteile der Doppelseiten (insbesondere die Aufgaben und Texte unter E, Ü und V) sind ein **Angebot**, aus dem die Lehrkraft gezielt auswählen muss.

Aufgaben, die sich für eine kooperative Bearbeitung (z.B. in Partner- oder Gruppenarbeit) eignen, sind durch ▛ gekennzeichnet.

Zeitplanung: Für eine Lektion sind (bei vier Wochenstunden) gut drei Unterrichtsstunden anzusetzen.

Die Lektion – auf einen Blick

Linke Seite

keine neuen Vokabeln
Ausnahme: beispielhafte Repräsentanten des neuen Grammatikstoffs

Illustration
motivierender Einstieg in E

einfacher Text
Entdecken und Erarbeiten des neuen **Grammatikstoffs**

Aufgaben
kleinschrittige Erarbeitung und Festigung der Grammatik, steigernde Anordnung, von der Einzelform zum Kontext

kleiner **Text**:
als **Hausaufgabe** geeignet (hier Ü c)

Sachinformation
Vorbereitung auf T

86

E Von seinem Onkel (avunculus) angeregt, liest Gaius Ciceros Dē nātūrā deōrum. Dabei notiert er sich Folgendes:

1. Epicurus putat deos nec nos tueri nec calamitates moliri.
2. Dei igitur apud nos nihil moliuntur.
3. Procul a nobis vitam beatam agunt. Nec vident nos dolores pati nec audiunt nos queri.
4. Si tu dolores páteris vel ego patior – dei non moventur.
5. Ipsi autem dolores non patiuntur, numquam queruntur.
6. Epicurus optat, ut homines exemplum suum sequantur!
7. Mox cum avunculo his de rebus loquar.
8. Ille enim dixit: „Ne Epicurum secutus sis!"

Lerncampus Ü
Ü c ist Pflicht; bestimme bei den Deponentien jeweils die Form und die Konjugationsklasse. Wer dabei noch unsicher ist, bearbeitet Ü a. Wer schnell fertig ist, löst Ü b und bespricht die Sentenzen dann mit der Klasse.

Ü

a Weise die Formen den verschiedenen Konjugationsklassen zu:
arbitror – sequor – tuetur – molitur – veriti sumus – locuti sumus – ratus est – suspicemur – polliceremur – patior – fateor – querar

b Eins folgt aufs andere. Erkläre den Sinn der Sentenzen anhand von Beispielen:
1. Rem tene, verba sequentur.
2. Iudicis est in causis verum sequi.
3. Cura sequitur crescentem pecuniam.

c Gaius träumt. Übersetze:
1. In somno Gaius rem miram videt: Dei cum Epicuro loquuntur. 2. Iuppiter philosophum deos in exilium misisse queritur. 3. Epicurus autem ridet et ridens in mille partes frangitur. 4. Deis idem accidit quod Epicuro. 5. Tum Gaius ipse omnes partes tanto labore colligere temptat, ut vehementer patiatur. 6. Multa molitur, sed partes parvae iterum atque iterum eum fugiunt.

I **Carpe diem!**
Diese zwei lateinischen Wörter wurden zu einer – ganz unterschiedlich ausgelegten – Sentenz. Sie standen ursprünglich in der letzten Zeile eines Gedichts von Horaz (65 v.–8 n.Chr.), in dem der Dichter dazu auffordert, die kurze Lebenszeit im Heute zu genießen und nicht auf den folgenden Tag zu verschieben. Auch später war Carpe diem! ein wichtiges Motiv in der Dichtung, etwa vor dem Hintergrund schlimmer kriegerischer Auseinandersetzungen im 17. Jh., als das Bedürfnis aufkam, das Leben im Hier und Jetzt zu genießen.
Da carpere wörtlich „pflücken" bedeutet, geht es bei späteren Deutungen des Carpe diem! vor allem um die Interpretation des carpere: Ist es eher das Genießen des Augenblicks, ohne an morgen zu denken, oder geht es um ein sinnvolles Ausnutzen der Zeit, um gutes Zeitmanagement, um ein bestimmtes Ziel zu erreichen?

60 **Deponentien kons. / i-Konjugation**

Auf den **Lektionsdoppelseiten** ist nur die Behandlung des **T-Stückes** obligatorisch. Alle anderen Elemente – hier grün unterlegt – stellen ein Angebot dar, aus dem die Lehrkraft eine Auswahl nach methodischen und didaktischen Kriterien treffen wird.

Die römisch bezifferten **Doppelseiten** Kompakt bieten keinen neuen Wortschatz und keinen neuen Grammatikstoff. Sie dienen der Vertiefung der unmittelbar vorausgegangenen drei Lektionen und schulen wichtige Kompetenzen anhand differenzierender Aufgabenstellungen.

Rechte Seite

alle neuen Vokabeln

Pflücke den Tag!

Plinius teilt seiner Schwester Marcella mit, dass er schon bald nach Misenum abreisen müsse, um dort seinen Dienst als Flottenkommandant anzutreten. Da fragt sie ihn, ob sie und Gaius nicht mitkommen könnten.

T

MARCELLA: Semper multis in officiis occupatus es, multa moliris. Saepe experior, quam raro tibi sit otium. Precor te, frater, ne nos neglegas! Vellem nobis liceret te sequi!
PLINIUS: Ne questa sis! Ne me reprehendas! Oportet me imperium imperatoris sequi.
MARCELLA: Mihi in mentem veniunt dicta Horatii poetae, quae tu me docuisti: „Dum loquimur, tempus iam fūgit. Itaque carpe diem!“ At quo modo homo diem carpere potest? Diesne carpitur, cum semper negotia agis? Diesne carpitur, cum totum fere tempus provinciis praees? An diem carpis, cum curis solutus mihi et Gaio te das?
PLINIUS: Diem carpit, qui voluptatibus fruitur neque dolores patitur. Id, quod sensus nostros delectat aut quo quisque gaudet, voluptas est: Alter – velut ego – communi saluti consulit, alter magnas opes sibi parat et sua tantum commoda curat; nonnulli etiam libros legunt, nonnulli causas agunt.
MARCELLA: Equidem maximam voluptatem consequor, cum tu tempus tibi sumis multosque sermones nobiscum habes.
PLINIUS: Bene loqueris. Verbis dulcibus me aggrederis.

Bunte Fassade in der historischen Altstadt von Nabburg in der Oberpfalz.

I Erläutere den Zusammenhang zwischen dem lateinischen Spruch und der abgebildeten Figur links.

V

a 1. Erschließe, ausgehend von den Prädikaten und Satzarten, die Entwicklung des Gesprächs. 2. Paraphrasiere unter Einbeziehung von I, worin für Horaz, einen Anhänger Epikurs, ein glückliches Leben besteht. 3. Stelle die in T genannten verschiedenen voluptātēs zusammen.

b Recherchiert nach kurzen Definitionen von „Glück“ und diskutiert sie; nutzt dabei auch eure Kenntnisse aus dem Religions- oder Ethikunterricht.

c Herakles hat die Wahl: virtus oder voluptas? Übersetze:
1. Prima femina haec fere Herculi dixit: „Ego sum Voluptas. 2. Si me secutus eris, semper beatus eris. 3. Res iucundas tantum geres, numquam quereris, nihil patieris. 4. Necesse non erit ad negotia difficilia aggredi; semper maximam voluptatem consequeris.“ 5. Secunda autem femina talia locuta est: „Ne istam secutus sis, Hercules! 6. Non Voluptas, sed Vitium eius nomen est. 7. Ego sum Virtus. 8. Expertus es homines nihil sine labore moliri. 9. Si vero labores passus eris, gloria afficieris.“

Fragen der Philosophie – Antworten für uns? 61

zentraler Lektionstext mit dem aktuellen Grammatikstoff und allen neuen Vokabeln

Abbildung
Auseinandersetzung mit T und I, Aufgabe zur Bilddidaktik

vertiefende Aufgaben

Inhaltliche Aufgabe(n):
Erfassung / Erschließung von T, ggf. weiterführende Recherche oder produktive Rezeption (hier V a, b)

Aufgabe(n):
Sicherung des neuen Vokabulars und Grammatikstoffs (hier V c)

Errungenschaften der Griechen – Fundamente für Rom und Europa 12

Die Zeit der Kaiser – Veränderungen und Herausforderungen

Recht und Gerechtigkeit – ein bedeutendes Erbe 76

Weltsprache Latein – Tradition für Europa 92

Errungenschaften der Griechen – Fundamente für Rom und Europa

1

In der europäischen Geisteswelt waren die Griechen bei der Erforschung von Naturerscheinungen, in der Philosophie und Literatur die Ersten. Ihr vielfältiges intellektuelles Vermächtnis hat nicht nur auf die Römer gewirkt, sondern strahlt bis in die Gegenwart Europas aus.

2

Die Anfänge der Philosophie – Vorsokratiker und Sokrates

Philosophie heißt eigentlich „Liebe zur Weisheit". Als die ersten Philosophen gelten griechische Gelehrte ab dem 6. Jh. v. Chr., die an der Westküste Kleinasiens, in der heutigen Türkei, lebten. Sie versuchten, Naturerscheinungen zu erklären, ohne sie auf das Wirken von Göttern zurückzuführen. So gelten sie als Vorläufer der Naturwissenschaft, auch wenn ihnen systematische Versuche, wie sie in der heutigen Wissenschaft üblich sind, noch fremd waren. Man bezeichnet sie als „Vorsokratiker", weil sie zeitlich vor dem athenischen Philosophen Sokrates wirkten. Dieser provozierte seine Landsleute durch ständiges Fragen und Infragestellen von üblichen Anschauungen – auf allen Gebieten des Lebens. Seine bohrende Suche nach der Wahrheit wurde grundlegend für Europa; sie ist uns durch die Schriften seiner Schüler, v.a. Platons, bekannt.

a Stellt aus den Sachinformationen und Lektionstexten von Kap. 71–75 Gedanken zusammen, die gegenüber den Vorstellungen, die von Mythen und von der Götterwelt geprägt waren, Neuerungen darstellten. Haltet diese Gedanken übersichtlich auf einem mitwachsenden digitalen Plakat fest.

3

Unsere Texte und Themen:

Vorsokratiker:		
Thales (71 T)	ca. 600	Erklärung der Natur
Solon (72 T)		Reichtum und Glück
Delphi (73 T)		Orakel und Politik
Olympia (74, XXV T)		Spiele und Heiligtum
Sokrates (75 T)	ca. 400	Mensch im Dialog
Euripides (76–XXVI T)	v. Chr.	Mythos als Tragödie

Die Einflüsse griechischen Geisteslebens auf Rom

fundamentum

Gebildete Römer studierten in Athen, stellten Griechen als Lehrer ihrer Kinder ein und statteten ihre Villen und Gärten mit griechischen Kunstwerken aus. Griechisch war „chic"! Die Übernahme griechischen Denkens geschah in Rom aber nicht widerspruchslos: Als 155 v. Chr. im Rahmen einer griechischen Gesandtschaft Philosophen aus Athen nach Rom kamen und die jungen Römer beeindruckten, wurden sie vom konservativen Senat kurzerhand außer Landes verwiesen (vgl. Band 2, 48 T).

Die römischen Dichter hingegen ließen sich von den Sagen und der Dichtung der Griechen inspirieren: Sie verarbeiteten diese – wie Ovid um die Zeitenwende – in ihren eigenen Dichtungen oder formten sie zu eigenen lateinischen Dramen um.

Olympia und Delphi als religiöse Zentren

fundamentum

Olympia und Delphi waren die heiligsten Stätten Griechenlands, zu denen man pilgerte, um sich im olympischen Zeus-Tempel oder im delphischen Apollon-Tempel die Zukunft weissagen zu lassen. Auch die römischen Kaiser schätzten die Bedeutung Delphis; Kaiser Hadrian († 138 n. Chr.) erklärte die Stätte sogar zur „Heiligen Stadt". Olympia als Ort der dort ausgerichteten Olympischen Spiele (vgl. 74 I) war auch im Römischen Reich noch Jahrhunderte lang die zentrale internationale Wettkampfstätte. Ein Sieg in Olympia galt auch den Römern als das Höchste: Der berüchtigte Kaiser Nero († 68 n. Chr.) trat dort sogar selber als Lenker eines zehnspännigen Wagens auf und ließ sich als Olympiasieger feiern – obwohl sein Gespann gestürzt war. Erst 393 n. Chr. verbot der christliche Kaiser Theodosius I. alle heidnischen Kulte und Feierlichkeiten.

1 *Die Akademie der Wissenschaften in Athen.*
2 *Brunnen am Michael-Fischer-Platz in Deggendorf.*
3 *Philosophen in der Akademie von Athen. Mosaik aus Pompeji. 1. Jh. Neapel, Museo Archeologico Nazionale.*

b Stellt anhand des 2. Bandes von *Campus* oder eines Geschichtsbuchs wichtige Ereignisse zusammen, bei denen bis zum 2. Jh. v. Chr. Griechen und Römer aufeinandertrafen. Beschreibt, wie sie jeweils einander begegneten.

71

E

Thales, einer der vorsokratischen Philosophen (vgl. S. 12), hat eine nach ihm bezeichnete Entdeckung gemacht, die Schüler kennen sollten. Der römische Lehrer fragt:

1. MAGISTER: Quis istum orbem fecit? Quid iste orbis indicat?
2. DISCIPULUS: Nescio. Aliquis orbem fecit. Et orbis certe aliquid indicat.
3. MAGISTER: Certe isti viro claro aliquod nomen est. Scisne nomen alicuius viri magni?
4. DISCIPULUS: Aliqua nomina virorum clarorum mihi in mentem veniunt. Ii aliquas res invenerunt.
5. MAGISTER: Dic tandem, si quid scis!

Lerncampus Ü

Ü a und d sind Pflicht. Wer bei der Verwendung des Pronomens aliquis noch Unterstützung braucht, löst Ü c. Schnelle befassen sich mit Ü b, um dann ihren Mitschülern die Verwendung von aliquis in lat.-dt. Lexika erklären zu können.

Ü

a Löse die Gleichungen dem Beispiel entsprechend und bestimme die neuen Formen:

1. aliquis - s + d = aliquid
2. aliquis - q + c - s = ?
3. aliquis - i - s + o = ?
4. aliquis - i + e - s + m = ?

b In lateinisch-deutschen Lexika finden sich häufig zur Bedeutung der Verben weitere Angaben. Übersetze und erkläre die Angaben:

1. donare alicui aliquid, z. B. militibus praedam, uxori ornamentum 2. donare aliquem aliqua re, z. B. servum libertate, avum libro vetere 3. monere aliquem de aliqua re, z. B. discipulum de officio

c Der Philosoph Thales hat wissbegierige Schüler. Wähle das jeweils passende Pronomen aus und übersetze.

1. Narra nobis (aliquid / quid) de caelo, Thales! 2. (Aliquos / Quos) numeros in arena videmus. 3. Si (aliquid / quid) ostenderis, multa discemus.

d Philosophie macht reich. Übersetze:

1. Aliquo die Thales cives de se dicere audivit: 2. „Certe Thales nobis aliqua consilia sapientia dare potest. 3. Num quod commodum ex ea re cepit? Ecce, vir pauper est.“ 4. Quibus verbis motus Thales hoc fecit: Hieme (im Winter) eas res parvo pretio emit, quas nemo quaesivit: trapeta (Olivenpressen). 5. Aestate autem ea magno pretio vendidit et dixit: „Sapientes, si quid appetunt, hoc appetere possunt.“

I

Die Vorsokratiker

fundamentum

Die Vorsokratiker gingen davon aus, dass Erscheinungen der Natur wie etwa Blitz und Donner nicht von Göttern verursacht sind, wie man glaubte, sondern einen wissenschaftlich erklärbaren Hintergrund haben. Diese neue Art des Denkens bezeichnet man auch als Wechsel vom Mythos zum Logos. Die Vorsokratiker beschäftigten sich vor allem mit der Frage nach dem Ursprung der Dinge. **Thales** etwa stellte die These auf, dass alles aus Wasser bestehe. **Pythagoras** dagegen vermutete, hinter allem stünden Zahlenverhältnisse. Die sog. **Atomisten** meinten, dass die Welt aus unteilbaren Teilchen, den sog. Atomen, bestehe.

Der Beginn wissenschaftlicher Welterklärung

T

Thales vir doctus erat; homines eum „sapientem“ nominaverunt. Aliquis certe scit, quibus rebus imprimis studuerit: Thales cum cupidus esset scientiae[1], quaerebat, e quibus rebus terra constaret. Haec cogitabat: „Aliquid omnibus in rebus latet! Omnia ex eadem causa creata sunt; aliqua causa omnibus rebus communis est.“
Thales quidem putabat non aliquos deos terram creavisse nec mundum[2] aliquo casu factum esse. Haec erat eius opinio: „Si quid omnibus rebus commune est, certe est aqua. Num quod animal sine aqua vivere potest?“
Thales etiam motum caeli servabat. Quondam autem res mira ei accidit: Dum motum alicuius sideris lucentis[3] servat, in puteum[4] cecidit. Quod ubi aliqua serva vidit, Thalem risit: „O vir docte! Tu non sapis: Omnia misces. Si quis meridie non cernit ea, quae in terra ipsa sunt, non oportet eum cursum siderum nocturnorum servare!“

[1] scientia die Kenntnis, das Wissen

[2] mundus die Welt

[3] lūcēre leuchten

[4] puteus die Grube, der Brunnen

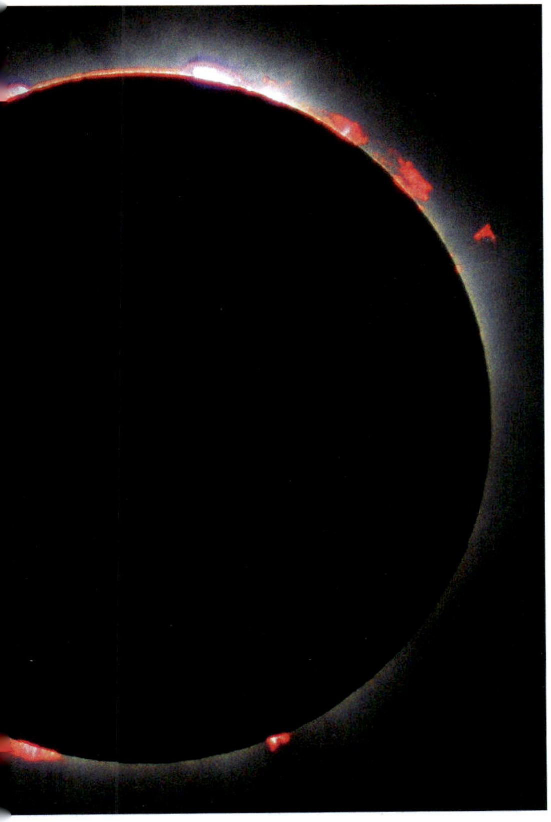

Zum größten Erstaunen seiner Landsleute sagte Thales die totale Sonnenfinsternis vom 28. Mai 585 v. Chr. voraus.

V

a 1. Erschließe aus T, Z. 1–9, wie Thales zu der Erkenntnis kam, dass alles aus Wasser bestehe (vgl. I).
2. Beschreibe, in welchem Zusammenhang die Formen des Indefinitpronomens (Z. 4–7) vorkommen. Erschließe, was dies über das Forschen des Thales aussagt.

b Recherchiere, worin wesentliche Unterschiede zwischen der Atomlehre der griechischen „Atomisten“ (vgl. I) und der heutigen Physik bestehen. Befrage dazu auch einen Physiklehrer deiner Schule und stelle das Ergebnis deinen Mitschülern vor.

c Vokabelmathematik

et + iam = etiam. Addiere dem Beispiel entsprechend zwei Wörter oder Wortformen. Bilde so mindestens drei lateinische Wörter, die du bereits gelernt hast.

d Das alte Weltbild des Mythos. Übersetze:

1. Haec erat quondam opinio multorum hominum, etiam doctorum: 2. „Id, quod cernimus, non casu creatum est, sed a deis. 3. Mundus (Welt) e terra et mari constat. 4. In caelo carrus Solis (des Sonnengottes) ab equis trahitur. 5. Aliqua sidera cursum circum solem faciunt, aliqua sine motu in caelo haerent. 6. Haec omnia aliqui dei creaverunt. 7. Si quis aliam causam rerum esse putat, errat.“

72

E Thales und Solon (Solō, ōnis; vgl. **I**) waren als weise Männer berühmt.

1. Thales et Solo viri clari et sapientes erant.
2. Quis erat clarior quam Thales? Quis erat sapientior quam Solo?
3. Cui erat nomen clarius? Quis consilia sapientiora dabat?
4. Quis illo tempore erat vir clarissimus, quis sapientissimus?
5. Multi homines sapientissimi sunt.
6. Thales et Solo clariores, immo clarissimi erant.

Solon. Büste.
Florenz, Galleria degli Uffizi.

Lerncampus E: die Bildung der Steigerungsformen erkennen

Gib aus dem Kontext an, welche Steigerungsformen in E 2 und 4 jeweils vorliegen. Erkläre die Bildung des Komparativs (der Vergleichsstufe) und des Superlativs (der Höchststufe).

Ü

a Steigere die Adjektive und dekliniere:

ingenium clarum, mens placida, animus superbus

b Irrläufer. Begründe, welche Form nicht in die Reihe passt:

1. altum – altior – altius – altissimum
2. stultis – stultioris – stultissimis
3. forte – fortia – fortissima – fortiora

c Ein Athener preist seine Heimat. Bilde die jeweils passende Form im Komparativ und übersetze:

1. Patria mea (pulcher) est quam tua. 2. Templa (ingens) sunt. 3. Carmina (dulcis) audis. 4. Ibi puellas (pulcher) spectas quam hic. 5. Sole (clarus) gaudemus. 6. Nos (felix) sumus quam vos.

Und nun das Gegenteil! Bilde zu den Adjektiven jeweils die Superlativformen und übersetze:

1. Hoc loco homines infelices vivunt. 2. Vitam tristem agunt. 3. Bestiis saevis terrentur. 4. Regi stulto parent. 5. Labores graves sustinent.

d Sapientissimus? Übersetze:

1. Multos homines conveni: sapientissimos et stultissimos. 2. Sed stultissimus erat is, qui se sapientissimum omnium putavit. 3. Quamquam verba stultiora dicebat, semper confirmavit: 4. „Nemo est sapientior quam ego. 5. Primo fueram sapientior – ut multi –, deinde – ut pauci – sapientissimus, sed nunc omnes superavi: 6. Ecce, sapientissimus sapientissimorum sum.“

e Durchblick ist wichtig. Erklärt die Sentenz mithilfe von Beispielen:

Felix, qui potuit rerum cognoscere causas.

I

Solon von Athen

Angesehene Männer des öffentlichen Lebens im 7./6. Jh. v. Chr., die durch kluge Aussagen („Sprüche“) bekannt waren, zählten zu den Sieben Weisen. Einer von ihnen war Solon. In seiner Vaterstadt Athen wurde er im 6. Jh. v. Chr. zu einem Reformer des Staatswesens: Er beseitigte die Schulden der armen Kleinbauern, teilte die Bevölkerung in vier Klassen ein und begründete ein Volksgericht, an das sich jeder freie Athener wenden konnte. Nach der Durchsetzung seines Reformwerks hat er die Athener zur Einhaltung der neuen Gesetze verpflichtet, selbst aber das Land verlassen. Mit anekdotenhaften Zügen wurde sein Besuch beim lydischen König Krösus ausgestattet.

Solon und Krösus

T

Im 6. Jh. v. Chr. galt Krösus, der König von Lydien, als der reichste Mann im Mittelmeerraum. Dieser hatte Solon (vgl. I) zu sich eingeladen.

Athenis[1] nemo sapientior erat quam Solo; immo extra Graeciam sapientissimus omnium vocabatur: Non solum versus[2] doctissimos fecerat, sed etiam in patria sua controversias[3] gravissimas confecerat. Itaque Croesus illum virum sapientem in domum regiam vocaverat summisque cum honoribus recepit. Tum Soloni omne aurum omnesque opes regni sui ostendit.
Interea Croesus – credens neminem divitiorem, neminem beatiorem esse quam se ipsum – e Solone quaesivit: „O Solo, qui multas terras multasque res humanas vidisti, dic mihi: Quis est homo beatissimus?“

Solon antwortete zu Krösus' Verblüffung: Tellos. Dieser – ganz unbekannte – Athener habe prächtige Kinder und Enkelkinder gehabt und er sei beim Kampf für seine Vaterstadt ruhmreich gefallen. An zweiter Stelle nannte er das Brüderpaar Kleobis und Biton: Sie seien in der Blüte ihrer Jugend, beim Dienst für ihre Mutter, eine Herapriesterin, ohne Schmerzen gestorben (vgl. V c).

Rex tristis quaesivit: „Quin me beatissimum nominavisti, cum mihi maximae sint opes, curae autem minimae? Num quae divitiae, num qua artificia cum meis comparari possunt?“
Solo: „Ego“, ait, „testis malus fortunae tuae sum. Nullum regem vidi divitiorem, nullum potentiorem quam te; nunc feliciorem vitam in sede tua agis, sed fortasse[4] brevissimo tempore in miseria[5] peribis. Ego neminem beatum vocabo, priusquam ad vitae finem venerit: Tum demum licebit fatum iudicare, quod dei ei dederunt.“

[1] Athēnīs in Athen

[2] versus, ūs: vgl. Fw.

[3] contrōversia der Streit, die Streitigkeit

[4] fortāsse *Adv.* vielleicht

[5] miseria die Not, das Unglück

Kleobis und Biton. Griechische Plastiken. Um 590 v. Chr. Delphi, Museum.

V

a 1. Stelle vor der Übersetzung der ersten Texthälfte die Adjektive im Komparativ und Superlativ zusammen. 2. Erläutere mithilfe ihrer Bedeutung die Frage, um die es Krösus und Solon geht.

b Auf dieser Seite findet ihr verschiedene Vorstellungen darüber, worin Glück besteht. Vergleicht damit eure eigenen Vorstellungen von Glück und ergänzt ggf. Aspekte, die euch wichtig sind.

c Kleobis und Biton. Übersetze:

1. Solo dixit illos fratres felicissimos fuisse. 2. Matri suae, cum pedibus ire non iam posset, opem tulerant et eam carro ad templum Iunonis deae traxerant. 3. Sacro ibi facto mater a dea petivit, ut filii neque magnas opes neque regna, sed summum bonum (Glück) acciperent. 4. Eodem die fratres post vitam breviorem occiderunt. 5. Sic illos neque aurum neque gloria beatissimos fecerat, sed dea.

73

E

1. Croesus vir divitissimus erat. Tot opes habebat quot nemo ante eum.
2. Nemo tantō studiō opes augebat quantō Croesus.
3. Sed Croesus vir magni ingenii non erat.
4. Neque enim tantō ingeniō erat, ut verba oraculi intellegeret.

Lerncampus Ü

Ü a und d bearbeiten alle. Wer bei den Kasusformen des Genitivs und Ablativs noch Unterstützung braucht, bearbeitet mit einem Partner Ü c. Wer schnell fertig ist, sucht Lösungen für Ü e und stellt diese dann vor.

Ü

a Wähle das passende Vergleichswort aus:

1. Nemo tot res providebat (quanta / qualia / quot) sacerdotes oraculi Delphici (!). 2. Illud oraculum tantam famam habet (qualem / quantam / quantum) nullum aliud.

b Nenne jeweils den Irrläufer und begründe:

1. tantum – tamen – quantum – qualem
2. toto – tot – tuto – tuo
3. quintum – quantum – quartum – quorum

c In Delphi. Bilde die richtige Form im Genitiv. Dein Partner bildet die entsprechende Form im Ablativ:

1. Dona (magnum pretium) ibi sunt.
2. Templum (mira magnitudo) specto.
3. Etiam homines (magna auctoritas) oraculum adeunt.

d Wie Pythia, die Priesterin in Delphi (vgl. I), zu ihrem Namen kam. Übersetze:

1. Quondam Python, monstrum summo corpore, homines terruit. 2. Nemo umquam monstrum tanta magnitudine, quanta Python erat, viderat. 3. Tamen Apollo deus Pythonem non timuit. 4. Ille enim summa virtute erat. 5. Quamquam Python tot homines interfecerat quot nulla alia bestia, deum vincere non potuit. 6. Pugna multarum horarum confecta Apollo tandem victor erat. 7. Postea sacerdos Apollinis a nomine bestiae Pythia nominata est.

Antonio de Brescia: Apollo tötet die Pythonschlange. Bronzemedaillon. 15. Jh.

e Suche ein vergleichbares Sprichwort aus deinem Erfahrungsbereich:

Qualis rex, talis grex (die Herde).

I

fundamentum

Das Apollonheiligtum von Delphi

Das dem Apollo geweihte Heiligtum von Delphi war eines der wichtigsten religiösen Zentren der Antike. Die Menschen verschiedener Herkunft wandten sich an die Seherin und Priesterin Pythia, um ein Orakel zu erhalten. Ihre Antworten ließen stets mehrere Deutungen zu. Berühmt ist die doppeldeutige Auskunft, die der lydische König Krösus erhielt, als er sich um 550 v. Chr. über den Ausgang des von ihm geplanten Krieges gegen den Perserkönig Kyros erkundigte (vgl. T).

Delphi – das Orakel und die Politik

T

Croesus tot ornamenta ex auro facta domi condiderat quot nullus alius rex. Tantas opes habebat quantas nemo ante eum. Non solum divitissimus et potentissimus omnium hominum, sed etiam princeps omnium regum esse voluit: Bellum igitur contra Persas gerere studebat. Regis intererat ante bellum ab Apolline deo exitum[1] belli comperire. Itaque Delphos[2] tale donum misit, quale sacerdotes ibi nondum viderant: tripoda[3] aureum. Ille tripus donum magni pretii erat. Croesus, qui credidit se virum acri ingenio esse, eiusmodi dono sacerdotes Apollinis movere et responsum felix oraculi accipere voluit. Profecto responsum a Pythia editum regi placuit:
„Si Halym[4] fluvium transieris, magnum regnum tolles.“
Statim Croesus, qui magna spe atque bono animo erat, bellum iniit – at oraculum non intellexerat.
Bello enim non regnum Persarum, sed Lydorum sustulit – magnam cladem accepit. Verba in templo Apollinis scripta non respexerat:
„Nosce te ipsum!“ et „Ne quid nimis!“

[1] exitus, ūs der Ausgang, das Ergebnis

[2] Delphōs nach Delphi

[3] tripūs (*Akk.* tripoda) der Dreifuß

[4] Halys (*Akk.* Halym): Grenzfluss zwischen Lydien und Persien

Orakel von Delphi. 5. Jh. v. Chr. Antikensammlung, Staatliche Museen zu Berlin.

a 1. Stelle vor der Übersetzung Wörter aus dem ersten Abschnitt (Z. 1–11) zusammen, die zum Sachfeld „Reichtum, Besitz" gehören.
2. Erkläre, worin die Doppeldeutigkeit des Orakelspruchs für Krösus lag; gib einen lateinischen Ausdruck aus T an, der auf die Doppeldeutigkeit des Orakelspruchs hinweist.
3. Erfinde selbst einen doppeldeutigen Orakelspruch aus deinem Erfahrungsbereich.

b 1. Stelle Bezüge her von der Aussage Solons in 72 T, Z. 13ff., zum Ende des Krieges, den Krösus führte (73 T, Z. 12–16). 2. Recherchiere, was diese Niederlage persönlich für Krösus bedeutete.

V

c Recherchiere, auf welche Personen die zitierten Aussagen an der Orakelstätte (Z. 18) zurückzuführen sind, und berichte in der Klasse anhand von zwei Beispielen über wichtige Erkenntnisse dieser Personen.

d 1. Diskutiert, was die beiden Aussagen (Z. 18) für Besucher und Ratsuchende bedeuten können. 2. Erklärt, weshalb Krösus gegen die beiden Aufforderungen verstieß.

74

E

Im Heiligtum von Delphi fanden auch sportliche Wettkämpfe statt (vgl. I). Zwei Zuschauer unterhalten sich über die Sportler:

1. „Illi iuvenes celeriter (schnell) currunt. Sed quis erit celerrimus?"
2. „Hoc providere difficile est – immo difficillimum!"
3. „Ecce! Nunc ille iuvenis ceteros vincit; ceteri miserrimi sunt."
4. „Ibi viri fortes pugnis (mit den Fäusten) contendunt. Quis est fortior quam ceteri? Ille vir magnus fortior est ceteris!"
5. „Certe magna vi alios vincet; nam maiore vi pugnat quam alii."
6. „Mirum non est: Etiam maximum corpus habet."
7. „Certe ille maximum habet corpus, cum ceteri maiore arte pugnent."

Lerncampus **E: unregelmäßige Steigerungsformen erkennen**

Gib aus E 1–3 die Superlativformen an, deren Bildung von der Regel abweicht. Beschreibe die Bildung; unterscheide dabei zwei Typen.

Ü

a -li-, -ri- oder -issi-? Bilde richtige Formen:

pulcher[?]mus, facil[?]ma, miser[?]mum, brev[?]mae, potent[?]mi, superb[?]ma

b Zwei Sportler werfen Diskus und werden von den Zuschauern gelobt. Bilde dem Beispiel entsprechend Superlativformen:

1. „Corpora vestra non solum pulchra sunt." – „Immo pulcherrima." 2. „Difficile est corpus tanto studio exercere." – „Immo ..." 3. „Felices sunt puellae, quae vos amant." – „Immo ..."

c Ein Ringer hört von den Zuschauern folgende Sätze. Übersetze und verwandle die Konstruktion mit quam in einen Ablativ des Vergleichs:

1. „Tu es fortior quam leo."
2. „Manus tuae fortiores sunt quam manus Herculis." 3. „Corpus tuum fortius est quam Hercules ipse."
4. „Tu es maior quam ceteri."

d Die Zuschauer bewundern einen schnellen Läufer. Übersetze:

1. „Cursus tuus celerrimus est."
2. „Ceteri lentiores (langsamer) sunt te."
3. „Tu celerior es omnibus ceteris."
4. „Pedibus tam celeribus vincere certe facillimum est!"

I

fundamentum

Olympia und Delphi – Kult- und Sportstätten

In Olympia und Delphi fanden zu Ehren des Zeus (Olympia) bzw. des Apollo (Delphi) alle vier Jahre im Sommer Wettkämpfe für Athleten aus der gesamten griechischen Welt statt. In dieser Zeit herrschte der sog. Olympische bzw. Delphische Friede, damit alle Beteiligten sicher an- und abreisen konnten. Die bedeutendsten Sportarten in Olympia waren: Wagenrennen, Lauf mit Waffen und Fünfkampf (Diskus, Sprung, Speer, Lauf, Ringen). Die Sieger bei den Spielen erhielten einen Kranz aus den Zweigen eines Olivenbaums, in Delphi einen Lorbeerkranz. Nach ihrer Rückkehr erfuhren die Sieger der Wettkämpfe vielfältige Ehrungen in ihren Städten. Die Olympischen Spiele sind erstmals 776 v. Chr. nachweisbar. Seit 1896 gibt es in der Neuzeit wieder Olympische Spiele.

Olympia – dabei sein ist alles

T

Simus (Sīmus) besucht die Olympischen Spiele (vgl. I). Nachdem er im Heiligtum Zeuge der feierlichen Prozession zum Zeus-Tempel und der Opfer für den obersten Gott geworden ist, wartet er gespannt auf die sportlichen Wettkämpfe. Seinem Freund Agathus (Agathus) in Korinth berichtet er in einem Brief über die Spiele, bei denen ihr gemeinsamer Freund Nicanor (Nicānor, ōris) am Laufwettbewerb teilnahm:

Simus Agatho salutem dicit.

Maximo cum gaudio tibi hanc epistulam misi; nam tandem mihi contigit, ut Olympia[1] viderem. Nullum spectaculum maius umquam aspexi! Non solum vi corporis ibi pugnatum est – etiam viri sapientes et optimi poetae aderant. Plurimi spectatorum[2] e Graecia venerant, cum minor pars essent barbari.

Sacro a sacerdotibus facto viginti cursores[3] initium certaminum[4] fecerunt, celerrimi et fortissimi totius Graeciae. Signo dato omnes currere coeperunt. Quis vicit? Iterum Leonidas Spartanus[5], qui priore certamine iam vicerat: Hic melior et celerior ceteris erat, cum Nicanor noster peior ceteris, immo pessimus esset. At tamen miserrimus non erat. Solacio mihi est etiam cursores Athenienses[6] non vicisse; una cucurrerunt, una perdiderunt, quamquam – cupiditate victoriae impulsi – cursum celerrimum perficere voluerant.

Certe difficile est eo certamine vincere; difficillimum autem est cladem bene accipere. Quod Nicanori contigit.

Libenter plures dies hic manere vellem, si possem: Nullus enim locus in orbe pulchrior est Olympiā[7]! Veni, cerne ipse! Vale!

[1] Olympia, ōrum *n Pl.* die Olympischen Spiele

[2] spectātor, ōris der Zuschauer

[3] cursor, ōris der Läufer

[4] certāmen, inis *n* der Wettkampf

[5] Leōnidās Spartānus Leonidas aus Sparta

[6] Athēniēnsis, is *Adj.* aus Athen

[7] Olympia (der Ort) Olympia

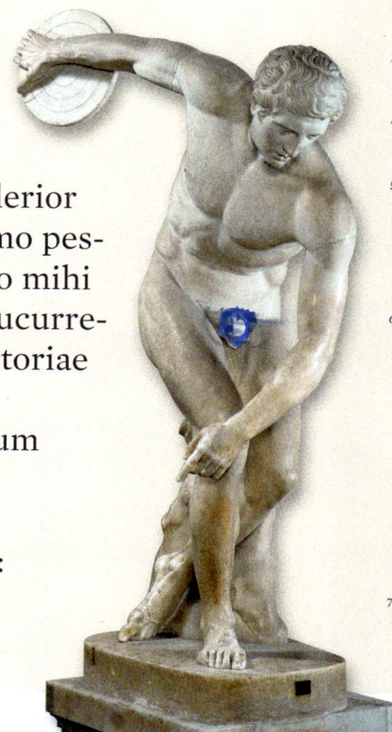

Diskuswerfer. Römische Kopie nach einem griechischen Original. Vatikan, Sala della Biga.

V

a 1. Erschließe bei einem ersten konzentrierten Durchlesen (vor der Übersetzung) den Inhalt des Briefes; nutze dazu auch die Überschrift, die deutsche Hinführung mit den Namen und die Superlative in Z. 8–17. 2. Erschließe aus dem ersten Abschnitt von T (Z. 1–9), was in Olympia neben den sportlichen Wettkämpfen noch bedeutend war; vgl. auch das fundamentum auf S. 13. 3. Erschließe, was die kurzen Sätze am Ende des Briefes über die Stimmung des Schreibers verraten.

b Vergleicht die Sportarten und die Preise der antiken Spiele in Olympia (vgl. I) mit den Verhältnissen bei den heutigen Olympischen Spielen.

c Wortschatz vernetzt. Zu den folgenden Substantiven, die in 73/74 W neu gelernt wurden, sind Verben der gleichen Wortfamilie bekannt: respōnsum, gaudium, initium, cupiditās. Gib die zugehörigen Verben mit deutscher Bedeutung an. Erweitere die Liste von Substantiven und Verben, die zur gleichen „Familie" gehören.

Olympia – religiöses Zentrum aller Griechen

T

[1] a. Chr. n. = v. Chr.
[2] Olympia (der Ort) Olympia
[3] immolāre opfern
[4] tūs *n* der Weihrauch
[5] Phīdiās, ae Phidias (berühmter griech. Bildhauer)
[6] dīgnitās, ātis *f* die Würde

Octavo iam saeculo a. Chr. n.[1] aliqui sacerdotes in regionem Olympiae[2] convenerunt, ut deis sacra facerent. Media aestate officia pia per totum diem summo studio praestiterunt: Tauri immolabantur[3], sanguis hostiarum fundebatur, circum aras sacerdotes preces dabant, tus[4] sacrum ad caelum surgebat. Eo tempore inter omnes pax sacra agebatur. Si quis pacem neglegebat vel etiam turbabat, in eum vindicatum est. Simul ludi ibi dati sunt: Iuvenes celerrimi cursu victoriam parere contendebant.

Tota regio deo summo et uxori eius sacra erat. Primo ibi templum Iunoni, quinto saeculo etiam templum maximum Iovi aedificatum est: Quo in templo duodecim labores, quos Hercules perfecit, aspici poterant. Phidia[5] auctore statua ingentissima Iovis medio in templo collocata est. Tota paene statua aurea fuit; dextera manu Victoriam deam tenuit. Phidiae contigit, ut illa statua pulcherrima auctoritatem et dignitatem[6] summi dei demonstraret. Recte multi dicunt: Nullum sacrum clarius erat Olympia. Olympia quasi caput sacerrimum omnium Graecorum erat.

Kopf des Jupiter. Römische Kopie der Zeusstatue von Phidias. 1. Jh. v. Chr. Kyrene, Museum of Antiquities.

V

a 1. Gib den Inhalt der beiden Abschnitte in je zwei deutschen Sätzen wieder; gib jedem Abschnitt einen Titel. 2. Zitiere aus T diejenigen Wendungen, die Olympia als religiöses Zentrum beschreiben.

b Richtig oder falsch? Wähle nach dem ersten Durchlesen aus, welche der folgenden Aussagen du in T findest:

- Zeus hält die Siegesgöttin in der linken Hand.
- Der Tempel der Göttin Hera wurde früher als der Tempel des Zeus gebaut.
- Bei den ersten Olympischen Spielen gab es Diskuswurf und Wagenrennen.
- Das religiöse Fest fand im Hochsommer statt.
- Die Priester verteilten Brot rund um die Altäre.
- In einem Abschnitt des Tempels wurden die zwölf Arbeiten des Herkules dargestellt.
- Phidias war der Architekt des Tempels.

c 1. Die Zeusstatue von Olympia gehört zu den Sieben Weltwundern der Antike. Fasst aus T die Aspekte zusammen, die diese Einschätzung rechtfertigen. 2. Recherchiert im Internet weitere Details über dieses Kunstwerk und stellt in einer digitalen Präsentation Rekonstruktionen vor.

d Stelle möglichst viele Vokabeln zum Sachfeld „Religion" aus den Lernwörtern der letzten drei Lektionen zusammen.

XXV Kompakt

Die Aufgaben a–e könnt ihr in **Gruppen** bearbeiten:

1. Teilt euch auf in Gruppen zu je vier Schülern. Jede Gruppe bearbeitet eine der Aufgaben a–e. Achtet darauf, dass alle Aufgaben verteilt sind.
2. Nachdem alle Gruppen ihre Aufgabe gelöst haben, bleibt aus jeder Gruppe ein Schüler sitzen (Schüler 1), die anderen gehen jeweils zum Schüler 1 einer anderen Gruppe. Dieser erklärt ihnen nun die Lösung der Aufgabe, die er vorher in seiner Gruppe bearbeitet hat.
3. Wenn alle Schüler die Lösung verstanden haben, kehren sie wieder in ihre alte Gruppe zurück. Jeder stellt nun die Lösung, die er erfahren hat, den anderen vor und beantwortet ihre Nachfragen.

a Krieg und Frieden. Bildet jeweils den Superlativ und übersetzt:

1. bellum turpe gerere 2. pacem dulcem desiderare 3. milites crudeles timere 4. civibus miseris adesse 5. proelium asperum exspectare 6. rem difficilem temptare 7. hostem pugna brevi vincere 8. vulnera gravia accipere

b Heller, schneller, unsicherer ... Stellt zunächst acht sinnvolle Sätze zusammen und übersetzt sie. Überlegt dann, welche Kombination die lustigste wäre.

A	Mors est nigrior	1	vento.
B	Oculi tui sunt clariores	2	mari.
C	Tu es saevior	3	sideribus.
D	Nemo est potentior	4	nocte.
E	Fama est celerior	5	deis.

c Quis est homo beatissimus?
Diskutiert, ausgehend von den folgenden Gedanken aus 72–74 T, welche Aspekte zum Glücklichsein beitragen können. Notiert eure Ergebnisse als Strichaufzählung.

1. aurum omnesque opes (72 T)
2. princeps omnium regum (73 T)
3. cladem bene accipere (74 T)

d Macht Bodybuilding glücklich? Lest den folgenden Text des Philosophen Seneca konzentriert durch und entscheidet dann, ob ihr seine Meinung teilt oder nicht. Begründet eure Entscheidung.

Cogita tecum: Quam multi corpora exercent, ingenia quam pauci! Quanta turba ad ludos et ad spectaculum adit, quantum silentium circum artes bonas est! Quam miseri sunt ii, quorum umeros et vires corporis laudamus! Corpori semper opem ferre debemus, ut valeat. Animus ex se crescit, se ipse alit, se exercet.

e Latein und Mathematik. Erklärt, welche Aufgaben ihr erledigen müsst, wenn der Mathematiklehrer euch auffordert ...
Zahlen zu *addieren*, zu *subtrahieren*, zu *multiplizieren*, zu *dividieren*;
eine *Summe* zu berechnen, den *Quotienten* zu benennen, den *Radius* einzuzeichnen oder die Winkelhalbierende zu *konstruieren*.

f Suche mit deinem Nachbarn auf dem sog. Philosophenmosaik aus Pompeji (S. 13, Abb. 3) die Figur, die Thales darstellen könnte, und begründe deine Entscheidung.

g Diskutiert, ob die auf dem Apollo-Tempel von Delphi angebrachten Aufforderungen „Erkenne dich selbst!" und „Nichts im Übermaß!" auch für unsere Zeit Gültigkeit besitzen.

h Recherchiere im Internet über Pierre de Coubertin und untersuche, welche Anregungen er sich von den antiken Olympischen Spielen für seine Wiederbegründung der Olympischen Spiele 1896 holte.

75

E Der Philosoph Sokrates (vgl. S. 12 und **I**) war gelernter Steinmetz. Kritisch betrachtet er das Werk eines Kollegen und diskutiert darüber mit einem Freund:

1. AMICUS: „Nonne iste vir bene laborat? Dum laborat, libenter eum specto."
2. SOCRATES: „Non bene, sed male laborat."
3. AMICUS: „Sed vide: Quam pulchra est forma istius deae, quam heri fecit! Nonne caput deae pulchre et diligenter fecit?"
4. SOCRATES: „Specta istud caput: Utrum caput viri an mulieris est? Certe celeriter istud fecit."

Lerncampus E: die Adverbbildung erkennen

Nenne die Adverbien aus **E 1**, die du schon im Wortschatz gelernt hast. Ordne die Adverbien aus **E 2–4** nach ihrer Bildung den Adverbien von **E 1** zu. Formuliere dann eine Regel für die Bildung der Adverbien (nach Deklinationsklassen) und lies im Grammatikteil nach.

Ü

a -e, -er oder -iter? Bilde Adverbformen, indem du richtig zuordnest:

felic-, mal-, grav-, long-, diligent-, stult-, crudel-, opportun-, vehement-, ver-, turp-

b Bilde Adverbien und übersetze die Ausdrücke:

(certus) scire – (praeclarus) dicere – (fortis) pugnare – (celer) currere

c Erkläre den Unterschied:

1. Servus stultus sapienter respondit.
2. Serva sapiens stulte respondit.

d Adjektiv oder Adverb? Entscheide und übersetze:

1. Thales (sapiens / sapienter) in puteum (Brunnen) cecidit. 2. Aliqua serva (aperta / aperte) eum risit. 3. Thales: „Quam (saeva / saeve) est fortuna! 4. Dum caelum (diligens / diligenter) servo, in terram cecidi."

e 150 Jahre nach Thales spotten die Anhänger der „Atomlehre" über ihn. Übersetze:

1. Ille vir stulte credidit aquam primam causam omnium rerum esse. 2. Id quidem sapienter dictum non erat. 3. Quid enim in aqua ipsa latet? 4. Certe etiam aqua e partibus parvis constat, quas frequenter videre possumus, dum pluit (es regnet). 5. Etiam ignis et aer e minimis partibus constant, quas nemo aspicere potest.

I

Sokrates

Sokrates (469–399 v. Chr.) verfasste selbst keine Schriften. Seine philosophische Tätigkeit bestand vor allem in Gesprächen mit seinen Mitbürgern. Er ließ sein Gegenüber reden und verwickelte den Dialogpartner durch gezielte Zwischenfragen („Sokratische Fragen") zunehmend in Widersprüche. Nach anfänglicher Selbstgewissheit bekam der Gesprächspartner dann meist Zweifel an der eigenen Anschauung; er erkannte, dass er sie nicht begründen konnte – und das war die Voraussetzung, um zu neuen, weiterführenden Einsichten zu kommen. Diese Kunst nannte Sokrates Hebammenkunst, da er wie ein Geburtshelfer neue Erkenntnisse ans Licht brachte. Im Gegensatz zu seinen Gesprächspartnern erklärte Sokrates bescheiden, er selbst wisse nichts – obwohl er vom Delphischen Orakel (vgl. 73 **I**) als weisester Mensch bezeichnet worden sein soll.

Ich weiß, dass ich nichts weiß

T

Einige Generationen nach Thales und Solon (vgl. 71/72 **T**) bewegte ein anderer Denker Athen – und die Welt: der Philosoph (philosophus) Sokrates, der durch sein Fragen nach den richtigen Begriffen zum Maßstab für jedes wissenschaftliche Fragen wurde.

Socrates vir summae sapientiae[1] et humanitatis erat. Recte philosophus appellabatur, cum sapientiae verus amicus esset. Neque tamen libros composuit, sed moribus et sermonibus cives Athenarum movit. Ei libebat cives in foro sapienter interrogare de variis virtutibus: Ex eis quaerebat, quid esset aequum et iniquum, quid pium et impium. Si qui cives superbe ei responderant se iam diu scire, quid bonum, aequum, pium esset, quaestionibus[2] suis callide eos eo ducebat, ut postremo concederent se pauca tantum scire. Socrates ipse haec contendit: „Scio me nihil scire."

Saepe se vocem aliquam divinam in se ipso audire dicebat. Libenter iuvenibus haec ostendit: „Mea refert vocem divinam intellegere eique parere; nam ista vox me ab iniuria prohibet."

Cum autem nimis pertinaciter[3] iuvenes urbis interrogaret ac doceret, paulatim efficiebat, ut civibus potentibus odio esset. Itaque Socratem iuvenes corrumpere et deos neglegere contenderunt.

Postremo ille vir sapiens graviter accusatus et venenum[4] bibere coactus est.

[1] sapientia die Weisheit

[2] quaestiō, ōnis die Frage

[3] pertināx, ācis *Adj.* hartnäckig

[4] venēnum das Gift

Sokrates. Porträtbüste. Paris, Musée du Louvre.

V

a 1. Stelle aus der ersten Texthälfte (Z. 1–9) die Vokabeln zusammen, die die Methode des Sokrates beschreiben. Erkläre mithilfe der Verben, worin sich Sokrates von einem Naturforscher unterscheidet. 2. Erschließe aus Z. 6–9, warum Sokrates den Athenern „auf die Nerven ging".

b Verabrede dich mit deinem Nachbarn, ein Fernsehinterview aus der laufenden Schulwoche zu verfolgen. Haltet daraus Stellen fest, an denen der Befragte den Fragen des Interviewers ausweicht. Versucht eine Erklärung für dieses Verhalten zu finden und stellt dieses Beispiel euren Mitschülern vor.

c Erkläre, warum der Satz „Scio me nihil scire" ein Widerspruch in sich selbst ist.

d Erläutert aus **T**, was die vōx dīvīna (Z. 10ff.) für Sokrates bedeutet. Diskutiert, ob es etwas Vergleichbares für euch gibt.

e Das Ende des Sokrates. Übersetze:

1. Socrates cum iam damnatus esset, tres dies in carcere (im Gefängnis) esse debuit. 2. Sed neque vehementer iudices accusavit neque fugere voluit, sed mortem fortiter exspectavit. 3. Immo amicos de anima (Seele) immortali docuit.

1

Mythos in der Tragödie

Zu den wichtigsten Errungenschaften der Griechen, die bis in die Gegenwart nachwirken, gehören u.a. die Philosophie (vgl. 71, 72, 75 T) und die Olympischen Spiele (vgl. 74, XXV T), aber auch der Mythos, insbesondere in Form der Tragödie (vgl. 76–XXVI T).

Die Tragödie ist (neben der Komödie) eine der beiden Hauptgattungen des Dramas. Der große Tragödiendichter Euripides und der Philosoph Sokrates (vgl. S. 13) waren befreundet; Euripides hat in seinen Tragödien mehrfach auf philosophisches Gedankengut Bezug genommen und Stellung dazu bezogen.

Die Tragödien stellten Probleme des einzelnen Menschen wie auch der Gemeinschaft im Spiegel mythischer Gestalten und Geschichten dar. Die Zuschauer wurden zu Zeugen des tragischen Schicksals mythischer Gestalten wie **Medea** und **Iphigenie**; sie sollten bei der Aufführung Gefühle wie Schauder und Jammer empfinden und so eine Art seelische Reinigung für ihr eigenes Leben erfahren. Die Tragödien zeigten eine Gestalt des Mythos in einer tiefen Krise, die oft in eine Katastrophe mündete.

Typisch für griechische Tragödien war der Auftritt eines **Chors**. Dieser griff zwar nicht selbst in die Handlung ein, artikulierte aber die Gedanken und Gefühle des Publikums bzw. des Dichters, indem er z.B. Ratschläge gab, warnte oder Angst äußerte.

Zum mächtigen Eindruck der Inszenierung des Mythos auf der Bühne trug wesentlich die imposante Naturkulisse bei: Griechisches Theater war stets Freilufttheater; meist war in einen Berghang ein Halbrund mit Sitzplätzen für die Zuschauer geschlagen worden (vgl. Abb. 1).

1 *Theateraufführung im antiken Theater in Epidauros.*

2 *Medea vor ihren Kindern mit Jason. Wandbild mit Theaterszene aus Pompeji, Haus des Jason. Neapel, Museo Archeologico.*

3 *Szene aus der Aufführung von „Iphigenie auf Tauris" in der Bad Hersfelder Stiftsruine. 2001.*

4 *Szene aus der Aufführung von „Medea" an der Staatsoper in Berlin. 2018.*

5 *Szene aus der Aufführung von „Iphigenie in Aulis" am Deutschen Schauspielhaus in Hamburg. 2014.*

2

3

4

5 *Recherchiere, weshalb antike Schauspieler Masken trugen.*

Die Stoffe der griechischen Tragödie wurden und werden durch die Jahrhunderte bis heute immer wieder auf die Bühne gebracht. Der Dichter **Ovid** († 17 n. Chr.) machte sie in seinen Verwandlungssagen („Metamorphosen") einem breiten römischen Publikum bekannt.
Der Philosoph **Seneca** († 65 n. Chr.) formte die Dramenstoffe zu seinen Zwecken um und schuf daraus eigene lateinische Tragödien. Wandbilder aus Pompeji und Herculaneum lassen erkennen, welche Bedeutung die Stoffe der griechischen Tragödien auch Jahrhunderte nach ihrer Entstehung für die gebildeten Römer hatten.

a Ordnet die auf den Wandbildern dargestellten Szenen (S. 27, Abb. 2, S. 29, S. 31) den Inhalten der folgenden Lektionen zu. Recherchiert im Internet über ihre Fundorte und ermittelt mögliche Gründe, warum man diese Orte mit diesen Szenen schmückte.

b Aus Band 2 ist dir der thebanische Sagenkreis um Ödipus und Antigone bekannt. Wiederhole die Inhalte und erkläre, warum sich auch dieser Sagenkreis besonders gut als Stoff für Tragödien eignet.

c Immer wieder wurden griechische Tragödien auch von späteren Dichtern rezipiert, d.h. übernommen, aber neu bearbeitet. Sucht in den Spielplänen großer Theater der Gegenwart nach Aufführungen griechischer Tragödien; informiert euch (arbeitsteilig in Kleingruppen) über deren Inhalt und stellt Gründe zusammen, weshalb diese Stoffe zeitlos sind und auch heutigen Menschen etwas sagen können.

d Diskutiert, weshalb sich Theaterbesuche bis heute – trotz Kino, Internet und Fernsehen – größter Beliebtheit erfreuen.

76

E

Jason (Iāsōn, onis) und die Argonauten wollen von König Aietes das Goldene Vlies (vgl. I) bekommen. Dieser macht aber unlösbare Aufgaben zur Bedingung. Die Zauberin Medea verspricht Hilfe:

1. „Vos spem amittere nolo.
2. Nolite spem amittere!
3. Noli tu quoque spem amittere, Iason!
4. Ne desperaveris, dux fortis! Ne desperaveritis, comites fortes!
5. Quidam (homines) dicunt: Iason peribit.
6. Isti errant: Mihi enim quaedam vis magica (Zauberkraft) est.
7. Vobis quoddam venenum (Zaubermittel) dabo."

Lerncampus Ü

Ü b ist Pflicht. Anschließend hast du die Wahl: Ü a vertieft Verbote mit nōlī(te); Ü c trainiert das Übersetzen eines kurzen Textes.

Ü

a Formuliere dem Beispiel entsprechend lateinische Verbote und übersetze:

1. Iason surgit. Comites: „Noli surgere!"
2. Iason abit. Comites: „...!"
3. Comites flent. Iason: „...!"
4. Comites desperant. Iason: „...!"

b Nur Mut! Ein Partner übersetzt, der andere bildet den entsprechenden Prohibitiv mit nē und Konj. Perfekt; nach jedem Satz wird gewechselt:

1. Medea: Noli desperare, Iason! 2. Noli timere bestias crudeles! 3. Noli consilia quorundam amicorum audire! 4. Noli dubitare de amore meo! 5. Noli consilia mea mutare! 6. Nolite Iasonem retinere, comites! 7. Nolite dubitare de consiliis meis!

c Soll ich oder soll ich nicht? Übersetze:

1. Medea secum cogitat: „Noli dubitare, Medea! 2. Certe quidam crimini tibi dabunt, si Iasoni adfueris. 3. Certe a quibusdam accusaberis, si Iasonem iuveris. 4. Certe sceleris damnaberis, si patriam, sacram quandam rem, prodideris. 5. At ingens quidam amor divina quadam vi te movet. 6. Ne timueris, Medea, ne huic amori pareas!"

I

fundamentum

Antike Tradition für Europa: das Beispiel Medea

Die Geschichte von Medea ist ein Teil der Argonautensage: Medea, die zauberkundige Tochter des Königs Aietes, verliebt sich in Jason, den Anführer der Argonauten. Sie hilft ihm, das von ihrem Vater gehütete Goldene Vlies (das Fell eines sagenhaften goldenen Widders) zu rauben. Dann flieht sie mit Jason aus ihrer Heimat und tötet ihren Bruder, um die Verfolger abzuhängen. Nachdem sie Jason zwei Söhne geschenkt hat, kommt es zur Katastrophe (vgl. T).

Der griechische Tragödiendichter Euripides (480–404 v. Chr.) gestaltete diesen Stoff zur Tragödie aus. Bis heute wurde er in über 200 Neubearbeitungen immer wieder aufgegriffen – von den Tragödien der römischen Dichter Ovid und Seneca bis hin zum Roman „Medea. Stimmen" der deutschen Schriftstellerin Christa Wolf (1996). Die Wandgemälde aus Pompeji zeigen, dass die Geschichte der Medea auch die römischen Künstler und ihre Betrachter erschütterte.

Medea und Jason – eine tragische Beziehung

T

Die Königstochter Medea ist mit ihrem Geliebten Jason aus ihrer Heimat am Schwarzen Meer geflohen (vgl. I). Sie lebt nun mit Jason und ihren beiden Söhnen in Korinth. Als aber Jason mit Kreusa (Creūsa), der Tochter des Königs Kreon (Creōn, ontis), eine neue Verbindung eingehen will, soll Medea aus Korinth verschwinden; daher stellt sie Jason zur Rede.

Leugne das Nicht

MEDEA: Tecum huc fūgi, Iason, tecum terram patriam reliqui. Fugere mihi novum non est. Sed nunc tu mihi sortem duram imponis; iterum in terram incognitam[1] abire me cogis. Quisnam ibi me teget? Quis praesidium mihi dabit? Ne hoc negaveris: Mortem mihi offers, hostibus me tradis. Quidnam ego peccavi? Quid mihi obicis?

IASON: Cave, ne me accuses: Creon rex te expellit. Nam quidam vir vel quaedam mulier ei prodidit te scelus impium parare – sibi et Creusae filiae. Sententia regis certa est; ingenti enim metu vehementer sollicitatur: Timet, ne arte magica[2] flagitium quoddam facias. Noli nunc respondere! Noli te defendere! Tu scelus paras; sceleris causā rex tibi exilium decrevit.

Equidem nunc te rogo, ut saevam mentem tuam regas: Ne nobis omnibus perniciem feceris! Noli pueros tecum deducere – ambos hic manere volo! Quos ne attigeris! Sed tu cede, statim abi! Ne diutius[3] manseris!

Medea rächt sich fürchterlich: Sie vergiftet Kreon und Kreusa und tötet ihre beiden Kinder, um Jason völlig zu vernichten. Schließlich flieht sie – so stellt es Seneca dar (vgl. I) – auf einem Schlangenwagen in die Lüfte.

[1] incognitus unbekannt

[2] ars magica die Zauberkunst

[3] diūtius *Adv.* länger

Medea vor dem Kindermord. Wandgemälde aus dem Haus der Dioskuren in Pompeji. 1. Hälfte des 1. Jhs. n. Chr.

V

a 1. Vergleiche vor der Übersetzung von T die erste Aussage Medeas (Tēcum hūc fūgī, Iasōn) mit dem vorletzten Satz Jasons in Z. 17 (Sed tū … statim abī!). Entwickle daraus eine Hypothese über den Gesprächsverlauf und überprüfe diese anhand der Übersetzung. 2. Stelle aus den Sätzen Z. 3–5 die Prädikate und Objekte zusammen und erschließe daraus, worum es Medea geht. Erkläre mithilfe von I (S. 28), warum sie sich ohne Jason schutzlos fühlt. 3. Erkläre, warum am Ende der Rede von Medea bzw. Jason die Sätze so kurz sind.

b 1. Vergleicht die Ursache für die Vertreibung Medeas, wie sie in der deutschen Einleitung deutlich wird, mit den in T (Z. 6–12) angeführten Ursachen. 2. Informiert euch im Internet, was eine „tragische Beziehung" ist, und stellt Bezüge zu T her.

c Recherchiert zur Vorgeschichte: Ermittelt die Aufgaben, die Aietes Jason zur Bedingung machte (vgl. E).

d Vergleiche das Wandgemälde mit dem Wandgemälde auf S. 27.

77

E

Ein Bote bringt Klytaimnestra (vgl. **I**) und ihren Kindern Elektra und Orest die gute Nachricht, dass ihre Tochter und Schwester Iphigenie von der Göttin Diana gerettet wurde (vgl. **I**):

1. NUNTIUS: „Tacete et audite!“
2. CLYTAEMNESTRA et liberi: „Taceamus et audiamus! Ne quid dicamus, dum nuntius dicit!“
3. NUNTIUS: „Iphigenia a dea servata est: Domina, deae gratiam habe! Etiam liberi deae gratiam habeant! Omnes deam laudent!“

Lerncampus **Ü**

Ü b ist Pflicht für alle; bestimme auch jeweils die Funktion des Konjunktivs. Wer noch Hilfe beim Erkennen von Konjunktivformen braucht, bearbeitet **Ü a**, die anderen lösen **Ü c**.

Ü

a Wähle die passende Form aus und übersetze:

1. Rex: „Custodes Medeam (capiant / capiantur / capiunt)!“ 2. Iason: „Mulier, quae uxor mihi fuit, poenas deorum (timet / timeat / timuit)!“ 3. Sacerdos: „Dei nobis auxilio (veniunt / venient / veniant)!“ 4. Cives: „Sententia regis (auditur / audietur / audiatur)!“

b Übersetze, was ein vir sapientissimus sagt:

1. „In theatrum (!) eamus! 2. Ibi videamus, quid homines pii sustineant! 3. Sed fabula nos non solum delectet! 4. Bona fabula etiam timorem et lacrimas efficiat! 5. Animus noster moveatur! 6. Fabula nos ita terreat et moveat, ut liberi a metu ac curis theatrum relinquamus!“

c Befehl – Verbot – Ermahnung. Weise den folgenden Sätzen den entsprechenden grammatikalischen Begriff zu:

1. Tacete et audite haec consilia:
2. Semper sapienter agamus!
3. Homines semper diligenter agant!
4. Ne impie egeritis!
5. Nolite stulte agere!

Jussiv – Prohibitiv – Hortativ – Imperativ

I

fundamentum

Antike Tradition für Europa: das Beispiel Iphigenie

Die Geschichte von Iphigenie ist ein Teil der Trojasage. Iphigenie ist die Tochter des griechischen Heerführers Agamemnon und der Klytaimnestra, der Herrscher über Mykene. Als Agamemnon seine Tochter opfern will, um von den Göttern günstige Winde für die Überfahrt nach Troja zu erreichen, ersetzt die Göttin Diana Iphigenie durch eine Hirschkuh und holt die junge Frau ins Land der Taurier (auf der Halbinsel Krim), wo sie als Priesterin der Diana wirkt. Als Iphigenies Bruder nach Tauris kommt, erkennen sich die beiden nicht mehr (vgl. **T**).

Das von Euripides stammende Drama *Iphigenie bei den Taurern* (412 v. Chr.) wurde in der Musik und der Literatur immer wieder verarbeitet. Der deutsche Dichter Johann Wolfgang von Goethe (1749–1832) legte mit seinem Drama *Iphigenie auf Tauris* einen Grundstein für die Epoche der deutschen Klassik. Der Dichter Ovid nahm die Opferung der Iphigenie gar in seine Verwandlungssagen („Metamorphosen“) auf – als Beispiel für die Verwandlung eines Menschen in ein Tier.

Iphigenie und Orest erkennen sich

T

Orest, der Bruder von Iphigenie, hat in Mykene seine Mutter Klytaimnestra getötet. Er ist auf der Flucht mit seinem Freund Pylades ins Land der Taurier gekommen, wo die beiden fremden jungen Männer (adulēscentēs) der Göttin Diana geopfert werden sollen. Die Opferpriesterin dort ist seine Schwester Iphigenie (vgl. I) – aber die beiden erkennen sich nicht mehr, als Iphigenie im Gefängnis auf die Männer trifft.

IPHIGENIA: Dic, adulescens, qui in custodia nostra es: Unde venis? Quae mater te peperit? Quis est pater tuus? – Cur taces? Me pudet hoc e te quaerere: Num quod scelus te ad litus nostrum pepulit? Quod nomen tibi est? Ne te pudeat respondere!
ORESTES: Argivus[1] sum.
IPHIGENIA: Num quid de Mycenis[2] et de Agamemnone rege audivisti?
ORESTES: Mycenae stant, sed rex ipse manu ferā occisus est.
IPHIGENIA: O di! Incredibile et indignum est, quod narras. Pereat is, qui tale scelus commisit! Sed Electra, Orestis soror, vivitne adhuc?
ORESTES: Vivit sola in aedibus patris.

Iphigenie will nun ihrer Schwester und ihrem Bruder durch Pylades eine Nachricht zukommen lassen; Pylades soll dazu freikommen, der andere Fremde – Orest – aber geopfert werden. Iphigenie spricht Pylades an.

IPHIGENIA: Nuntia haec Oresti et sorori: Iphigenia hic vivit. Nulli viro iuncta sum; ius regis hic me tenet. Orestes frater, veni huc ac libera me! Hinc[3] fugiamus!
PYLADES: O di! Orestes, accipe vocem sororis tuae!
ORESTES: O soror, eiusdem patris filia! Ne te a me averteris! Aspice fratrem! Gaudeamus et vivamus!

Das Happy-End scheint perfekt, doch der Konflikt für Iphigenie bleibt: Sie soll ja den eigenen Bruder opfern ...

[1] Argīvus aus Argos (im Nordosten der Peloponnes)

[2] Mycēnae, ārum *Pl.* Mykene (Stadt Agamemnons)

[3] hinc *Adv.* von hier

Die Opferung der Iphigenie. Wandgemälde aus dem Haus des tragischen Dichters in Pompeji. Um 30 n. Chr.

V

a 1. Ordnet die Figuren aus dem pompejanischen Wandgemälde folgenden Personen zu: Diana, Klytaimnestra, Iphigenie, Agamemnon. 2. Recherchiert zu Iphigenies Familie: Klärt dabei insbesondere, warum Orest seine Mutter Klytaimnestra tötet und inwiefern über der Familie ein sog. Geschlechterfluch liegt. Präsentiert eure Ergebnisse anschaulich.

b 1. Tragt die Szene vor der Übersetzung in zwei Abschnitten (Z. 1–11 und Z. 12–17) mit verteilten Rollen vor. Immer wenn ihr auf eine neue Vokabel stoßt, nennt ein Mitschüler deren Bedeutung. Erschließt so, worum es in der Szene geht. 2. Vergleicht nach der Übersetzung den Textinhalt mit eurer Vermutung.

c Recherchiert in einem Literaturlexikon oder im Internet über das Ende der Iphigenie-Dramen von Euripides und Goethe (vgl. I). Erklärt den Unterschied.

d Vokabeltheater
Stellt euch die neuen Lernwörter gegenseitig vor, indem ihr sie pantomimisch darstellt.

Die Göttin löst den Konflikt

T

Die Geschwister und Pylades wissen sich nur einen Rat: die Flucht. Da greift Iphigenie zu einer List: Sie nimmt das Kultbild der Göttin Diana aus dem Tempel, um mit ihm zum Strand zu gehen. Dabei aber trifft sie auf Thoas, den Herrscher der Taurier.

THOAS: Sacerdos sancta, cur ad litus properas? Cur simulacrum[1] deae ex aede sancta sustulisti?
IPHIGENIA: Dea iussit illos adulescentes aqua maris purgari[2]. Tum eos occidi oportet. Nam scelus commiserunt – una matrem occiderunt. Isti Argivi[3] scelerati et impii sunt. Quod certe scio.
THOAS: Quid ergo facere debeo? Ne tacueris!
IPHIGENIA: Iungantur illi vinculis, tum ad litus ducantur! Sed servi tui in arce remaneant! Nemo ad sacrum veniat! Crudele enim est videre homines ad aram occidi.
THOAS (zu den Wachen): Pareamus ergo sacerdoti! Redeamus!

[1] simulācrum das Götterbild
[2] pūrgāre reinigen
[3] Argīvus der Argiver
[4] pūnīre bestrafen

Zum Schein werden nun die zwei Jünglinge gefesselt an den Strand geführt, wo Iphigenie sie von ihren Fesseln befreit und mit ihnen ein Boot besteigt. Eine Windböe jedoch wirft die Flüchtlinge wieder an Land, wo sie dann doch von Thoas' Wachen gefangen genommen werden. Nun will sie Thoas bestrafen:

THOAS: Custodes, capiantur iterum isti scelerati cum ista muliere improba! Nunc sacrum perficiamus!

Schon droht die Hinrichtung, da erscheint plötzlich über dem Tempel die Göttin Athene.

ATHENA: O rex Thoas, iuvenes istos ne puniveris[4]! Fatum divinum eos huc duxit, ut Iphigeniam in terram patriam reducerent. Etiam simulacrum Dianae in Graeciam ferant! Nos omnes fato pareamus!

Thoas und Iphigenie. Szene aus einer Aufführung von „Iphigenie auf Tauris" am Deutschen Theater in Berlin. 2016.

V

a 1. Lies den lateinischen Text und die deutschen Passagen vor der Übersetzung konzentriert durch und erfasse, wie Iphigenie die Flucht vorbereitet, wie sie scheitert und wie die Flucht dann doch noch möglich wird.
2. Gib die Begründung der Göttin Athene für ihr Eingreifen (Z. 14ff.) an.

b Schon im antiken Theater gab es eine Bühnenmaschine (māchīna), mit der ein Gott von oben erscheinen konnte, der sog. deus ex māchīnā. Erklärt, warum diese Lösung im Drama der Iphigenie nötig war.

c Stellt Bezüge zwischen der Haltung Iphigenies und Antigones (vgl. Kap. 61) her.

d Stelle aus **T** Vokabeln zusammen, die zum Sachfeld „Religion" gehören. Gliedere dein Sachfeld dann nach Wortarten.

XXVI *Kompakt*

Die Aufgaben **a–f** sollen in **Eigenregie** bearbeitet werden. Jeder löst wenigstens vier Aufgaben. Analysiere vorab, auf welche Kompetenzen die Aufgaben jeweils zielen; wähle dann Aufgaben zu Themen aus, in denen du noch Übung brauchst.

Ü

a Formenstaffel. Bilde jeweils die verlangten Formen:

1. bonus → *n* → Komparativ → Pl. → Superlativ
2. magnarum → Sg. → Superlativ → Abl. → Komparativ
3. multas → Komparativ → *n* → Abl. → Superlativ

b Drohung, Wunsch, Bekenntnis. Weise die folgenden Zitate aus 75–XXVI **T** den jeweiligen Personen zu und ordne sie in die Zusammenhänge ein:

Noli te defendere! – Nemo ad sacrum veniat! – Nos omnes fato pareamus! – Scio me nihil scire.

Jason – Iphigenie – Sokrates – Athena

c Führe die Gedanken Orests zu Ende, indem du sinnvolle Sätze bildest:

1 Nisi Iphigenia nos cognovisset,
2 Nisi Athena dea auxilio venisset,
3 Cum dea nos servaverit,
4 Si in Graeciam venerimus,

A sacerdos nos ut hostias occidisset.
B Athenae templum aedificabimus.
C habeamus ei gratiam!
D omnes interfecti essemus.

d Vokabelorakel. Ihr benötigt drei Spieler: Einer stellt eine Frage (auf Deutsch oder Latein); der zweite ist das Orakel und antwortet mit drei – möglichst unzusammenhängenden – Vokabeln, die aus den letzten drei Lektionen stammen. Der dritte ist ein Priester, der die Vokabeln übersetzt und den Sinn des Orakelspruchs erläutert. Nach jeder Runde wechseln die Rollen.

e *Selbstverständlich* Latein

Technik und Energie. Ordne aufgrund deiner Lateinkenntnisse die folgenden Begriffe den Elementen Feuer, Wasser und Luft zu:

Ventilator – Marine – Solarzellen – Turbine

f Latein *polyglott*

In einem französischen Lexikon steht unter dem Stichwort „Iphigénie":

Agamemnon a <u>sacrifié</u> sa <u>fille</u> Iphigénie à Artemis afin de <u>fléchir</u> les <u>dieux</u> qui <u>retenaient</u> par des <u>vents</u> contraires la flotte <u>grecque</u> à Aulis.

1. Weise die unterstrichenen französischen Wörter den lateinischen Entsprechungen für „griechisch, zurückhalten, umstimmen, opfern, Wind, Gott, Tochter" zu.
2. Erschließe die drei Hauptinformationen aus dem französischen Text.

g Diskutiert, ob die *Medea* des Euripides heute zu Recht eines der meist gespielten antiken Theaterstücke ist.

h Stellt die Verwandtschaftsbeziehungen folgender Figuren auf zwei Plakaten dar:

Medea, Aietes, Jason, Kreusa

Orest, Pylades, Iphigenie, Klytaimnestra, Elektra, Agamemnon.

i Recherchiere in geeigneten Nachschlagewerken oder im Internet, was man unter einer Anagnorisis versteht. Weise dieses Bauelement antiker Tragödien an einem der letzten drei Lektionstexte nach.

Die Zeit der Kaiser – Veränderungen und Herausforderungen

1

Frühe, mittlere und späte Kaiserzeit

Die Epoche der römischen Kaiserzeit lässt sich in drei Phasen gliedern:
Die Nachfolger des Augustus in der **frühen Kaiserzeit** (1. Jh. n. Chr.) waren Tiberius, Caligula, Claudius und Nero aus der julisch-claudischen Dynastie und Vespasian, Titus und Domitian aus der flavischen Dynastie.
In der **mittleren Kaiserzeit** (2./3. Jh. n. Chr.) erreichte das Römische Reich unter Kaiser Trajan seine größte Gebietsausdehnung. Hadrian, sein Nachfolger, sicherte die Grenzen, die Mark Aurel bald gegen Angriffe zu verteidigen hatte.
Im 3. Jh. drohte das römische Weltreich aufgrund äußerer Bedrohungen und innerer Schwäche zu zerfallen. Eine Neuorganisation der Herrschaft wurde von Diokletian begonnen und unter Konstantin weitergeführt.
In der **späten Kaiserzeit** (4./5. Jh. n. Chr.) entstand der sog. Dominat, ein absolutistischer Zwangsstaat. Der allmähliche Verfall der römischen Macht führte unter dem Druck der Völkerwanderung und nach dem Tod des Theodosius (395 n. Chr.) zur Reichsteilung in West- und Ostrom (Byzanz).

1 *Kaisersaal. Rom, Musei Capitolini.*
2 *Zum Tod in der Arena verurteilte Christen unter Kaiser Nero. Kolorierter Holzstich nach einer Zeichnung von Heinrich Merté.*
3 *Limesturm bei Taunusstein-Neuhof. Rekonstruktion des Wachturmes mit Palisade am Obergermanischen Limes.*
4 *Römische Münze mit dem Bildnis Konstantins des Großen. Um 315. München, Staatliche Münzsammlung.*

Unsere Texte und Themen:

Tiberius (14–37 n. Chr.) (78 **T**)	war Nachfolger des Augustus, anfangs auf Ausgleich bedacht; etablierte zunehmend aus Angst vor einem Umsturz eine Diktatur.
Claudius (41–54 n. Chr.) (79 **T**)	eroberte Britannien, stützte sich bei der Verwaltung des Reichs auf fähige Freigelassene.
Nero (54–68 n. Chr.) (80 **T**)	regierte mithilfe seines Lehrers Seneca fünf Jahre lang umsichtig; verstand sich v.a. als Künstler, fand nicht das richtige Maß verantwortlichen Regierens.
Vespasian (69–79 n. Chr.) (XXVII **T**)	orientierte sich an Augustus; konsolidierte die Staatsfinanzen und begann mit dem Bau des Kolosseum
Mark Aurel (161–180 n. Chr.) (81 **T**)	verbrachte seine letzten Jahre im Feldlager zur Verteidigung der Grenzen; seine „Selbstbetrachtungen" mit klugen Lebensweisheiten ließen ihn als Philosophenkaiser in die Geschichte eingehen.
Diokletian (284–305 n. Chr.) (82 **T**)	wurde berühmt durch die Verwaltungsreform der sog. Viermännerherrschaft (vgl. 82 **I**).
Konstantin (306–337 n. Chr.) (83 **T**)	förderte das Christentum und gründete Konstantinopel.
Theodosius (379–395 n. Chr.) (XXVIII **T**)	erhob das Christentum zur Staatsreligion.

2

3

Römer und Christen

fundamentum

Die Römer gingen mit fremden Religionen pragmatisch und tolerant um, solange eine unterworfene Bevölkerung die Erfordernisse der römischen Staatskulte erfüllte und Steuern zahlte. Die Weigerung der Christen, den römischen Göttern zu opfern und den Kaiserkult zu erfüllen, führte allerdings zu ihrer Verfolgung. Zahlreiche Christen wurden so zu Märtyrern, die für ihren Glauben starben. Eine der ersten Christenverfolgungen fällt in Neros Regierungszeit, als der Kaiser den Christen die Schuld am Brand Roms (64 n. Chr.) gab. Systematische Christenverfolgungen fanden v.a. im 3. Jh. n. Chr. statt, ehe 313 n. Chr. Kaiser Konstantin den Christen die freie Ausübung ihrer Religion gestattete und Kaiser Theodosius schließlich das Christentum zur alleinigen Staatsreligion erklärte.

Die interpretatio Romana

fundamentum

Unter interpretātiō Rōmāna versteht man die Integration fremder Götter in das römische Religionssystem. Die Römer hatten schon früh die griechische Göttervorstellung übernommen und griechische Götter mit ihren eigenen gleichgesetzt (z.B. die griechische Aphrodite mit der römischen Venus); das Gleiche gilt für keltische Gottheiten. Dieses Verfahren, fremde Götter nur umzubenennen, nicht aber zu beseitigen, trug zu einem weitgehenden Religionsfrieden im Römischen Reich bei. Probleme gab es allerdings mit Christen und Juden, da sie statt vieler Götter an einen einzigen allmächtigen Gott glaubten.

Rom und die Germanen

fundamentum

Die Römer gingen Kriegen mit den Germanen meist aus dem Weg. Gründe hierfür waren die sprichwörtliche Tapferkeit der Germanen und das schwer zugängliche Land. Nach dem überraschenden Verlust dreier Legionen bei der vernichtenden Niederlage des Varus 9 n. Chr. gaben die Römer den Plan auf, Gebiete östlich des Rheins zu unterwerfen. Fortan versuchten die römischen Kaiser, durch eine Mischung aus militärischen Abwehrmaßnahmen (Abschreckung und Grenzsicherung am Limes) und friedlicher Politik (Aufnahme ins Reich, Anwerbung für den Wehrdienst, Öffnung der Grenzen) ein friedliches Zusammenleben mit den Germanen zu erreichen. Das Bild, das man in Rom von den Germanen hatte, war geprägt von römischen Schriftstellern, die die Germanen als besonders tapfer beschrieben hatten.

4

a Erkläre den Begriff „Kaiser“; nutze dazu deine Kenntnisse aus dem bisherigen Latein- und Geschichtsunterricht.

b Beschreibe die Abbildungen 2 und 3 und ordne sie jeweils den Passagen im Grundwissen (darunter) zu, die dadurch veranschaulicht werden.

78

E Kaiser Tiberius (vgl. S. 34) spricht mit Pontius Pilatus, dem Statthalter der unruhigen römischen Provinz Judäa:

1. TIBERIUS: „Audio provinciam tuam saepe turbari.
2. Utinam (Velim) provinciam consilio sapienti regas!
3. Utinam (Velim) pacem semper bene servaveris!"
4. PILATUS: „Difficile est hanc provinciam regere.
   Utinam (Vellem) mihi esset ingenium tuum!"
5. TIBERIUS: „Utinam (Vellem) maiore fiducia tui provinciam regeres!"
6. PILATUS (secum): „Quam infelix sum! Utinam ne in istam provinciam missus essem!"

Lerncampus Ü

Ü a und d sind für alle verbindlich. Wer noch unsicher ist, bearbeitet die Sätze aus Ü b. Wer schnell fertig ist, bildet die Formen für Ü c und übersetzt dann gemeinsam mit der Klasse.

Ü

a Unterscheide und übersetze:

1. Utinam taceres! – Taceas! – Utinam tacuisses! – Utinam tacueris! 2. Utinam ne magister interrogavisset! – Utinam ne interroget! – Utinam ne interrogaret! 3. Velim amici adsint! – Vellem amici adessent! – Vellem amici adfuissent!

b Wähle die passende Form aus und übersetze:

1. Pilatus sperat: „Utinam imperator Tiberius (gauderet / gaudeat), quod venio!" 2. Tiberius Pilatum desiderat: „Utinam Pilatus iam (adesset / adfuisset)!"

c Ein romfreundlicher Bewohner der Provinz Judäa will die Sprache der Besatzer lernen. Bilde jeweils die passende Form im Konjunktiv und übersetze:

1. Utinam hanc linguam celeriter (discere)! 2. Utinam litteras (die Buchstaben) iam (discere)! 3. Utinam libros Romanos (legere)! 4. Bonum magistrum mox (invenire)! 5. Vellem eum iam (invenire)! 6. Velim ille sapiens (esse)!

d Zwei Juden (Iūdaeī, ōrum) sprechen über die Römer. Übersetze:

1. „Vellem Romani regionem nostram relinquerent! 2. Utinam ne ad nos venissent! 3. Ne tributa (Steuern) tam dura nobis imponerent!" 4. „Utinam plus animi nobis esset! 5. Velim omnes Iudaei summa cum concordia in hostes consulant!"

I

fundamentum

Die Anfänge des Christentums – Aufruhr in Jerusalem

Die Geschichte des Christentums beginnt in Palästina, wo einheimische Könige von Roms Gnaden herrschten. Als das jüdische Kernland Judäa zur römischen Provinz wurde, prallten zwei ideologische Systeme aufeinander: Die Römer forderten Steuern und die Anbetung des Kaiserbildes ein; dagegen regte sich gewaltsamer Widerstand der Juden. Der Verlust ihrer religiösen Eigenständigkeit hatte fatale Folgen: Propheten hatten starken Zulauf. Auch der Wanderprediger Jesus sprach durch seine Predigten viele an. Daher wurde er von den jüdischen Tempelherren ca. 30 n. Chr. als gefährlicher Störenfried angeklagt – in der Regierungszeit des Kaisers Tiberius. In diesem aufgewühlten Klima versuchte der römische Provinzstatthalter Pontius Pilatus zu vermitteln.

Der Fall Jesus

T

In der Provinz Judäa hatten jüdische Hohepriester gegen Jesus von Nazareth (Iēsūs Nazarēnus) einen Prozess angestrengt – keine einfache Situation für den römischen Statthalter (praefectus) der Provinz, Pontius Pilatus (Pontius Pīlātus). In einem erfundenen Brief des Kaisers **Tiberius** an Pontius Pilatus wird die Problematik deutlich.

Tiberius Pontio Pilato salutem dicit.

Utinam valeas, Pilate! Ex epistulis comperi Iesum quendam Nazarenum in provincia accusatum esse. Quidam sacerdotes Iudaei opera mira ei crimini dant: Istum virum mores hominum corrumpere neque legibus maiorum parere contendunt; nonnulli eum tamquam ducem religionis novae diligi censent. Itaque Iesum ad crucem damnari volunt. Velim Iudaei orationes tam leves neglegant! Utinam ne mentes eorum perturbentur! Utinam isti Iudaei crimen diligenter probaverint! Neque enim facile cognosci potest, utrum ille vir crimen contra Caesarem commiserit an potius praecepta[1] praefecti neglexerit. Opto, ut in ea causa diligenter agas, Pilate! Utinam ne unam partem tantum audias! Audiatur et altera[2] pars! Nam bene scis hoc vitium Iudaeorum: In religione maxime inter se dissentiunt[3]; itaque modo hunc, modo illum sacerdotem laudant vel reprehendunt. Utinam isti tam sapientes essent quam Romani! Apud nos enim omnes cultus, omnes religiones idem valent.
Summam voluptatem capiam, si officium tuum non solum more magistratus Romani, sed etiam more philosophi Graeci praestiteris. Vale!

[1] praeceptum die Vorschrift
[2] alter, a, um der andere
[3] dissentīre uneinig sein

Nikolai Ge (Gay): Jesus und Pilatus. 1890. Moskau, Staatliche Tretjakow-Galerie.

a 1. Stelle die Vorwürfe gegen Jesus zusammen.
2. Belege am Text, wo die Toleranz der Römer gegenüber fremden Religionen deutlich wird.
3. Im Johannesevangelium antwortet Pilatus auf die Äußerung Jesu, er sei in die Welt gekommen, um Zeugnis für die Wahrheit abzulegen: „Was ist Wahrheit?". Erkläre vor diesem Hintergrund die Wendung mōre philosophī Graecī in Z. 21. Beziehe in deine Überlegungen auch 75 I und T (S. 24f.) ein.

b Übersetze, was das einfache Volk in Judäa über die Herrschaft der Römer dachte:
1. Utinam Romani nostram condicionem miseram animadvertant! 2. Utinam eadem humanitas iis sit quae virtus! 3. Utinam ne Romani Iudaeam provinciam reddidissent!

V

c In T finden sich mehrere Komposita, deren Präfixe auf die Vorsilbe con- zurückzuführen sind (vgl. 84 M, S. 142). Stelle diese Komposita zusammen und erschließe, was diese Vorsilbe ausdrückt. Die Bedeutungen der Verba simplicia findest du im Register des Buches.

79

E Pontius Pilatus ist in Eile; er will die jüdischen Priester ermahnen:

1. Pontius Pilatus neminem salutat. Nam ad templum Iudaeorum properat. Pilatus ad templum properans neminem salutat.
2. Pilatus properat. Nam sacerdotes Iudaeos monere vult (monebit). Pilatus properat sacerdotes Iudaeos moniturus.
3. Pilatus: „Si istum Iesum damnabitis, pacem provinciae perturbaturi estis."

Lerncampus **E: Zeitverhältnis des PFA erkennen**

Bestimme das Zeitverhältnis des Partizips properāns zum Prädikat in E 1. Erschließe aus den Sätzen von E 2 das Zeitverhältnis des Partizip Futur Aktiv monitūrus zum Prädikat.

Ü

a Aus zwei mach eins! Bilde dem Beispiel entsprechend Sätze und übersetze dann:

Tiberius epistulam scripsit. Pilato persuadere voluit. → Tiberius Pilato persuasurus epistulam scripsit.

1. Sacerdotes convenerunt. Iesum damnare voluerunt. 2. Pilatus sacerdotes in templo convocavit. De causa referre voluit.

b Unterscheide und übersetze:

1. Pilatus ... templum intrat.
   - sacerdotes reprehendens
   - sacerdotes reprehensurus
2. Sacerdotes ... convenerunt.
   - a Pilato arcessiti
   - Pilatum arcessituri
3. Tiberius ... epistulam scripsit.
   - Pilatum monens
   - Pilatum moniturus

c Kaiser Tiberius öffnet seinem Statthalter Pontius Pilatus die Augen, welche Probleme die Verurteilung Jesu nach sich ziehen kann.

Bilde wie im Beispiel Formen mit -turus und esse statt des Futur I. Übersetze dann.

Sacerdotes Iesum accusa**bunt**. →
Sacerdotes Iesum accusa**turi** sunt.

1. Iudaei bellum gerent. 2. Auctoritatem nostram perdemus. 3. De illo bello multi auctores scribent.

d Anklage gegen Jesus. Übersetze:

1. Summus sacerdos orationem habiturus surgit: 2. „Vos omnes, sacerdotes Iudaei, ius dicturi in templum venistis. 3. Iste Iesus multos comites convocaturus est. 4. Si hoc concesserimus, nostram auctoritatem deleturus est. 5. Equidem fidem veram servaturus posco, ut eum ad crucem damnemus."

I

Handel und Kulturaustausch am Limes *fundamentum*

Der Limes, ein ca. 550 Kilometer langer Grenzwall zwischen Rhein und Donau, diente den Römern zur Grenzsicherung in Germanien. Während man mancherorts auf Flüsse als natürliche Grenzen vertraute, andernorts nur Palisadenzäune aus Baumstämmen errichtete, wurden teilweise auch Steinmauern, Wälle und Gräben errichtet und große Kastelle erbaut, die oft mehrere tausend Legionäre samt ihren Familien, die außerhalb des Lagers lebten, beheimateten. Aus diesen Kastellen entstanden später oft große Städte wie Regensburg oder Augsburg (vgl. T). Der Limes war eine offene Grenze, an der nicht nur Handel betrieben wurde, sondern auch wechselseitige kulturelle Einflüsse nicht ausblieben.

Der Limes – eine durchlässige Grenze

T

Kaiser **Claudius** ließ einerseits an Rhein und Donau Kastelle zur Sicherung des Limes anlegen, andererseits förderte er über den Bau der Via Claudia Augusta von Oberitalien bis zur Donaugrenze auch den Handel mit den Germanen. Paulla, die Tochter eines römischen Offiziers in Augusta Vindelicum, dem heutigen Augsburg, lernt über den dortigen Lagerkommandanten (praefectus castrōrum) den germanischen Händler Theodo (Theodō, ōnis) kennen – bald danach heiraten die beiden. Aus Augusta Vindelicum schreibt sie ihrer Schwester Fausta einen Brief nach Rom (Rōmam).

Paulla Faustae sorori carissimae salutem dicit.

Tandem, post longum spatium temporis, epistulam a te accepi; quae curā gravi me affecit. Nam mihi obicis, quod Theodoni mercatori nupsi: „Qui id accidere potuit? Pater noster illuc venit Caesari Claudio serviturus – neque filiam barbaro cuidam traditurus. Nonne honoris maiorum nostrorum memor fuisti?"

Certe scio multa mira de Germanis Romam nuntiari. Istis barbaris corpora fortia ac oculos saevos esse narratur. Theodo autem non est barbarus ferus, qui nudo pectore pugnat Romanos necaturus. Mercator nobilis est: Electrum[1], quod in litore Germaniae colligitur, emit et in Italiam vehit; ibi merces[2] suas lucro[3] venditurus est. Imperatori Claudio gratiam habet, quod merces suas per Viam Claudiam et per limitem in Italiam vehere potest.

Cum legatione mercatorum Germanorum ad praefectum castrorum venerat ab illo petiturus, ut merces trans provinciam vehere sibi liceret. Illic primum eum vidi – adhuc capilli[4] more Sueborum[5] nexi ante oculos mihi sunt.

Theodo me magno in honore habet: Germani fidem datam servant, non rumpunt. Ceterum equum fortem mihi dono dedit. Patri auctoritate sua persuasit, mihi virtute et amore. Quid dicere restat? Amori cessi. Theodonem videbis, ubi Romam venerimus. Vale!

[1] ēlectrum der Bernstein

[2] merx, mercis *f* die Ware

[3] lucrum der Gewinn

[4] capillī nexī die geflochtenen Haare

[5] Suēbī, ōrum die Sueben (germanischer Stamm)

Germane. 2. Jh. Stuttgart, Landesmuseum Württemberg.

Vergleiche die germanische Kleidung mit der römischen und beschreibe, was auf die Römer befremdlich gewirkt haben könnte.

V

a 1. Paraphrasiere die Vorwürfe Faustas an Paulla in Z. 4–6 und ihre Vorurteile über die Germanen in Z. 7–10. 2. Stelle die Argumente zusammen, mit denen Paulla ihren germanischen Ehemann verteidigt.

b Vergleicht die Vorstellung, die man offensichtlich im Rom des 1. Jhs. n. Chr. von den Germanen hatte, mit der Darstellung in einem Geschichtsbuch oder bei Wikipedia.

c 1. Recherchiere, welche Kaiser die Legionslager Augusta Vindelīcum (Augsburg) bzw. Castra Régina (Regensburg) gegründet haben. 2. Recherchiere, wo in der Neuzeit Grenzen eine wichtige Rolle spielen. Vergleiche diese Beispiele mit der Idee des römischen Limes.

d Epistula cūrā gravī mē affēcit (vgl. Z. 2f.): Übersetze das Prädikat zuerst ganz wörtlich, dann aber im Zusammenhang freier. Bilde selbst Wendungen mit afficere *(m. Abl.)* und übersetze sie treffend.

80

E

1. Paulla promittit: „Mox maritus Romam veniet."
   Paulla promittit mox maritum Romam venturum esse.
2. Paulla sperat se mox cum Fausta conventuram esse.
3. Paulla promittit: „Brevi Theodo et ego tecum conveniemus."
   Paulla promittit se Theodonemque brevi cum sorore conventuros esse.
4. Paulla sperat: „Omnes Romae (in Rom) erimus."
   Paulla sperat omnes Romae futuros esse (fore).

Lerncampus Ü

Ü a und e sind Pflicht. Wer noch Schwierigkeiten hat, das Zeitverhältnis der Infinitive zu bestimmen, sollte Ü d lösen. Wer schnell fertig ist, bildet in Ü b die Sätze mit AcI und stellt das Ergebnis vor. Dann übersetzt er Ü b gemeinsam mit der Klasse.

Ü

a Paulla freut sich auf das Wiedersehen mit ihrer Schwester. Setze die passenden Endungen ein und übersetze:

1. Theodo dixit se mox iter in Italiam fact■ ■ ■ ■ esse. 2. Mihi promisit me sororem vis■ ■ ■ ■ esse. 3. Spero avum laetum fut■ ■ ■ ■ esse, ubi nos viderit.

b Bilde dem Beispiel folgend jeweils einen AcI und übersetze dann:

Theodo sperat: „Fausta non ridebit."
→ Theodo sperat Faustam risuram non esse.

1. Theodo sperat: „Praefectus iter nostrum concedet." 2. Mercatores sperant: „Praefectus iter non prohibebit."
3. Fausta sperat: „Soror mox Romae (in Rom) erit."

c Stelle aus 72–79 W alle Komposita zusammen und ordne sie ihren Grundwörtern zu.

d Wähle den passenden Infinitiv (Präsens, Perfekt oder Futur) aus und übersetze:

1. Paulla epistulam scribit. Sperat eam brevi
A Romam venisse B Romam venire
C Romam venturam esse
2. Milites narrant se in Alpibus iam cum gentibus feris
A pugnaturos esse B pugnare
C pugnavisse

e Auch Kaiser Claudius hofft auf einen guten Handel zwischen Germanen und Römern. Übersetze seine Aussagen vor dem Senat:

1. „Multi Romani Germanos timent. Sperant eos numquam in Italiam venturos esse. 2. Sed ego puto multa bella nos a commercio (Handel) prohibuisse. 3. Promitto mercatores nostros divites fore, si merces (Waren) in Germaniam vexerint."

I

fundamentum

Der Cäsarenwahn

Vor allem die Kaiser Caligula und Nero galten als Negativbeispiele des römischen Kaisertums. Die Herrschaft beider entartete zu grausamer Tyrannei, die geprägt war von willkürlichen Morden, Verschwendungssucht und größenwahnsinnigen Bauprojekten.
So ließ Nero u.a. seine Mutter und seine Ehefrau töten. In seine Regierungszeit fällt auch der Brand Roms (64 n. Chr.) mit der anschließenden Christenverfolgung (vgl. T). Heutige Historiker gehen davon aus, dass v.a. christliche Schriftsteller aus Rache für die Verfolgungen das Bild von Nero als wahnsinnigem Kaiser geprägt haben.

Roms Brand und die Christen

T

Ein Bewohner der Subura, des Stadtteils, in dem die einfachen Leute wohnen, berichtet über eine verhängnisvolle Nacht im Jahr 64 n. Chr. zur Regierungszeit von Kaiser **Nero**.

Nox erat. Cum duobus familiaribus domos nobilium adibam. Sperabamus enim nos cibos accepturos esse de conviviis nocturnis divitum. Et felices fuimus: Satis ciborum accepimus famem exstincturi. Subito autem gaudium et otium nostrum perturbatum est; magnum clamorem gemitumque audivimus: „Venite auxilio! Tota Roma ingenti incendio exstinguitur!“ Quis credere potest Romanos tanto timore captos esse? Maxima turba hominum per vias cucurrit a periculo se conservatura. Aliquis clamavit: „Nero de turri incendium Romae spectat et palam carmen de casu Troiae recitat.“ Post etiam fama fuit Neronem ipsum incendium iussisse, ut media in urbe domum auream sibi aedificaret. Hoc futurum esse diu iam animadverti: Quotiens imperator dixerat se tandem ut hominem habitare velle! Tunc undique plebs perterrita, undique clamor. At subito viros militares accedere vidimus, qui magna voce clamaverunt: „Audite, Romani! Christiani auctores istius incendii sunt! Iam diu coniurationem parant. Constat Christianos urbem nostram deleturos esse. Proinde celeriter in eos animadvertamus!“

Die aufgebrachte Menge half nun Neros Soldatengarde dabei, Christen aufzuspüren. Sie wurden in der Arena gekreuzigt, als lebende Fackeln angezündet oder wilden Tieren zum Fraß vorgeworfen.

Howard Pyle: Der Brand Roms. 19. Jh. Wilmington, Delaware Art Museum.

Gib die Zeilen aus T an, die dem Bild entsprechen.

a 1. Gliedere T in Sinnabschnitte (mit Zeilenangabe) und weise jedem Abschnitt eine treffende Überschrift zu. 2. Erläutere die Funktion der direkten Reden in T. 3. Belege an Beispielen aus T, wie es dazu kam, dass Nero als „verrückter“ Kaiser galt.

b Recherchiere zur berühmten domus aurea (Z. 10) des Nero. Ordne deine Erkenntnisse unter Berücksichtigung von 80 I (S. 40) ein.

c Diskutiert, ob der sog. Cäsarenwahn ein ausschließlich antikes Phänomen war. Nutzt dazu eure Kenntnisse über berühmte Herrscher aus dem Geschichtsunterricht.

V

d Ratschläge Senecas für Nero. Übersetze:

1. Seneca, magister familiaris Neronis, iuvenem his verbis docet: 2. „Scio te mox rem publicam recturum esse. 3. Mater exspectat te officia militaria fortiter subiturum esse. 4. Plebs censet te ducem optimum futurum esse. 5. Senatus sperat te cives a periculis conservaturum esse. 6. Satis constat nonnullos senatores coniurationem contra te facturos esse.“

Den Tempel zerstören?

T

In den letzten Regierungsjahren Neros war in der Provinz Judäa ein Aufstand der Bevölkerung gegen die römischen Besatzer ausgebrochen. Neros General **Vespasian** konnte weite Teile des Landes beruhigen; als er 69 n. Chr. selbst Kaiser wurde, beauftragte er seinen Sohn **Titus** damit, Jerusalem zu erobern.

Iudaei, cum copiis Romanis resistere non iam possent, in templum fugerunt se ab hostibus conservaturi. Intus inter spem metumque dubitantes tales sermones habebant: „Utinam hoc templum bene munitum nos tegat! An putatis Romanos etiam hunc locum sacrum exstincturos esse?“ Profecto Titus milites iam circum muros templi collocaverat; signum autem impetus non dedit, cum de religione Iudaeorum cogitaret. Imperator enim sciebat templum non solum praesidium periculorum, sed imprimis sanctissimum locum omnium Iudaeorum esse. Itaque vitium grave vitaturus duces militares ea de re consuluit.
Unus e ducibus cupiditate victoriae celeris adductus statim verbis vehementibus hoc a Tito poposcit: „Velim ne tam diu dubites, Tite! Si templo pepercerimus, victoriam numquam pariemus. Nonne animadvertis Iudaeos nos iam ridere semperque Romanos risuros esse? Equidem id censeo, ut templum incendio deleamus.“
Inde alius dux monuit: „Etsi facile nobis est templum delere Iudaeosque resistentes interficere, hoc cogitate: Templum locus sacer est. Nonne melius est de pace agere? Si Iudaei condiciones nostras negaverint neque e munitionibus templi cesserint, illud templum delebimus. Tunc autem non crimine nostro, sed istorum culpa templum exstinguetur.“

Die Juden waren aber zu Verhandlungen nicht bereit. Obwohl Titus befohlen hatte, den Tempel beim Angriff nicht anzutasten, warfen die Legionäre Brandfackeln: Der Tempel von Jerusalem wurde vollständig zerstört und nie wieder aufgebaut.

Titusbogen in Rom. Relief mit der Darstellung des Triumphzuges nach dem Sieg über die Juden und der Eroberung Jerusalems. 81 n. Chr. Rom.

Gib das Bilddetail an, das den Sieg der Römer über die Juden augenfällig macht.

V

a Stelle aus T Begriffe zum Sachfeld „Religion“ zusammen.

b 1. Weise an T nach, dass Titus die zweifache Bedeutung des Tempels für die Juden richtig einschätzt. 2. Erläutere die unterschiedlichen Positionen beider römischen ducēs zum Umgang mit dem Tempel. 3. Vergleiche diese Positionen mit der Haltung des Tiberius in 78 T, Z. 17f.

XXVII Kompakt

Entscheide selbst, was du übst: Analysiere zunächst, was in Ü a–d jeweils gefordert ist. Bearbeite dann die drei Aufgaben, die dir besonders nützen. Wer schnell fertig ist, löst Ü e oder f und stellt das Ergebnis dann vor.

Ü

a Stimmengewirr beim Gastmahl. Übersetze:

1. Utinam ne tempus fugeret! 2. Servi bonos cibos afferant! 3. Utinam ne vinum tantum bibissem! 4. Puella me videat! 5. Vellem numquam huc venissem! 6. Velim puella amorem meum cognoverit!

b Übersetze und unterscheide:

1. puella amans / amata / amatura
2. amici reprehendentes / reprehensi / reprehensuri
3. poeta laudans / laudatus / laudaturus

c Kaiser Nero fühlt sich als Künstler. Bilde nach dem Beispiel Formen mit -turus:

Carmen scribam. →
Carmen scripturus sum.

1. Id libenter faciam. 2. Libros legam. 3. Duo carmina recitabo.

d Bilde jeweils den Infinitiv Futur Aktiv:

violare – sollicitare – agere – intellegere – legere – esse – venire – cognoscere – inferre – respondere

e selbstverständlich Latein

Entscheide, ob den folgenden Fremdwörtern ein PPA, ein PFA oder ein PPP zugrunde liegt, und bilde mit jedem Wort einen sinnvollen deutschen Satz:

Inventur – Student – Demonstrant – Prozess – Effekt – Lektüre – resistent

f Fortleben der antiken Tradition: Religion

Erläutere, wie folgende Gegenstände und Begriffe aus dem antiken Rom bis in die Gegenwart fortleben (vgl. die Fotos):

1. lituus (Krummstab der Auguren)
2. Rote Schuhe der Senatoren
3. Pontifex maximus

g Recherchiert arbeitsteilig in Gruppen zu den Kaisern der julisch-claudischen Dynastie, zum sog. Vierkaiserjahr 69 n. Chr. und zur flavischen Dynastie. Entwickelt jeweils ein übersichtliches Lernplakat mit den wichtigsten Fakten zu jedem Kaiser und präsentiert es der Klasse.

h Stellt anhand der deutschen Informationstexte auf S. 34–42 sog. gute und schlechte Kaiser zusammen. Begründet jeweils knapp eure Zuordnung.

i Historiker vergleichen die große Macht der römischen Kaiser gern mit der Machtposition von heutigen US-Präsidenten. Informiert euch zur Stellung des Präsidenten gemäß der amerikanischen Verfassung und diskutiert, was ihr von dieser Parallele haltet.

81

E

Römische Grenzsoldaten im Vergleich:

1. Primus miles fortiter pugnat.
2. Secundus miles fortius pugnat quam primus.
3. Sed tertius fortissime pugnat.
4. Imperator primum militem multum, secundum plus, tertium plurimum laudat.

Lerncampus E: Steigerungsformen von Adverbien erkennen

Erschließe aus E 2 und 3, wie der Komparativ und der Superlativ zu Adverbien gebildet werden. Erschließe auch die unregelmäßige Steigerung multum – plūs – plūrimum in E 4.

Ü

a So ein Angeber! Bilde zum Adverb den Komparativ und übersetze:

1. (Pulchre) dico quam Cicero.
2. (Fortiter) pugno quam Caesar.
3. (Honeste) vivo quam Augustus.
4. (Sapienter) iudico quam Solo.
5. (Diligenter) cogito quam Thales.

b Ich Armer! Fülle die Lücken auf, indem du zu den Adverbien jeweils den Superlativ bildest:

1. Multi homines misere vivunt, ego [?] vivo. 2. Multi facile sollicitantur, ego [?] sollicitor. 3. Omnes multum laborant, ego [?] laboro.

c Entscheide jeweils, ob ein Adverb oder ein Adjektiv vorliegt, und übersetze:

1. verbum diligentius quaerere – verbum pulchrius quaerere 2. carmen turpius scribere – carmen celerius scribere

d Unterscheide und bestimme:

fecisse – felicissime – felicissimi

e Ein vorbildlicher Soldat? Übersetze:

1. Audite de milite miro! Ille omnia diligentissime et celerrime fecit: 2. Celerius itinera fecit quam equus, fortius contra hostes pugnavit quam imperator.
3. Acerrime impetus hostium defendit, facillime gloriam sibi peperit. 4. Denique autem modum transiit: Vitam non solum celerrime et fortissime egit, sed etiam celerrime amisit.

I

Mark Aurel – Philosoph und Feldherr *fundamentum*

Als Mark Aurel (121–180 n. Chr.) im Jahr 161 n. Chr. Kaiser wurde, lagen schwere politische Aufgaben vor ihm. An den Reichsgrenzen musste er nach längerer Friedenszeit an mehreren Fronten gegen eindringende Feinde vorgehen – im Osten gegen die Parther, im Donauraum gegen die Germanen. Während dieser Feldzüge verfasste er in griechischer Sprache seine „Selbstbetrachtungen", die stoisch geprägt sind und die Prinzipien seiner Regierungstätigkeit widerspiegeln: Fleiß, Wahrhaftigkeit, Selbstbeherrschung, Pflichterfüllung und Menschlichkeit.

Im Kampf gegen die Germanen

T

Mark Aurel (Mārcus Aurēlius) verbrachte die letzten zehn Jahre seiner Regierung fast ausschließlich im Krieg gegen verschiedene Germanenstämme, die den Donauraum bedrohten. Am meisten machten ihm die Markomannen mit ihrem Anführer Ballomar (Ballomārius) zu schaffen.

M. Aurelio imperatore Ballomarius pacem in provinciis perturbaturus erat. Hoc Romam nuntiato imperator quam celerrime illuc properavit fines et limitem imperii fortissime defensurus. Antea autem membra senatus atque Commodum filium ad se vocaverat. „Verum", inquit, „est, quod apud Tacitum[1] de Germanis legimus:

Cum bella non gerunt, omnia per otium agunt, omnia communia possident. Tum commoda vitae petunt: Familiares frequentius visunt, mercatoribus aditum ad se dant. Praeterea alea[2] eis placet; somno et cibo plurimum gaudent, libentissime aut vinum aut cervisiam[3] bibunt. At cum arma prehendunt bellum gesturi, viribus ac armis plus valent quam Galli. Principes acerrime pugnant, viri pro principibus tanta vi contendunt, ut nulli hostes difficilius vincantur quam Germani."

Itinere in provinciam facto M. Aurelius per multos annos istic fortissime Germanis occurrit. Auctores quidam tradunt in proelio hanc rem miram accidisse: Germanis acrius pugnantibus Romani timebant, ne turpissime perirent. Maximo in periculo nonnulli milites manus ad caelum tetenderunt deosque multis precibus obsecraverunt, ut sibi adessent. Profecto dei, qui maximam potestatem omnium rerum habent, ingentem tempestatem[4] miserunt, qua imperator et exercitus felicius servati sunt.

[1] Tacitus: röm. Geschichtsschreiber

[2] ālea das Würfelspiel

[3] cervīsia das Bier

[4] tempestās, ātis *f* das Unwetter

V

a 1. Formuliere für die einzelnen Abschnitte von **T** passende Überschriften. 2. Arbeite aus **T** (Z. 6–12) die zwei von Tacitus beschriebenen „Gesichter" der Germanen heraus.

b Recherchiert arbeitsteilig in Gruppen zu folgenden Themen:

1. zum römischen Geschichtsschreiber Tacitus und über wesentliche Inhalte seiner Schrift mit dem Titel *Germānia*. Vergleicht die Informationen mit den Erfahrungen der Römer (vgl. „Rom und die Germanen", S. 35) und den Vorurteilen über die Germanen in 79 **T**, Z. 7–10. 2. zum sog. Urkommunismus der Germanen (vgl. omnia commūnia possident, Z. 6f.). Diskutiert, warum das mit dem römischen Wirtschaftsmodell unvereinbar war.

Mark Aurel.
Reiterstandbild auf dem Kapitol in Rom. 2. Jh. n. Chr.

Betrachtet die Abbildung und erklärt, welche Eigenschaften von Mark Aurel sie zum Ausdruck bringen soll.

82

E

1. M. Aurelius: „Imperare res difficilis est.
2. Dei artem imperandi paucis hominibus tribuerunt.
3. Pauci imperatores ad imperandum idonei sunt.
4. Imperator non solum imperando, sed etiam vetando et monendo cives regere debet.
5. Si vis bene imperare, in imperando semper modum tenere debes."

Lerncampus Ü

Ü a ist Pflicht. Bearbeite dazu Ü b oder d: Bereite die Übung so vor, dass du sie der Klasse vorstellen kannst.

Ü

a Suche nur die Formen des Gerundiums heraus:

monendi, monenti, descendendo, descendo, descendendi, descendi, descendenti, reprehendo, reprehendendo, reprehensum, reprehendendum

b Ein „Interview" mit dem Kaiser. Übersetze:

1. „Quomodo (Wie) civitatem regis, imperator?" – „Laudando et confirmando cives rego." 2. „Audivi te quosdam amicos donis delectare." – „Dando et donando eos iuvo, qui opibus carent." 3. „Reprehendisne filiam tuam?" „Reprehendendo liberi laeduntur. Quod nolo. Filiam autem moneo, ut liberis bene consulat."

c In oder ad? Wähle aus und übersetze:

1. (ad audiendum / in audiendo) ridere 2. servum (ad scribendum / in scribendo) arcessere 3. librum (ad legendum / in legendo) deligere 4. (ad cogitandum / in cogitando) tacere 5. carmen (ad recitandum / in recitando) idoneum

d Ein Missgeschick am Kaiserhof. Übersetze:

1. In convivio poeta carmen recitaturus est: „Nunc est tempus recitandi, amici. Audite carmen meum!" 2. Ad recitandum poeta surgit. 3. In surgendo autem mensam forte attingit. 4. Mensa ita movetur, ut cibi ad terram cadant. 5. Amici rident: „Recitando non solum animos, sed etiam mensas et cibos movere potes."

I

Diokletian – Verwaltungsreformer und Christenverfolger *fundamentum*

Kaiser Diokletian teilte in einer Zeit zunehmender Grenzkriege das riesige Römische Reich in vier Zuständigkeitsbereiche auf – unter Führung einer Viermännerherrschaft (Tetrarchie) von zwei Herrschern (Augustī) und zwei Helfern (Caesarēs). Dies hatte viele Vorteile: Gleichzeitig auftretende Probleme an verschiedenen Orten konnten arbeitsteilig besser gelöst werden; zudem war das Herrschaftssystem stabiler, da es auf mehreren Schultern ruhte, und nicht zuletzt hatten so die Caesarēs Zeit, sich in die Regierungsgeschäfte einzuarbeiten. Unter Diokletian kam es auch zu einer großen Christenverfolgung, weil er das Christentum als eine Gefährdung seines Herrschaftssystems ansah. Diokletian verfügte, dass christliche Kirchen abgerissen, christliche Schriften verbrannt und Christen aus dem staatlichen Dienst entfernt wurden.

Ein Kaiser tritt überraschend zurück

T

Kaiser **Diokletian** (vgl. **I**) sah das Römische Reich an allen Außengrenzen von Feinden und im Inneren von einem erstarkten Christentum bedroht. Sein völliger Rückzug vom höchsten Amt ins Privatleben (305 n. Chr.) war einzigartig in der Antike.

Imperator Diocletianus primo potestatem imperandi in quattuor partes diviserat[1], quarum unam ipse retinuit. Deinde numerum legionum auxit et pretia omnium rerum sapientissime constituit.
Christianos autem, qui religione sua res divas Romanorum neglegebant et cultum deorum perturbabant, toto imperio ut pecora crudelissime interfici iussit. Praeterea aedificia Christianorum deleta eorumque libri igne exstincti sunt. Diocletianus arte regendi rem publicam paene perditam restituit; neque tamen omnem invidiam vitavit.
Omnibus rebus compositis Diocletianus sua sponte fecit, quod raro evenit: Imperium deposuit, quia tempus in legendo et scribendo consumere voluit. Secundum dictum Epicuri philosophi senex legendo et scribendo diem carpere cupivit. Hunc enim modum vivendi gratum et iucundum sibi futurum esse putavit. Adhuc enim nec tempus studendi nec spatium quiescendi ei fuerat, cum multos annos in negotiis occupatus esset. Nunc tandem legendi et scribendi causa Salonas[2] se recepit. Nam istic domum regiam ad quiescendum idoneam aedificaverat.

[1] dīvidere *(Perf. dīvīsī)* teilen

[2] Salōnās nach Split

Römische Tetrarchie. 3./4. Jh. n. Chr. Venedig.

*Ordne die Abbildung der entsprechenden Aussage in **T** zu und erkläre, was die Bildsprache des Monuments ausdrücken soll.*

a 1. Erstelle aus **T** eine Liste mit den Maßnahmen von Diokletians Regierungsprogramm. 2. Belege aus **T** die Gründe für Diokletians Rücktritt. Beziehe in deine Überlegungen auch das *fundamentum* auf S. 52 und 86 **I** mit ein.

b 1. Diskutiert in Gruppen das Für und Wider, wenn ein Kaiser, ein König oder auch der Papst „in Rente geht". 2. Arbeitet aus **T** heraus, inwiefern Diokletian gemäß der Maxime „Divide et impera!" handelte.

c 1. Vergleicht die Vorwürfe gegen die Christen in **T**, Z. 4–6, mit denen in 80 **T**, Z. 17–19. 2. Recherchiert arbeitsteilig im Internet zur Christenverfolgung bei Kaiser Nero und Diokletian. Nutzt dazu auch eure Kenntnisse aus dem Geschichtsunterricht. Präsentiert die Ergebnisse der Klasse.

V

d Übersetze und erschließe mögliche Sprecher für diese Sentenzen:

1. Docendo discimus.
2. Scribere scribendo, dicendo dicere disces.
3. Ad cogitandum et agendum homo creatus est.

e Stelle aus dem 2. Abschnitt von **T** die Vokabeln zusammen, die für eine angenehme Stimmung und ein ruhiges Leben stehen. Ergänze deine Liste mit Vokabeln aus 72–74 **W**, die dazu passen.

83

E

1. Diocletianus: „Ars regendi difficilis est.
2. Puto artem cives regendi difficilem esse.
3. Clarius dicam: Ars cives bene regendi difficilis est.
4. Cives optime regendo civitatem Romanam auxi.“

Lerncampus **E: erweiterte Gerundien erkennen**

Stelle aus E 2–4 zusammen, welche Erweiterungen zu einem Gerundium treten können.

Ü

a Trenne die Wörter und übersetze:

1. Imperator cives delectat **rempublicambeneregendo**.
2. Cives artem laudant **causasiusteiudicandi**.
3. Imperator cupidus est **omnescivesoptimeiuvandi**.

b Länger und länger. Übersetze:

1. ars regendi → ars civitatem regendi → ars civitatem bene regendi → ars totam civitatem bene regendi
2. voluntas populum delectandi → voluntas populum ludis delectandi → voluntas populum ludis praeclaris delectandi → voluntas populum ludis praeclaris saepe delectandi
3. Leges dando gloriam petere → leges novas dando gloriam petere → leges novas sapientissime dando gloriam petere

c Suche zu sieben der unter 83 M (S. 139) angeführten Suffixe je ein weiteres Beispiel aus dem Register des Lehrbuchs.

d Viel Spaß. Fülle die Lücken jeweils mit zwei verschiedenfarbigen Bausteinen auf, sodass möglichst großer Unsinn entsteht. Die Bausteine dürfen mehrfach verwendet werden:

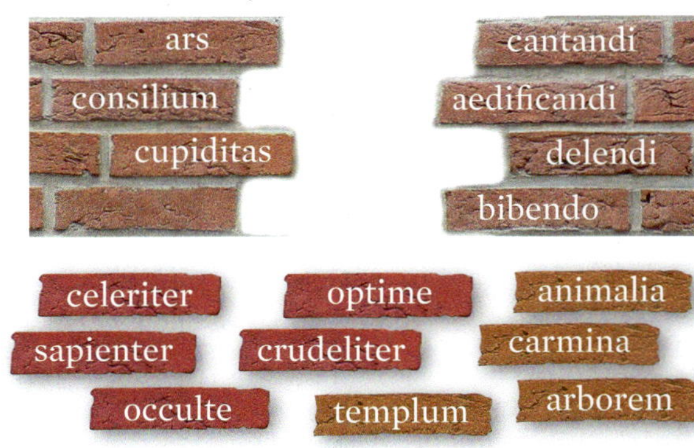

I

Kaiser Konstantin und das christliche Imperium *fundamentum*

Mit Kaiser Konstantin, der von 306–337 n. Chr. über Rom herrschte, kam die Wende für die Christen. Im sog. Mailänder Toleranzedikt von 313 gestattete er den Christen im Römischen Reich die freie Religionsausübung und stellte den christlichen Glauben mit der römischen Religion gleich. Folgenschwer war seine Entscheidung, den Regierungssitz weg von Rom in den Osten des Reiches (die heutige Türkei) zu verlagern: An der Stelle des alten Byzanz gründete er die nach ihm benannte Stadt Konstantinopel, das „Neue Rom“. Das hatte zur Folge, dass das Imperium in den folgenden Jahrhunderten in ein West- und ein Ostreich mit zwei Hauptstädten und zwei Amtssprachen (Latein und Griechisch) zerfiel.

Göttliche Zeichen vor der Schlacht

T

Nach dem Rückzug Diokletians vom Kaiserthron begann im Westen des Imperiums ein Kampf um die Macht zwischen **Maxentius** und **Konstantin**. Die besten Chancen schien Maxentius zu haben, dem Rom und Italien als Herrschaftsgebiet zugefallen waren.

Maxentius consilium aedificia nova aedificandi cepit. Ad illud consilium exemplo Diocletiani impulsus erat. Ille enim – cupidus nomen gloriamque suam augendi – liberalem[1] se praebuerat et urbem grandissimis thermis ornaverat. Quamquam haud facile fuit tale opus superare, Maxentius copiam Diocletianum superandi invenit: Basilicam maximam aedificando opus egregium efficere voluit. Ad perficiendum imprimis tempore ei opus erat. Fatum contra non permisit, ut Maxentius opera sua Romae perficeret.

Nam Constantinus, qui diversis studiis ac cupiditate imperandi incensus erat, iter in Italiam fecerat. Castris ante moenia urbis collocatis Constantinus exspectabat, dum tempus impetum faciendi adesset.

Maxentius autem omine[2] deorum adductus ad pugnandum e moenibus tutis exiit. Ita enim se imperatorem probum praebere atque dignitatem suam conservare voluit.

Nonnulli auctores narrant Constantinum quoque omine confirmatum esse: Nam ante pugnam in caelo et signum crucis et haec verba conspexit: „Hoc signo vinces.“ Itaque scuta[3] militum signo crucis ornavit. Profecto Constantinus auxilio dei veri, ut postea ipse proferebat, vicit.

[1] līberālis, e freigebig

[2] ōmen, inis das Vorzeichen

[3] scūtum der Schild

Rechte Hand einer Statue Konstantins. 4 Jh. n. Chr. Rom, Musei Capitolini.

Recherchiere, wo die Statue, zu der diese Hand gehörte, stand, und erkläre, warum sie so groß war.

V

a 1. Belege an **T** die Beweggründe der Baupolitik von Diokletian und Maxentius. 2. Weise an **T** nach, dass die militärische Auseinandersetzung zwischen Maxentius und Konstantin auch als Kampf der Götter verstanden werden konnte. 3. Erläutere die Problematik der Wendung auxiliō deī vērī (Z. 21) im Vergleich zu 78 **T**, Z. 17f.

b 1. Recherchiert zur Maxentius- bzw. Konstantinsbasilika in Rom und präsentiert euer Ergebnis mithilfe digitaler Rekonstruktionen. 2. Erklärt am Beispiel dieser Basilika, dass Geschichte stets von den Siegern geschrieben wird. 3. Diskutiert, ob man in solchen Gebäuden einen Ausdruck des sog. Cäsarenwahns erkennen kann.

c Übersetze und erläutere jede Sentenz durch eine kleine Geschichte aus deinem Erfahrungsbereich:

1. Frequenter ignoscendo e stulto improbum facies. 2. Nihil agendo homines turpiter agere discunt. 3. Diu cogitando amicos delige!

d Erkläre mithilfe der in 83 **W** gelernten Vokabeln folgende Ausdrücke: eine grandiose Leistung, ein permissiver Erziehungsstil, die Diversifizierung von Argumenten.

Wer ist hier eigentlich Kaiser?

T

Unter **Theodosius** war das Christentum Staatsreligion. Mit großem Selbstbewusstsein trat Ambrosius, der Bischof von Mailand (einer Kaiserresidenz), gegenüber Kaiser Theodosius auf, als es zum Streit über das richtige Verhalten gegenüber jüdischen Gemeinden gekommen war.

In quadam civitate Asiae hoc crimen accidit: Episcopus[1] civitatis turbam Christianam vehementissime contra Iudaeos excitaverat. Eos acriter accusando nonnullos Christianos adduxerat, ut synagogam[2] Iudaeorum igni delerent omniaque raperent.
Hac re nuntiata Theodosius celeriter atque sapienter egit. Quia apud eum iustitia[3] atque humanitas plurimum valuerunt, auctores ignis poena affici voluit, quamquam isti – ut imperator ipse – Christiani erant. Timebat enim, ne eiusmodi scelere pax in provinciis periret. Itaque statim postulavit, ut synagoga restitueretur et res raptae redderentur; episcopo autem, a quo turba male excitata erat, pepercit. Qua re cognita Ambrosius, episcopus Mediolanensis[4], qui cupidissimus erat religionem Christianam augendi, epistulam ad imperatorem misit. Qua epistula acerrime reprehensus Theodosius postremo verbis Ambrosii cessit. Ille poposcerat, ne imperator Iudaeis auxilium ferret. Denique Theodosius sceleratis Christianis veniam dedit. Nec synagoga restituta est nec Iudaeis res redditae sunt, quae antea possiderant.

[1] episcopus der Bischof

[2] synagōga: vgl. Fw.

[3] iūstitia die Gerechtigkeit

[4] Mediōlānēnsis von Mailand

Theodosius I. der Große. Silbermedaillon. 4. Jh. n. Chr. Madrid, Real Academia de la Historia.

Beschreibe die Abbildung und erkläre, worin sie sich von Abbildungen anderer Kaiser unterscheidet.

V

a 1. Beschreibe den Anlass des Streits zwischen Kaiser und Bischof. 2. Belege am Text (Z. 5–10) die Beweggründe des Theodosius für sein Vorgehen. 3. Erschließe aus dem letzten Abschnitt (Z. 11–19) das Machtverhältnis zwischen Kaiser und Bischof.

b 1. Beschreibe die Entwicklung des Christentums in Rom in vergleichender Rückschau von 80 **T**, 82 **T** und diesem Text; beziehe für die Zeit des Kaisers Trajan (Beginn des 2. Jhs. n. Chr.) die Einleitung zu 91 **T** mit ein. 2. Erläutere folgende Schlagworte mit Bezug auf den Text: Antijudaismus, religiöse Intoleranz, Anmaßung. 3. Recherchiere zum Verhältnis zwischen Päpsten und Kaisern im Mittelalter. Ordne die Auseinandersetzung zwischen Theodosius und Ambrosius in diesen Zusammenhang ein.

c 1. Stellt weitere Ereignisse der europäischen Geschichte zusammen, die einem ähnlichen Muster folgen wie der in **T** beschriebene Vorfall. 2. Recherchiert zum Streit um den Victoriaaltar in Rom und erklärt, warum Ambrosius sich auch in diesem Fall durchsetzen konnte.

XXVIII *Kompakt*

Ü

Teste dich selbst: Bearbeite zuerst **Ü a–d**. Wenn du Probleme mit einer Aufgabe hattest, löse die entsprechende Übung **a'–d'**. Wer schnell fertig ist, bearbeitet **Ü e** so, dass er sie im Anschluss mit der Klasse besprechen kann.

a Steigere die Adverbien und übersetze:

1. misere vivere 2. superbe reprehendere 3. fortiter sustinere

b Wähle die Formen des Gerundiums aus:

agendo – agendi – agentem – ad agendum – sperandi – speranti – sperans – contendendi – contendenti – contendi

c Bestimme den Kasus des Gerundiums und übersetze:

1. flendo 2. ad flendum 3. in flendo 4. flendi causā

d Übersetze:

1. tempus gaudendi 2. voluntas amicos videndi 3. spes locum tristem celeriter relinquendi

a' Bilde die fehlenden Formen:

1. diligenter → diligentius → **[?]**
2. honeste → **[?]** → honestissime
3. acriter → **[?]** → acerrime
4. celeriter → celerius → **[?]**
5. feliciter → **[?]** → **[?]**

b' Bilde Gerundium-Formen, indem du die fehlenden Buchstaben ergänzt:

turba ■ ■ i – mone ■ ■ o – ad servi ■ ■ ■ um – in trah ■ ■ ■ o – ad scrib ■ ■ ■ um

Beschreibe jeweils, woran man erkennt, dass die folgenden Formen kein Gerundium sind:

monentem – comprehendo – comprehendenti – ostendi

c' Ordne die richtige Übersetzung zu:

1. ad cogitandum 2. cogitando 3. in cogitando 4. cogitandi causā

durch Nachdenken – wegen des Nachdenkens – zum Nachdenken – beim Nachdenken

Bestimme und übersetze:

1. clamandi causā 2. clamando 3. in clamando 4. ad clamandum

d' Übersetze:

voluntas imperatorem *reprehendendi*

e Unterscheide und übersetze:

1. Utinam Augustus mihi veniam det / daret! 2. Utinam Augustus epistulam meam legerit / legisset! 3. Utinam uxor epistulam mihi scribat / scripserit!

f Recherchiert im Internet, was man unter „imperialer Überdehnung" versteht. Präsentiert die Ergebnisse auf einer digitalen Folie. Diskutiert am Beispiel von 81 **T** und 82 **T**, inwiefern die Problematik „imperialer Überdehnung" festzustellen ist.

g Recherchiere zu weiteren römischen Kaisern, denen man „Cäsarenwahn" vorwarf, und berichte in der Klasse mithilfe einer kurzen digitalen Präsentation.

h Ergänzt euer Lernplakat zu den römischen Kaisern aus XXVII g (S. 43) mit den wichtigsten Fakten zu den Kaisern der sog. mittleren Kaiserzeit: Trajan, Hadrian, Mark Aurel, Diokletian und Konstantin.

Fragen der Philosophie – Antworten für uns?

1

Nach ersten Anfängen (vgl. S. 12) unterteilten die Griechen die Philosophie in drei Teilgebiete: Physik (als Lehre von der Natur), Ethik (als Lehre vom richtigen Verhalten) und Dialektik bzw. Logik (als Kunst, Sachverhalte von mindestens zwei Seiten her zu betrachten und logisch zu argumentieren). Als frühen Vertreter der Dialektiker haben wir schon Sokrates (vgl. Kap. 75) kennengelernt.

fundamentum

Die vier großen philosophischen Schulen der Antike

Platon (427–347 v. Chr.), ein Schüler des Sokrates, gründete in Athen seine Schule, die berühmte **Akademie**. Sein bedeutendster Schüler war Aristoteles (384–322 v. Chr.), der nach Jahren als Erzieher Alexanders des Großen seine eigene Schule, den sog. **Peripatos**, gründete.

Bald entstanden weitere Philosophenschulen:

Der **Kepos**, die Schule Epikurs (341–270 v. Chr.), sah das höchste Glück in der Lust (voluptās). Darunter verstanden die Epikureer aber nicht ein Leben im Luxus, sondern die Freiheit von Schmerz und Ängsten (z.B. Todesfurcht). Zur Erreichung dieses Ziels empfahlen sie, sich aus dem Leben der Gesellschaft zurückzuziehen und mit einigen Gleichgesinnten ein bescheidenes Leben zu führen; daher hatte die Freundschaft (amīcitia) bei den Epikureern einen hohen Stellenwert.

Die **Stoa** wurde von Zenon von Kition (333–261 v. Chr.) gegründet. Sie sah es als höchstes Lebensziel an, ein Leben gemäß der Vernunft (ratiō) zu führen, bei Herausforderungen des Schicksals ausgeglichen zu bleiben, ja Schicksalsschläge sogar willig anzunehmen. Die sog. stoische Ruhe wurde zum Kennzeichen des stoischen Weisen. Im Gegensatz zu den Epikureern forderte die Stoa eine aktive Betätigung für die Gesellschaft, da der Mensch nur so zur vollendeten Tugend (virtūs) gelangen könne (vgl. 88 I).

1 *Die Attalos-Stoa in Athen. Erbaut 159–138 v. Chr.*
2 *Relief auf einem römischen Sarkophag der Kaiserzeit. Vatikan, Museo Gregoriano Profano.*
3 *Philosophenporträts (von links nach rechts): Platon, Cicero, Aristoteles, Sokrates, Epikur, Seneca, Zenon. Museum für Abgüsse Klassischer Bildwerke München.*
4 *Doppelporträt zweier Philosophen. 1.–3. Jh. n. Chr. Berlin, Antikensammlung.*

3

Cicero und Seneca als bedeutende Vermittler griechischen Gedankenguts

Es war die große Leistung des römischen Staatsmannes und Schriftstellers **Cicero** (106–43 v. Chr.), die Lehren der griechischen Philosophenschulen einer breiten Öffentlichkeit in Rom zugänglich zu machen, indem er eine philosophische Begrifflichkeit in lateinischer Sprache prägte. Er vermittelte in seinen Schriften nicht nur die griechischen Vorstellungen, sondern passte diese auch an die römischen Verhältnisse an.

Seneca (4–65 n. Chr.), römischer Schriftsteller, stoischer Philosoph und Erzieher des Kaisers Nero, verfasste zahlreiche philosophische Schriften, in denen er seinen Landsleuten die Lehre der Stoa vermittelte – nicht theoretisierend, sondern praxisnah durch konkrete Beispiele. Aus diesem Grund war für Seneca, wie für andere Stoiker auch, gerade Sokrates vorbildhaft. Die philosophische Gesprächsführung und Argumentationstechnik des Sokrates faszinierte Seneca, der praktische Tipps für konkrete Lebensfragen geben wollte. Die oft spitzfindigen und schwer verständlichen philosophischen Theorien der anderen Griechen hielt er aber für wenig hilfreich.

Cicero hingegen orientierte sich inhaltlich wie auch in der literarischen Gestaltung erkennbar an den griechischen Vorlagen, insbesondere an Platon und Aristoteles. Häufig stellt er stoisches und epikureisches Gedankengut gegeneinander. Die entscheidende Figur bei der Entwicklung der antiken Philosophie ist aber auch für Cicero Sokrates. Dieser hat nämlich – so formuliert es Cicero – „als Erster die Philosophie vom Himmel heruntergerufen und in den Städten angesiedelt und auch in die Häuser hineingeführt und sie gezwungen, nach dem Leben, den Sitten und dem Guten und Schlechten zu forschen.“

4

a Recherchiere im Internet, was die Namen der vier großen Philosophenschulen bedeuten.

b Aristoteles und Seneca waren die Lehrer von zwei berühmten Herrschern: Alexander (vgl. Band 2) und Nero. Stellt arbeitsteilig eine kurze Charakteristik der beiden Herrscher zusammen. Diskutiert ausgehend davon mögliche Konflikte zwischen den Forderungen der Philosophie und der Herrschaftsausübung.

c Erkläre mithilfe der Informationen und Abbildungen dieser Doppelseite die Aussageabsicht von Abb. 2 und 4.

d Erkläre die Anordnung der oben abgebildeten Philosophenporträts mithilfe der Erläuterungen auf dieser Doppelseite und deiner Kenntnisse aus Kap. 71–75.

Die Schule von Athen

Die „Schule von Athen" ist ein Gemälde des berühmten Malers Raffael. Er schuf es 1511 für einen Raum im Vatikan, den der Papst zur Unterzeichnung von Schriftstücken nutzte. Raffael versammelte inmitten einer phantasievollen Monumentalarchitektur viele griechische Philosophen und Wissenschaftler, die man vom Altertum bis zur Zeit Raffaels für bedeutsam hielt. Im Zentrum des Bildes sieht man zwei Gestalten: Die eine weist mit dem Finger nach oben, während die Hand der anderen in Richtung Erde zeigt. Bei der linken Figur handelt es sich um den griechischen Philosophen Platon, der zum Himmel zeigt, weil er dort das Reich der ewigen Ideen vermutete. Rechts von ihm weist sein Schüler Aristoteles in die entgegengesetzte Richtung, ein Hinweis darauf, dass ihm die genaue Beobachtung der irdischen Natur wichtiger erscheint.

Archimedes

Pythagoras

Sokrates

Platon und Aristoteles

Diogenes

Thales

Erarbeitet in Gruppen die folgenden Aufgaben:

A: Vergleicht die in Lektion 75 und auf den Seiten 12 und 52f. gewonnenen Informationen über Sokrates mit seiner Darstellung in Raffaels Gemälde. Formuliert daraus Schlussfolgerungen.

B: Vergleicht die auf S. 52 gewonnenen Informationen über Platon und Aristoteles mit der Darstellung der beiden Philosophen in Raffaels Gemälde. Formuliert daraus Schlussfolgerungen.

C: Das Zeitalter, in dem Raffael lebte, nennt man Renaissance (vgl. S. 92f.). Stellt wesentliche Punkte, die für diese Zeit charakteristisch waren, in einer Übersicht zusammen.

D: Stellt Informationen über Thales (Kap. 71), Diogenes (Kap. 39 oder Internet), Archimedes (XVI Kompakt oder Internet) und Pythagoras (Internet) zusammen. Erklärt aus diesen Informationen die Darstellung der jeweiligen Person durch Raffael (z.B. Kleidung, Gesichtsausdruck, Körperhaltung, Gegenstände, die sie bei sich haben).

84

E

Im Landhaus des vornehmen Lucius Caecilius am Comer See:

1. Romanis nobilibus villae pulchrae erant.
   Suam quisque villam statuis caris et tabulis pulchris ornabat.
2. Caecilius autem libros cuiusque philosophi in villa sua colligebat.
3. Caecilius dicebat se optimum quemque philosophum cognovisse.
4. Constat Caecilium philosophos amavisse.
   Caecilius sperabat philosophos sibi adfuturos esse.
5. Caecilius saepe bibliothecam (!) statuis ornatam intrat.
   Bibliothecam intrans tacet et gaudet.
   Nam bibliothecam intrat librum quendam lecturus.
6. Caecilio librum legente etiam Gaius filius studebat.
   Libro lecto Caecilius cum filio sermones habebat.

Lerncampus Ü

Die bisher bekannten satzwertigen Konstruktionen sind mit Infinitiv- oder Partizipformen gebildet. Wer bei den Formen noch unsicher ist, löst Ü b; die anderen bestimmen die satzwertigen Konstruktionen in den Sätzen von Ü d und stellen das Ergebnis vor. Im Anschluss übersetzen alle Ü d.

Ü

a Philosophische Einsichten. Bestimme jeweils die Form von quisque und übersetze:

1. Se quisque noscat! 2. Suum cuique tribuatur! 3. Suus est mos cuique genti. 4. Sua quemque delectant.

b Formsache. Bestimme die fehlenden Infinitive und bilde sie:

1. vindicare – [?] – vindicavisse – [?] – vindicaturum esse
2. [?] – peti – petivisse – petitum esse – [?]

Bestimme das fehlende Partizip und bilde es:

3. vindicans – [?] – vindicaturus
4. petens – petitus – [?] 5. [?] – monitus – moniturus

c Einladung. Wähle jeweils die richtige Form aus und übersetze:

1. „Dominus iussit me vos arcessere / arcessivisse / arcessiturum esse.
2. Venite mecum omnibus officiis omittentibus / omissis / omissuris!
3. Sermonibus doctissimis delectantes / delectati / delectaturi redibitis."

d Tische für die Bibliothek. Übersetze:

1. Lucius Caecilius bibliothecam (!) suam quoquo modo ornare voluit. 2. Itaque servus eius Graeciam petivit mensas caras empturus. 3. Caecilius enim scivit optima ornamenta a Graecis effici. 4. Paulo post duabus mensis emptis servus ad dominum rediit. 5. Caecilius laetitia motus mensis novis bibliothecam ornavit. 6. Sic cuique bibliothecam intranti demonstravit se artes amare.

Ein Liebhaber der Literatur und Philosophie

T

Nach dem Tod seines Schwagers Lucius Caecilius kommt der Offizier und Naturforscher Gaius Plinius Secundus ins Landhaus der Familie am Comer See. Er besucht seine Schwester Marcella und seinen Neffen Gaius. In der Hausbibliothek erzählt der Onkel seinem Neffen von dessen verstorbenem Vater:

Mihi in bibliotheca sedenti pater tuus in mentem venit. Ille, dum incolumis erat, amore philosophiae permotus quam plurimos libros collegit. Tot libris ab illo collectis bibliotheca vestra proxima est[1] magnis bibliothecis Romae: Hic optimus quisque auctor invenitur; hic cuique generi litterarum[2] locus suus est.
Pater tuus sine pudore contendebat se mox etiam libros illorum auctorum possessurum esse, qui ultimis in terris viverent. Hoc unum diligenter curavit, ne quis ordinem librorum perturbaret vel etiam furtum faceret librosque auferret.
Constat Caecilium libros philosophorum maxime amavisse. Omnia opera Graecorum – et Platonis et Aristotelis et Zenonis et illorum ante Socratem viventium – praeter libellos Epicuri possedit. Etiam carmina Homeri, tragoedias[3] Euripidis, Sophoclis, Aeschyli, comoedias[3] Menandri, fabulas Aesopi in bibliotheca sua composuit.
At non solum opera lingua Graeca scripta, sed etiam libri cuiusque auctoris nostri hic sunt: Catullus, Vergilius, Horatius, Ovidius, Cicero, Caesar, Seneca – hi omnes praeter Lucretium locum suum habent. Quot alios libros pater tuus collegisset, nisi e vita discessisset!

Bei den letzten Worten seines Onkels treten Gaius Tränen in die Augen.

[1] proxima est *m. Dat.* sie ist sehr ähnlich

[2] litterae, ārum *hier:* Literatur

[3] tragoedia, cōmoedia: vgl. Fw.

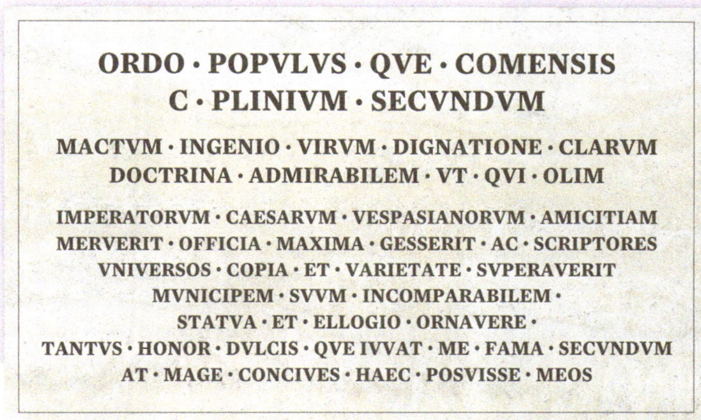

Ehreninschrift für Gaius Plinius Secundus am Dom von Como.

V

a 1. Recherchiert arbeitsteilig vor der Übersetzung kurz zum literarischen Werk der in **T** genannten Autoren (Gattung, Buchtitel, Themen) und fasst das Wesentliche in je zwei Sätzen zusammen. 2. Entwickelt Kriterien, nach denen man die genannten literarischen Werke – leicht auffindbar – in einer Bibliothek aufstellen könnte. Berücksichtigt dabei auch die Informationen von S. 12 und 52f.

b Erschließe mithilfe von **T** und der Sachinformationen auf S. 52f. einen möglichen Grund dafür, dass Caecilius als vornehmer Römer die Werke des Epikur und des Lukrez nicht besitzt.

c Paraphrasiere den Inhalt der Ehreninschrift für Gaius Plinius Secundus und recherchiere, worin dessen literarische Leistung bestand.

85

E

Gaius hat gerade den Mythos von Niobe (vgl. 56 **T**) in den Metamorphosen Ovids gelesen. Deshalb fragt er seinen Onkel, ob er glaubt, dass man die Götter verärgern kann. Plinius antwortet:

1. „Multi homines deos non timent (verentur).

2. Nioba putabat (arbitrabatur): Deos neglegere licet.

3. Equidem arbitror: Deos neglegere non debemus.

4. Itaque te moneo: Verere deos!

5. Pollicere ac iura, Gai, te deis sacra facturum esse!

6. Deos enim esse suspicor, immo fateor."

Lerncampus **Ü**

Ü a und **b** dienen der Formensicherheit; eine der beiden Übungen ist Pflicht. Dazu kommt für jeden die Bearbeitung von **Ü c** oder **d**.

Ü

a Ich, du, er (sie, es), wir, ihr, sie.
Bringe die Formen in die richtige Reihenfolge:

verebatur – vereor – verebimini – veritus es – veriti erant – vereremur

b Weise jeweils die richtige Übersetzung zu und erkläre den Fehler in der anderen Übersetzung:

... homines vindicantur ...

1 ... sie werden die Menschen bestrafen ...
2 ... die Menschen werden bestraft ...

... sacerdotes verentur ...

1 ... die Priester verehren ...
2 ... die Priester werden verehrt ...

... sacrum pollicetur ...

1 ... er / sie verspricht ein Opfer ...
2 ... ein Opfer wird versprochen ...

c Übersetze die Vorwürfe eines Priesters:

1. „Deos non veremini. 2. In periculo deis multa polliciti estis. 3. Qui deos non veretur, vindicabitur. 4. Fatemini vos peccavisse! 5. Vos deos vereri oportet."

d Das Schweigen der Götter. Übersetze:

1. Antiquis temporibus multi homines deos veriti sunt, quia auxilium eorum petebant. 2. Sed saepe dei auxilio non venerunt, etsi homines dona polliciti erant. 3. Itaque nonnulli deos sorte hominum non moveri suspicati sunt.

I

Epikur über die Götter *fundamentum*

Der griechische Philosoph Epikur (341–270 v. Chr.) bemerkte, dass die Menschen seiner Zeit Ängste hatten, v.a. vor dem Tod und den Göttern. Diese Furcht versuchte er ihnen zu nehmen, indem er lehrte, dass die Welt nicht durch Götter geschaffen war, sondern durch den zufälligen Zusammenprall von Atomen (vgl. 71 **I**), die sich zu immer neuen Gebilden ineinander verhaken. Die Götter – so meinte er – führen in Zwischenwelten ein glückliches, selbstzufriedenes Leben. Sie kümmern sich gar nicht um die Menschen – weder unterstützen noch strafen sie diese. Diese göttliche Unerschütterlichkeit (die Ataraxie) sollten sich auch die Menschen zum Vorbild nehmen. Den Römer Cicero faszinierte vor allem die Atomlehre Epikurs; daher gab er auch das epikureische Lehrgedicht *Dē rērum nātūrā* seines Zeitgenossen Lukrez heraus.

Sind die Menschen den Göttern gleichgültig?

T

Gaius hat gerade im 6. Buch der von Seneca verfassten *Nātūrālēs quaestiōnēs* davon gelesen, dass es etwa zur Zeit seiner Geburt ein schweres Erdbeben (mōtus terrae) in Kampanien gegeben hat. Nun fragt er seinen Onkel, was er darüber weiß.

PLINIUS: Hercule! Amicus mihi narravit se eo tempore in Campania moratum esse. Numquam vero talem timorem animos hominum incessisse dixit.

Multi putabant deos istam perniciem misisse, quia homines deos parum veriti essent. Quidam memoraverunt Neptunum ipsum ira vehementi commotum tridente[1] terras mariaque turbavisse. Itaque religione adducti Neptuno multa sacra faciebant. Homines enim arbitrati sunt Neptunum sacris placatum[2] sibi ignoturum esse. Nonnulli etiam alios deos precabantur.

Equidem existimo has preces stultissimas fuisse. Nemo enim sapiens umquam suspicatus est motum terrae a deis effectum esse. Certe Thales[3] verum iam dixit: Terra ira deorum non movetur. Quod Epicurus quoque intellexit.

At errat Epicurus, si dicit deos homines non curare. Neque enim dei, ut ille ratus est, procul a negotiis vitam agunt. Nescio, cur Epicurus polliceatur vitam hominum a timore deorum liberatam beatiorem esse. Immo dei et singulos homines tuentur et omnibus rebus humanis provident.

GAIUS: Fateor verba tua me perturbavisse: Si enim dei homines tuentur, cur Campaniam motu terrae deleri siverunt?

[1] tridēns, ntis *m* der Dreizack (vgl. Abb.)

[2] placāre versöhnen

[3] Vgl. V b und 71 T.

Guillaume de Grof: Neptun-Skulptur im Garten des Schlosses Nymphenburg, München. 18. Jh.

V

a 1. Erschließe mithilfe der Konjunktionen und Subjunktionen die Gedankenführung des Plinius und die Einstellung der einzelnen Personen. 2. Paraphrasiere mithilfe der Subjekte und Prädikate sowie der Akkusative und Infinitive in den AcI-Konstruktionen die Ausführungen des Plinius im 2. Abschnitt (Z. 4–9). 3. Untersuche mithilfe von I, welche Haltung Plinius in Z. 13–19 gegenüber Epikurs Lehre einnimmt. 4. Erkläre mithilfe der Abb., warum Römer, deren Vorstellungen vom Mythos geprägt waren, Neptun für den Verursacher von Erdbeben hielten. 5. Erkläre den Widerspruch in der Argumentation des Plinius, den die Frage des Gaius (Z. 21–23) aufwirft. 6. Vergleiche die Erklärungen für Erdbeben in T und V b mit den heutigen Erkenntnissen; nutze dazu dein Wissen aus dem Geographie-Unterricht.

b Thales (vgl. 71 T) über Erdbeben. Übersetze:

1. Thales philosophus, qui in Asia (!) vivebat, arbitrabatur aquam motum terrae efficere. 2. Ratus enim est orbem aquā portari ut magnam navem. 3. Ut navis undis movetur, sic terra motu Oceani (!) movetur. 4. Ita philosophus etiam timorem deorum vicit. 5. Homines autem iram deorum non iam veriti sunt.

86

E Von seinem Onkel (avunculus) angeregt, liest Gaius Ciceros *Dē nātūrā deōrum*. Dabei notiert er sich Folgendes:

1. Epicurus putat deos nec nos tueri nec calamitates moliri.
2. Dei igitur apud nos nihil moliuntur.
3. Procul a nobis vitam beatam agunt.
   Nec vident nos dolores pati nec audiunt nos queri.
4. Si tu dolores páteris vel ego patior – dei non moventur.
5. Ipsi autem dolores non patiuntur, numquam queruntur.
6. Epicurus optat, ut homines exemplum suum sequantur!
7. Mox cum avunculo his de rebus loquar.
8. Ille enim dixit: „Ne Epicurum secutus sis!"

Lerncampus **Ü**

Ü c ist Pflicht; bestimme bei den Deponentien jeweils die Form und die Konjugationsklasse. Wer dabei noch unsicher ist, bearbeitet **Ü a**. Wer schnell fertig ist, löst **Ü b** und bespricht die Sentenzen dann mit der Klasse.

Ü

a Weise die Formen den verschiedenen Konjugationsklassen zu:

arbitror – sequor – tuetur – molitur – veriti sumus – locuti sumus – ratus est – suspicemur – polliceremur – patior – fateor – querar

b Eins folgt aufs andere. Erkläre den Sinn der Sentenzen anhand von Beispielen:

1. Rem tene, verba sequentur.
2. Iudicis est in causis verum sequi.
3. Cura sequitur crescentem pecuniam.

c Gaius träumt. Übersetze:

1. In somno Gaius rem miram videt: Dei cum Epicuro loquuntur. 2. Iuppiter philosophum deos in exilium misisse queritur. 3. Epicurus autem ridet et ridens in mille partes frangitur. 4. Deis idem accidit quod Epicuro. 5. Tum Gaius ipse omnes partes tanto labore colligere temptat, ut vehementer patiatur. 6. Multa molitur, sed partes parvae iterum atque iterum eum fugiunt.

I

Carpe diem!

Diese zwei lateinischen Wörter wurden zu einer – ganz unterschiedlich ausgelegten – Sentenz. Sie standen ursprünglich in der letzten Zeile eines Gedichts von Horaz (65 v. –8 n.Chr.), in dem der Dichter dazu auffordert, die kurze Lebenszeit im Heute zu genießen und nicht auf den folgenden Tag zu verschieben. Auch später war *Carpe diem!* ein wichtiges Motiv in der Dichtung, etwa vor dem Hintergrund schlimmer kriegerischer Auseinandersetzungen im 17. Jh., als das Bedürfnis aufkam, das Leben im Hier und Jetzt zu genießen.
Da carpere wörtlich „pflücken" bedeutet, geht es bei späteren Deutungen des *Carpe diem!* vor allem um die Interpretation des carpere: Ist es eher das Genießen des Augenblicks, ohne an morgen zu denken, oder geht es um ein sinnvolles Ausnutzen der Zeit, um gutes Zeitmanagement, um ein bestimmtes Ziel zu erreichen?

Pflücke den Tag!

T

Plinius teilt seiner Schwester Marcella mit, dass er schon bald nach Misenum abreisen müsse, um dort seinen Dienst als Flottenkommandant anzutreten. Da fragt sie ihn, ob sie und Gaius nicht mitkommen könnten.

MARCELLA: Semper multis in officiis occupatus es, multa moliris. Saepe experior, quam raro tibi sit otium. Precor te, frater, ne nos neglegas! Vellem nobis liceret te sequi!

PLINIUS: Ne questa sis! Ne me reprehendas! Oportet me imperium imperatoris sequi.

MARCELLA: Mihi in mentem veniunt dicta Horatii poetae, quae tu me docuisti: „Dum loquimur, tempus iam fūgit. Itaque carpe diem!“ At quo modo homo diem carpere potest? Diesne carpitur, cum semper negotia agis? Diesne carpitur, cum totum fere tempus provinciis praees? An diem carpis, cum curis solutus mihi et Gaio te das?

PLINIUS: Diem carpit, qui voluptatibus fruitur neque dolores patitur. Id, quod sensus nostros delectat aut quo quisque gaudet, voluptas est: Alter – velut ego – communi saluti consulit, alter magnas opes sibi parat et sua tantum commoda curat; nonnulli etiam libros legunt, nonnulli causas agunt.

MARCELLA: Equidem maximam voluptatem consequor, cum tu tempus tibi sumis multosque sermones nobiscum habes.

PLINIUS: Bene loqueris. Verbis dulcibus me aggrederis.

Bunte Fassade in der historischen Altstadt von Nabburg in der Oberpfalz.

Erläutere den Zusammenhang zwischen dem lateinischen Spruch und der abgebildeten Figur links.

a 1. Erschließe, ausgehend von den Prädikaten und Satzarten, die Entwicklung des Gesprächs. 2. Paraphrasiere unter Einbeziehung von I, worin für Horaz, einen Anhänger Epikurs, ein glückliches Leben besteht. 3. Stelle die in T genannten verschiedenen voluptātēs zusammen.

b Recherchiert nach kurzen Definitionen von „Glück“ und diskutiert sie; nutzt dabei auch eure Kenntnisse aus dem Religions- oder Ethikunterricht.

c Herkules hat die Wahl: virtus oder voluptas? Übersetze:

1. Prima femina haec fere Herculi dixit: „Ego sum Voluptas. 2. Si me secutus eris, semper beatus eris. 3. Res iucundas tantum geres, numquam quereris, nihil patieris. 4. Necesse non erit ad negotia difficilia aggredi; semper maximam voluptatem consequeris.“ 5. Secunda autem femina talia locuta est: „Ne istam secutus sis, Hercules! 6. Non Voluptas, sed Vitium eius nomen est. 7. Ego sum Virtus. 8. Expertus es homines nihil sine labore moliri. 9. Si vero labores passus eris, gloria afficieris.“

V

Philosophie in anderer Form: die Fabel

T

Gaius weiß, dass sich sein Onkel in den letzten Jahren viel mit der Erforschung der Natur, auch mit Tieren, befasst hat. Deshalb fragt er ihn, was er von den Fabeln des Phaedrus (vgl. S. 64 und 66f.) hält, aus denen ihm sein Vater als Kind manchmal vorgelesen hat.

PLINIUS: Fabulas Phaedri amo. Neque enim de bestiis tantum narrant, sed etiam de virtutibus vel vitiis hominum. Ex quo sequitur, ut fabulae homines et delectent et doceant. Equidem fabulas Aesopi libentius lego quam fabulas Phaedri. Qui exemplum Aesopi secutus est; magnam partem fabularum Graecarum e lingua Graeca in nostram linguam vertit.

Audi nunc fabulam, qua iuvenes a doctrina[1] Epicuri prohiberi possunt. Quamquam reor te bene eam scire, tamen suspicor te libenter fabulam iterum auditurum esse:

„Formica[2] et locusta[3] in campo habitabant. Aestate locusta semper gaudebat ridebatque; carmina pulcherrima cantans vitam beatam sine curis agebat. Hieme[4] autem instante cibis carebat et sortem suam querens formicam adiit, quae magnam copiam frumenti aestate collegerat: ‚Formica‘, inquit, ‚fame laboro. Da mihi cibum! Nisi me iuveris, miserrime peribo.‘ At formica: ‚Quid aestate fecisti?‘ ‚Aestate totos dies cantabam!‘, locusta respondit. Tum formica: ‚Quia aestate cantavisti, nunc patere famem et dolores!‘“

GAIUS: Mea sententia locusta rebus futuris non providens iure a formica reprehensa est. Dubitari igitur non potest, quin melius sit iuvenes officia praestare laboresque pati quam voluptates sequi.

[1] doctrīna die Lehre
[2] formīca die Ameise
[3] locusta die Heuschrecke
[4] hiems, hiemis *f* der Winter

Ameise und Grille. Farbdruck nach einer Illustration von Calvet-Rogniat. Um 1910. Paris, Privatsammlung.

V

a Erstelle zu **T**, Z. 10–17, eine Tabelle, in der die Tätigkeiten von Ameise und Heuschrecke gegenübergestellt werden.

b 1. Die in Z. 10–17 erzählte Geschichte ist eine Fabel. Untersuche, welche fabeltypischen Merkmale sie aufweist; nutze dazu auch deine Kenntnisse aus dem Deutschunterricht.
2. Erschließe aus **T**, Z. 1–6, Themen und Ziele antiker Fabeln.

c Erschließt die Lehre der Fabel. Diskutiert, in wem ihr euch eher wiedererkennen könnt: in der Ameise oder in der Heuschrecke.

d 1. Erkläre anhand von **T** die Überschrift: Philosophie in anderer Form: die Fabel.
2. Plinius bezeichnet diese Fabel als „fabula, qua iuvenes a doctrina Epicuri prohiberi possunt“ (Z. 7). Nimm Stellung dazu, ob er damit recht hat.

XXIX Kompakt

Übersetze Ü a und löse dazu mindestens fünf Aufgaben deiner Wahl. Übe das, was du noch nicht gut kannst. Freiwillige Vorübung: Präge dir die wichtigsten Vokabeln[1] ein.

Ü

a 1. Locusta (Heuschrecke) cibo carens[2] famem passa est[3].
2. Curis commota[4] vitam miseram questa est[5].
3. Cibum acceptura[6] formicam (Ameise) aggressa est[7]:
4. „Da mihi – te precor[8] – cibum! Nam scio cibum a te collectum esse[9].“
5. Formica: „Te iure vitam miseram agere[10] arbitror.“
6. Locusta: „Polliceor[11] me mores mutaturam esse[12].“

1 Ordne jeder Vokabel die passende Bedeutung zu. Präge sie dir ein und lass dich abfragen.

accipere – aggredi – arbitrari – carere *m. Abl.* – cibus – colligere – commovere – cura – ius – miser – mores – mutare – pati – polliceri – precari – queri *m. Akk.*

Charakter – Nahrung – Recht – Sorge – erbärmlich – sich beklagen über – bewegen – bitten – erhalten – nicht haben – herangehen – leiden – meinen – sammeln – verändern – versprechen

2 Bestimme das Zeitverhältnis des Partizips zum Prädikat in Satz 1. Vergleiche die folgende Variante des Satzes: Locusta cibo carens famem patitur.

3 Weise Satz 1 die richtige Übersetzung zu:

A. Die Heuschrecke ... litt Hunger. B. Von der Heuschrecke wurde Hunger ... gelitten. C. Die Heuschrecke hatte ... Hunger gelitten.

4 Bestimme das Zeitverhältnis des Partizips zum Prädikat in Satz 2. Vergleiche die folgende Variante des Satzes: Curis commota vitam miseram queritur.

5 Übersetze und unterscheide:

queritur – queretur – queruntur – questa est – questa erat

6 Bestimme das Zeitverhältnis des Partizips zum Prädikat in Satz 3. Vergleiche die folgende Variante des Satzes: Cibum acceptura ad formicam aggreditur.

7 Formenstaffel. Bilde die geforderten Formen:

aggredior → Pl. → 3. Pers. → Sg. → Perf.

8 Weise te precor in Satz 4 die richtige Übersetzung zu:

A. Ich werde von dir gebeten. B. Ich werde von dir gebeten werden. C. Ich bitte dich.

9 Bestimme die Infinitive:

collegisse – colligere – collecturum esse – collectum esse – colligi

10 Bestimme das Zeitverhältnis des Infinitivs zum Prädikat in Satz 5. Vergleiche die folgende Variante des Satzes: Te iure vitam miseram agere arbitrata sum.

11 Bilde die entsprechenden Formen von pollicērī:

promisi – promitto – promittam (Fut.)

12 Bestimme das Zeitverhältnis des Infinitivs zum Prädikat in Satz 6. Vergleiche dazu auch: Speravi te mores mutaturam esse.

b Nimm persönlich Stellung zu folgenden Zitaten aus 84-XXIX T und begründe deine Ablehnung oder Zustimmung:

1. Errat Epicurus, si dicit deos homines non curare. 2. Melius est iuvenes labores pati quam voluptates sequi. 3. Religione adducti multa sacra Neptuno faciebant.

Antike Stoffe wirken weiter

Antike Stoffe, Texte und Motive leben bis heute weiter (vgl. z.B. S. 28). Gerade Fabeln sind ein gutes Beispiel für die Rezeption (Wiederaufnahme) von Themen und Motiven: Viele Fabeln wurden in den letzten 2500 Jahren immer wieder von verschiedenen Autoren neu erzählt. Dies soll exemplarisch an verschiedenen Versionen der Fabel von der Ameise und der Heuschrecke gezeigt werden. Diese ist in der uns überlieferten Fassung der Bücher des Phaedrus nicht enthalten. Allerdings findet sich dort die Fabel von der Ameise und der Fliege ...

Die Ameise und die Fliege (Phaedrus IV 25)

Ameise und Fliege stritten heftig, wer mehr wert sei. Die Fliege begann als erste folgendermaßen: „Kannst du dich mit meinem Ruhm vergleichen? Ich halte mich zwischen Altären auf, fliege um Tempel der Götter; sobald geopfert wird, probiere ich vorab alle Eingeweide; ich sitze auf dem Kopf eines Königs, wenn es mir richtig erschien, und ich koste keusche Küsse von ehrbaren Frauen; ich arbeite nichts und genieße die besten Sachen. Was wird dir zuteil, das diesem ähnlich ist, Bäurin?" „Das Zusammensein mit den Göttern ist gewiss ruhmvoll, aber für jenen, der eingeladen wird, nicht für den, der verhasst ist. Du besuchst häufig Altäre? Allerdings wirst du weggejagt, wenn du kommst. Du erwähnst Könige und Küsse ehrbarer Frauen? Du prahlst sogar über das, was das Ehrgefühl bedecken muss. Du arbeitest nichts? Deshalb hast du nichts, wenn du etwas brauchst. Wenn ich eifrig Körner für den Winter sammle, sehe ich dich bei der Mauer von Mist leben; wenn dich die Kälte zwingt, arm zu sterben, nimmt mich ein wohlhabendes Haus unversehrt auf. Im Sommer forderst du mich heraus; wenn Winter ist, schweigst du. In der Tat habe ich deinen Hochmut genug gedämpft." (Übersetzung: Dr. Brigitte Keller)

Die antike Fabel

Eine Fabel ist eine kurze Erzählung, in der als Akteure meist Tiere auftreten, bisweilen aber auch Menschen, Pflanzen, leblose Dinge oder Gottheiten. Wesentliche Merkmale der Fabel sind der dreigliedrige Aufbau (Einleitung, Handlung, Ergebnis), häufig ein Dialog, ein durch Gegensätze hervorgerufener Konflikt in der Handlung und die Beschränkung auf wenige Handlungsträger, die als Typen und nicht als Individuen dargestellt werden. Der Fabel kann ein lehrhafter Spruch vor- oder nachgestellt sein, der die Moral der Geschichte (fābula docet) beinhaltet. Nach einer langen griechischen Fabeltradition mit Äsop als Hauptvertreter wird **Phaedrus** (1. Jh. n. Chr.) zum wichtigsten römischen Vertreter der Fabel. Drei seiner bekanntesten Fabeln folgen auf der nächsten Doppelseite.

1

2

Die Grille, die den Sommer lang
zirpt' und sang,
litt, da nun der Winter droht',
harte Zeit und bittre Not.
Nicht das kleinste Würmchen nur,
und von Fliegen keine Spur!
Und vor Hunger weinend leise,
schlich sie zur Nachbarin Ameise,
und fleht' sie an in ihrer Not,
ihr zu leih'n ein Stückchen Brot,
bis der Sommer wiederkehre.
„Hör", sagt sie, „auf Grillenehre,
vor der Ernte noch bezahl'
Zins ich dir und Kapital."
Die Ameise, die wie manche lieben
Leut' ihr Geld nicht gern verleiht,
fragt' die Borgerin: „Zur Sommerszeit,
sag' doch, was hast du da getrieben?"
„Tag und Nacht hab' ich ergötzt
durch mein Singen alle Leut'."
„Durch dein Singen? Sehr erfreut!
Weißt du was? Dann tanze jetzt!"

GUSTAVE DORÉ

Der französische Maler Gustave Doré (1832–1883) hat die Szene illustriert. Beschreibe seine Interpretation der Fabel, indem du diesen Kupferstich mit der Abbildung auf S. 62 vergleichst.

3

HELMUT ARNTZEN: RATSCHLÄGE FÜR AMEISEN

Die Version von Helmut Arntzen (geb. 1931) erzählt die Geschichte weiter und ist nur verständlich, wenn man die Originalversion kennt.

„Was Singen und Arbeiten betrifft,
so habe ich schon deiner Mutter
gute Ratschläge gegeben",
sagte die Ameise zur Grille im Oktober.
„Ich weiß", zirpte die,
„aber Ratschläge für Ameisen."

JEAN DE LA FONTAINE

Die Fabel von der Grille und der Ameise stammt vermutlich von dem griechischen Fabeldichter Äsop (6. Jh. v. Chr.); bekannt geworden ist sie vor allem in der Fassung des französischen Dichters Jean de La Fontaine (1612–1695). Dessen Text ist oben in deutscher Übersetzung abgedruckt.

a Vergleicht, ausgehend vom *fundamentum* „Die antike Fabel", die verschiedenen Versionen und Bearbeitungen der Fabel von Ameise und Heuschrecke bzw. Grille: Was ändert sich, was bleibt immer gleich? Begründet, welche euch am besten gefällt.

b Verfasst eine eigene Version dieser Fabel und tragt diese in der Klasse vor.

1 *Walt Disney: The Grasshopper and the Ants. 1934.*
2 *Illustration von Benjamin Rabier zu einer Ausgabe der Fabeln von Jean de La Fontaine. Paris 1906.*
3 *Gustave Doré: Grille und Ameise. Kupferstich um 1870.*

Phaedrus – einfach fabelhaft

Fame coacta vulpes altā in vineā
uvam appetebat summis saliens viribus.
Quam tangere ut non potuit, discedens ait:
„Nondum matura est. Nolo acerbam sumere.“
(Phaedrus III 3)

vulpēs, is *f* der Fuchs
ūva die Traube
salīre springen
mātūrus reif

1

Vulpes fame coacta in vineā altā uvam appetebat summis viribus saliens. Quam ut tangere non potuit, discedens ait: „Nondum matura est. Acerbam (uvam) sumere nolo.“

In prato quondam rana conspexit bovem
et tacta invidiā tantae magnitudinis
rugosam inflavit pellem. Tum natos suos
interrogavit, an bove esset latior.
Illi negarunt. Rursus intendit cutem
maiore nisu et simili quaesivit modo,
quis maior esset. Illi dixerunt bovem.
Novissime indignata dum vult validius
inflare sese, rupto iacuit corpore.
(Phaedrus I 24)

prātum die Wiese
rāna der Frosch
bōs, bovis das Rind
rūgōsus faltig
(sēsē) īnflāre (sich) aufblasen
pellis, is *f* die Haut
nātōs ~ līberōs
negārunt ~ negāvērunt
rūrsus *Adv.* wieder
intendere (*Perf.* intendī) anspannen
cutis, cutis die Haut
nīsus, ūs die Anstrengung
similis, e ähnlich
novissimē ~ dēnique
indīgnārī sich empören
validius noch stärker

Quondam rana bovem in prato conspexit et invidiā tantae magnitudinis tacta pellem rugosam inflavit. Tum natos suos interrogavit, an latior bove esset. Illi negaverunt. Rursus cutem maiore nisu intendit et simili modo quaesivit, quis maior esset. Illi dixerunt bovem. Novissime, dum indignata sese validius inflare vult, corpore rupto iacuit.

2

Ad rivum eundem lupus et agnus venerant
siti compulsi; superior stabat lupus
longeque inferior agnus. Tunc fauce improba
latro incitatus iurgii causam intulit.
„Cur“, inquit, „turbulentam fecisti mihi
aquam bibenti?“ Laniger contra timens:
„Qui possum, quaeso, facere, quod quereris, lupe?
A te decurrit ad meos haustus liquor.“
Repulsus ille veritatis viribus:
„Ante hos sex menses male“, ait, „dixisti mihi.“
Respondit agnus: „Equidem natus non eram.“
„Pater, hercle, tuus“ ille, inquit, „male dixit mihi.“
Atque ita correptum lacerat iniusta nece.

(Phaedrus I 1)

rīvus der Bach
lupus der Wolf
agnus das Lamm
sitis, is *f* der Durst
compulsī ~ mōtī
superior weiter oben
longē weit
īnferior weiter unten
faux, faucis *f* der Heißhunger
latro der Räuber
incitātus getrieben
causam iurgiī īnferre einen Vorwand zum Streit suchen
turbulentus trüb
lāniger das Lamm („Wollträger“)
quaesō bitte
dē-currere
haustus, ūs *m* die Trinkstelle
liquor das Wasser
repulsus widerlegt
vēritas die Wahrheit
mēnsis, is *m* der Monat
male dīcere *m. Dat.* verleumden
nātus geboren
lacerāre zerreißen
iniūstus ungerecht
nex, necis *f* der Mord

Lupus et agnus siti compulsi ad eundem rivum venerant; lupus stabat superior; agnus autem stabat longe inferior. Tunc latro fauce improba incitatus agno causam iurgii intulit. „Cur“, inquit, „fecisti mihi bibenti aquam turbulentam?“ Laniger contra timens: „Qui possum, quaeso, facere, quod quereris, lupe? Liquor decurrit a te ad meos haustus.“ Ille viribus veritatis repulsus: „Ante hos sex menses male“, ait, „dixisti mihi.“ Respondit agnus: „Equidem natus non eram.“ „Pater, hercle, tuus“, ille inquit, „male dixit mihi.“ Atque ita correptum (agnum) iniusta nece lacerat.

a Lies die drei Fabeln konzentriert durch und ordne jeder die passende Abbildung zu.

b Wähle die Fabel aus, deren Übersetzung du dir zutraust. Bilde mit einem oder zwei Mitschülern, die sich für denselben Text entschieden haben, eine Gruppe, in der ihr den Text übersetzt. Nutze dazu die Prosaumschrift unter der Fabel.

c Verfasse eine eigene Version der von dir ausgewählten Fabel und studiere diese mit einem oder mehreren Mitschülern ein. Spielt eure Version abschließend in der Klasse vor.

3

87

E Gaius und seine Mutter wollen Plinius nach Misenum begleiten:

1. Marcella soror cum Plinio loquens preces protulit.
2. Etiam Gaius avunculum (Onkel) adiit cum eo locuturus.
3. Plinius cum sorore et Gaio locutus precibus eorum concessit.
4. Marcella et Gaius cupidi erant Plinium sequendi.
5. Plinius preces secutus cum Marcella et Gaio Misenum (nach Misenum) perrexit.

lerncampus Ü

Alle bearbeiten Ü a und c. Wer Übung zu den Gerundien braucht, löst Ü b. Wer schnell fertig ist, erschließt zusammen mit einem Partner, wie in Ü c die epikureische voluptās kritisiert wird.

Ü

a Weise die richtige Übersetzung zu und erkläre in der falschen den Fehler:

... vir precatus, ut ...
1. ein Mann, der darum gebeten hat, dass
2. ein Mann, der darum gebeten worden ist, dass

... philosophus laudatus ...
1. ein Philosoph, der gelobt hat,
2. ein Philosoph, der gelobt worden ist,

... viri sapientes deos veriti ...
1. weise Männer, die Götter verehrt haben,
2. weise Männer, die von Göttern verehrt worden sind,

b So viel Zeit muss sein! Bilde dem Beispiel entsprechend das Gerundium. Übersetze dann:

„Domine, nunc tempus est ... in foro (morari) morandi. 1. amicum miserum (tueri). 2. cum amicis (loqui). 3. in templo deos (vereri)."

c Aus Lust wird Frust. Übersetze:

1. Philosophi Epicurum sequentes voluptatem summum bonum esse arbitrantur. 2. Sed homines voluptatem secuti multa patiuntur. 3. Nam voluptatem rem praesentem esse rati rebus futuris non provident. 4. Itaque ab aliis philosophis consilium voluptatem sequendi reprehenditur. 5. Cicero haec fere scribit: „Nemo ipsam voluptatem reprehendit aut fugit, quia voluptas est, sed quia magni dolores sequuntur eos, qui voluptatem sapienter sequi non possunt."

d Experten gesucht. Übersetze treffend:

1. Experiens multa disco. 2. Expertus multa scio. 3. Experiendo multa cognovi. 4. Me omnia experturum esse profiteor.

I

Die Seele bei Epikur und in der Stoa

fundamentum

Epikur lehrt, dass die Seele – wie auch alles andere auf der Welt – aus Atomen zusammengesetzt ist. Wenn ein Mensch stirbt, lösen sich die Atomverbindungen auf, aus denen die Seele gebildet war. Nach dem Tod gebe es also nichts, wovor der Mensch Angst haben müsste, da er keine Wahrnehmung mehr habe.
Die stoische Philosophie hingegen sieht die Seele als unsterblich an: Jede Seele sei ein kleiner Teil eines göttlichen Geistes, mit dem sie sich nach dem Tod wieder vereine.

Sind wir unsterblich?

T

Mittlerweile sind Plinius, seine Schwester und Gaius in Misenum. Dort ist Gaius in einer Bibliothek auf das Werk des Dichters Lukrez (Lucrētius; vgl. 84 T und V b) gestoßen; was er darin gelesen hat, beunruhigt ihn – er trägt Plinius das Problem vor.

GAIUS: Gaudeo, quod tandem tecum colloqui possum. Nam heri in bibliotheca versatus opus Lucretii poetae inveni. Nonnullos versus[1] legens vehementer miratus sum: Lucretius enim Epicurum consequens opinatur et homines et deos et omnes res ex atomis[2] constare. Contendit etiam animam ex atomis ortam esse. Veritus, ne anima quoque patris mortui soluta sit, a te precor, ut mihi persuadeas Epicurum errare.
PLINIUS: Cum cupidus sis naturam animae experiendi, audi, quid dicam: Epicurus negat animam immortalem esse. At ego tibi ostendere conabor animam divinam esse, quamvis in corpore humano habitet.
GAIUS: Id mihi ostendas!
PLINIUS: Illa anima divina immortalis est; nam illa est ratio.
GAIUS: Sed quid accidit, cum homo moritur? Nonne moriendo anima quoque exstinguitur?
PLINIUS: Vide et intuere hominem, cuius corpus quasi domicilium[3] animae est: Nullus enim fons animae in terra inveniri potest, ut apud Ciceronem legimus. Anima ergo morientis discedit, cum quis supremum spiritum reddit. E corpore autem egrediens ad fontem suum proficiscitur. Hortemur igitur omnes, ut animae immortali provideant!

[1] versus, ūs: vgl. Fw.

[2] atomus: vgl. Fw.

[3] domicilium der Wohnsitz

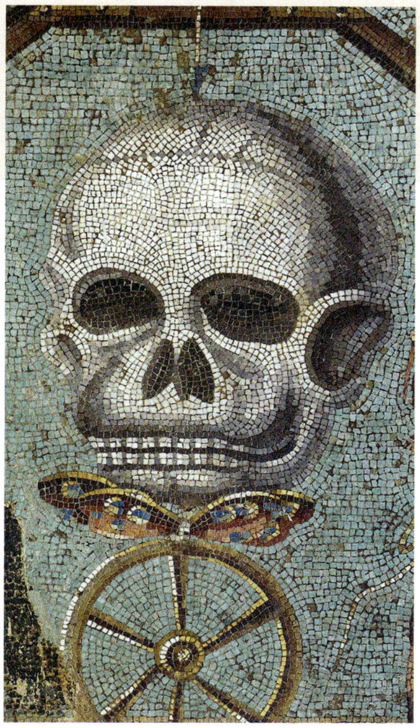

Mosaik aus dem Gartentriclinium eines pompejanischen Hauses. 1. Jh. n. Chr. Neapel, Museo Archeologico Nazionale.

Erkläre, welches der Bildelemente (Schädel, Schmetterling oder Rad) der Seele zuzuordnen ist.

V

a 1. Erschließe aus T, Z. 1–7, welches Problem sich für Gaius durch die Lektüre der Lukrez-Verse ergeben hat, und stelle den Bezug zur Überschrift her. 2. Ermittle aus dem Kontext die Bedeutung von ratiō in Z. 12. 3. Übersetze die Wendung suprēmum spīritum reddere (Z. 17f.) treffend. 4. Stelle die verschiedenen in T geäußerten Vorstellungen über die Seele einander gegenüber.

b 1. Recherchiere, welche Vorstellungen die Römer vom Leben nach dem Tod hatten. Vergleiche die Ergebnisse mit der Auffassung, die Plinius in T vertritt. 2. Vergleiche die Vorstellung von den Atomen, die du in T und I findest, mit dem heutigen Kenntnisstand, wie du ihn aus dem naturwissenschaftlichen Unterricht kennst.

E Gaius denkt über die Lebensphilosophie Ciceros nach:

1. „Cicero, ille vir laudandus, forum petivit.
2. In causis agendis optimus omnium fuit.
3. Causis bene agendis gloriam sibi peperit.
4. Ad causas bene agendas philosophia ei opus erat.
5. Itaque consilium dedit philosophiae colendae.
6. Equidem cupidus hoc consilium sequendi sum.

   Equidem cupidus huius consilii sequendi sum."

Lerncampus **E: das attributive Gerundivum wiedergeben**

1. Bestimme in E 1, welche Funktion im Satz laudandus hat, und gib das Bezugsnomen an. Übersetze dann sinngerecht.
2. Erschließe eine Wiedergabe der nd-Formen in E 2–5: Welche Übersetzung passt meistens?
3. Vergleiche in E 5 die Wiedergabe des attributiven Gerundivums bei einem Bezugsnomen mit der Wiedergabe des erweiterten Gerundiums.

Ü

a Erläutere den folgenden Lexikon-Eintrag mithilfe von E 6.

secundus, a, um (altes Gerundivum zu sequor): der folgende, der nächste, der zweite ... z.B. secundum factum Herculis

b Die markierten Formen stehen im falschen Satz. Setze sie jeweils in den richtigen und übersetze.

1. Cicero cupidus vitae beatae fugiendae est. 2. Cicero consilium multitudinis agendae capit. 3. Tempus ad libros conveniendos ei deest. 4. In libris scribendis usque ad mediam noctem dicta invenit. 5. Item tempus ad amicos legendos deest. 6. Itaque epistulis legendis cum amicis colloquitur.

c Einladung aufs Land. Übersetze:

1. Cicero amico scribit: „Sermonis docti habendi causa ad me veni! 2. Scio te cupidum esse urbis fugiendae. 3. Villa mea idonea est ad amicos conveniendos. 4. Ruri enim de vita beata agenda sermonem iucundum habebis."

I

fundamentum

Cicero und die politische Pflicht

Ciceros Philosophie beruht auf griechischen Vorlagen (vgl. S. 52). Diese passte er in eigener Auswahl (Eklektizismus) an die römischen Vorstellungen an. Er glaubte – gemäß der Lehre der skeptischen Akademie – nicht an die Erkenntnis absoluter Wahrheit, sondern an eine möglichst große Annäherung daran. Besonders sprach ihn das stoische Modell der virtūs an, weil es am besten mit der römischen Forderung nach politischer Pflichterfüllung in Einklang zu bringen war. Wenig überzeugte ihn die epikureische Auffassung von voluptās und ōtium. Auch die Götter- und Atomlehre Epikurs lehnte er ab – ebenso wie den Rückzug ins Privatleben bereits in jungen Jahren, da dies nicht seiner Forderung nach Engagement im Staat entsprach.

Pflichterfüllung oder Privatleben?

T

Calpurnius, der Sohn eines Freundes seines Onkels, kann nicht verstehen, warum Gaius seine Tage vor allem mit Lesen verbringt. Deshalb will er ihn zu einem Besuch der Bäder von Baiae einladen.

CALPURNIUS: Omnem operam omneque studium ponis in libris legendis, in legibus discendis, in moribus maiorum imitandis. Ambitione tua multa perficies.

GAIUS: Certe eosdem honores persequi volo quos Cicero, ille vir mirandus. Haec via recta est ei, qui nobili genere natus est.

CALPURNIUS: Sed audi: Epicurus, magister noster verendus, ratus est deos summo otio quasi vitam beatam ac contentam agere. Si deis pares esse volumus, nos e negotiis recipere et vitam privatam agere debemus.

GAIUS: Epicurus errat. Cicero optimo cuique hoc praecepit: Si quis cupidus est virtutis petendae, eum in causis agendis versari oportet. Idem Cicero multos viros nominavit, qui per totam vitam saluti civitatis providere maluerunt quam – vacui a laboribus – in otio iucundissime vivere.

CALPURNIUS: Cum tu consiliis Ciceronis utaris, ego aurea dicta Epicuri sequor: Ille autem praecepit, ut sapiens ultro non accederet ad negotia publica. Cur plerique homines vestigia Epicuri sequi nolunt?

GAIUS: Verba tua viro Romano indigna sunt. Otium tantum petere Romanos pudet. Ego e negotiis publicis agendis et exemplis maiorum imitandis voluptatem capiam. Ea sola voluptas vera virtus est. Equidem in virtute progredi volo.

Cicero. Statue von Emilio Gallori am Justizpalast in Rom. Um 1900.

V

a 1. Erschließe aus den jeweils verwendeten Substantiven und Adjektiven die Grundaussagen von Gaius und Calpurnius. 2. Nimm dann aus deiner Sicht Stellung zu den von beiden vertretenen Positionen. 3. Weise unter Einbeziehung der Informationen auf S. 53 und in nach, dass die Aussagen des Gaius typisch römisch sind. Stelle als Belege lateinische Begriffe und Wendungen zusammen.

b Cicero rechtfertigt seine Forderung, sich ganz für den Staat einzusetzen, folgendermaßen: Hominibus a natura tantus amor ad communem salutem defendendam datus est, ut ea vis omnia commoda voluptatis et otii vicerit.

1. Diskutiert in Kleingruppen den in diesem Zitat formulierten Gegensatz. 2. Entwickelt Möglichkeiten, in eurem Leben Engagement für die Gemeinschaft zu zeigen.

89

E Plinius lobt seinen Neffen:

1. Plinius: „Gaius adulescens laudandus est.
   Gaius laudandus est.
2. Ingenium quoquo modo exercendum esse arbitratur.
3. Officia publica – ut ait – fugienda non sunt.
4. Si quid faciendum est, non quaerit:
   ‚Quis hoc faciet?' Immo dicit: ‚Hoc mihi faciendum est.'"

Lerncampus Ü

Die Übersetzung von Ü a und e ist Pflicht. Wer mit der Wiedergabe der Verneinung beim prädikativen Gerundivum noch Probleme hat, löst Ü b. Wer schnell fertig ist, erklärt der Lerngruppe anhand von Sätzen aus Ü d die Auflösung des Dativus auctoris im Deutschen.

Ü

a Kritik an Calpurnius. Übersetze:

1. „Calpurnius reprehendendus est.
2. Rem publicam neglegendam esse dicit.
3. Officia – ut ait – fugienda sunt.
4. Si quid faciendum est, dicit: ‚Hoc mihi faciendum non est.'"

b Pflichtbewusst! Entscheide, wann non zu setzen ist, und übersetze:

1. Magistratus corrumpendus (non) est.
2. Scelus committendum (non) est.
3. Amici prodendi (non) sunt. 4. Officia praestanda (non) sunt. 5. Res publica a periculis servanda (non) est.

c Erkläre diesen Rechtsgrundsatz:

Pacta (Verträge) sunt servanda.

d Seneca empfiehlt. Achte auf den Dativus auctoris und übersetze:

1. Modestia hominibus tenenda est.
2. Voluptates nemini appetendae sunt.
3. Virtus omnibus petenda est. 4. Mors nobis timenda non est. 5. Labores mihi patiendi sunt. 6. Exemplum Socratis omnibus imitandum est.

e Gaius fragt – Calpurnius klagt. Übersetze:

1. „Cur tam tristis es, amice?" – „Vita iucunda mihi agenda non est. 2. Cottidie (täglich) pater me in forum trahit; ibi mille amici eius mihi salutandi sunt. 3. Pater saepe dicit: ‚Honores tibi petendi sunt. 4. Exempla maiorum tibi imitanda sunt.' 5. Mox etiam oratio mihi habenda est. 6. Di magni, cur haec omnia adulescentibus nobilibus facienda sunt?"

I

Seneca und das glückliche Leben

fundamentum

Seneca vermittelte gemäß der Philosophie der **Stoa** in seinen Schriften vor allem Lehren für eine gelungene Lebensführung (für die vīta beāta). Dazu gehörte, dass man das Glück nicht von äußeren Faktoren erhoffen, sondern es in sich selbst finden soll. Wenn man sich richtig verhält, d.h. die Anforderungen der virtūs erfüllt und in Übereinstimmung mit der göttlichen Weltordnung (ratiō) und der Natur lebt, gelangt man zum Ziel eines ausgeglichenen Gemütszustandes. Seneca galt als einer der reichsten Männer seiner Zeit. Viele warfen ihm deshalb einen Widerspruch zwischen seiner Lebensführung und seiner Lehre vor.

Gaius auf dem Weg zum Glück?

T

Gaius hat seinem Onkel begeistert berichtet, welch nützliche Ratschläge er Senecas Werk *Dē vītā beātā* (vgl. I und Ü d) entnommen hat. Erfreut über den Bildungshunger seines Neffen eröffnet Plinius seiner Schwester Ideen für die weitere Karriere des Gaius.

PLINIUS: Manifestum est Gaium magno ingenio esse. Praeterea ei tantum studium discendi est, quantum is habere debet, qui in causis agendis versari vult. Proximis diebus saepius cum Gaio colloquens intellexi illum cupidum esse magistratus ingrediendi. Scilicet Miseni[1] Gaius multa discere potest, quae usui ei sunt. Tamen hic nonnulla deesse videntur, quae ad adulescentes optime instruendos necessaria sunt. Itaque Gaius Romam mittendus est. Nam confiteor Romae optimas condiciones esse multa discendi. Gaio igitur patre amisso etiam mater relinquenda est. Commoda vitae, quibus uti in Campania consuevit, ei remittenda sunt. At Gaio voluntas Romam petendi est. Nam ad actiones agendas bene instrui vult, quamquam scit sibi multa onera suscipienda esse. Ex quo sequitur, ut Gaius retinendus tibi non sit.

MARCELLA: Idem sentio ac tu. Fortuna Gai nobis cordi esse debet. Scio omnia mihi agitanda esse, quae usui ei sunt. Itaque te precor, ut Gaium adoptes.

[1] Mīsēnī in Misenum

Unterrichtsszene. Ausschnitt aus einem römischen Sarkophag. 2. Jh. Paris, Musée du Louvre.

V

a 1. Erschließe aus den in T verwendeten -nd-Formen, wie Plinius argumentiert. 2. Arbeite anhand der Prädikate, Konjunktionen und Subjunktionen den Gedankengang der Argumentation heraus. 3. Erkläre, ausgehend von I, in welchem Zusammenhang für einen Stoiker Karriere und Glück stehen. 4. Erkläre den Grund für die Bitte, mit der T endet.

b 1. Recherchiere, was ein junger Römer für seine Karriere als Anwalt, Redner und Politiker lernen musste und wie seine Ausbildung aussah. Stelle Bezüge her zu entsprechenden Textstellen von T, indem du wichtige Begriffe zitierst. 2. Nenne mögliche Gründe dafür, dass eine Unterrichtsszene auf dem Sarkophag abgebildet ist (vgl. Abb.).

c Alles Gute, Gaius! Übersetze:

1. Semper tecum haec agita: Multae operae tibi suscipiendae sunt. 2. Scilicet studium laborandi remittendum non est. 3. Sed tu mihi instruendus non es. 4. Operibus Senecae doctus virtutem tibi petendam esse scis. 5. Virtute enim duce numquam errabis.

Lebenshilfe Philosophie

T

Gaius und Calpurnius sind zwar nicht immer einer Meinung; das tut ihrer Freundschaft aber keinen Abbruch. Vor der Abreise des Gaius will sich Calpurnius von ihm verabschieden. Wie so oft findet er Gaius in der Bibliothek ...

CALPURNIUS: Semper studes, semper legis, semper scribis.
GAIUS: Recte dicis, amice. Sum enim cupidus exemplum avunculi[1] sequendi. Nihil itaque lego, quod non excerpo[2]. Omnia, quae mihi memoria tenenda esse videntur, in libello meo conscribo. Cum avunculo Graeci veteres ut Plato vel Aristoteles placeant, ego Ciceronem et maxime Senecam amo. Audi, quibus sententiis eorum imprimis delecter!

Hoc enim uno praestamus bestiis feris, quod colloquimur inter nos et quod dicendo sensa[3] exprimere possumus. Quis hoc non iure miratur? Quis in eo non laborandum esse arbitratur, ut in hoc hominibus superet, quo homines maxime bestiis praestent?

Hanc enim perfectam philosophiam semper iudicavi, quae de maximis quaestionibus copiose ornateque dicere posset.

Eos sequamur, qui vitam docent, qui docent, quid vitandum sit, nec umquam in eo, quod fugiendum est, deprehenduntur[4].

Post amicitiam credendum est, ante amicitiam iudicandum.

Vir bonus nobis diligendus est ac semper ante oculos habendus, ut sic vivamus tamquam illo spectante.

CALPURNIUS: Satis verborum, amice. Tempus est discedendi. Vale!

[1] avunculus der Onkel
[2] Vgl. V a 2
[3] sēnsum der Gedanke
[4] dēprehendere ertappen

V

a 1. Erschließe die Grundaussage der Rahmenhandlung in Z. 1–7 mithilfe des darin dominierenden Sachfeldes. 2. Ermittle die Bedeutung von excerpō (Z. 3) mithilfe des Fremdwortes und/oder deiner Kenntnisse zur Wortbildung.

b Schätzt euch selbst ein und übersetzt in Kleingruppen je eines der fünf Exzerpte des Gaius; die rot markierten Formen könnt ihr mithilfe eurer Kenntnisse zur Wortbildung erschließen. Stellt euch die Ergebnisse vor und verdeutlicht die jeweilige Aussage mit Beispielen aus eurem Erfahrungsbereich. Diskutiert dann darüber, ob euch die jeweilige Aussage überzeugt.

c Lest noch einmal folgende Informationstexte: S. 53 sowie 88 und 89 **I**. Versucht dann, die Exzerpte Seneca bzw. Cicero zuzuordnen. Begründet jeweils eure Entscheidung.

XXX Kompakt

Ü

Steigerung, nd-Formen, Fortleben lateinischer Wörter: Wähle zu jedem dieser Bereiche aus Ü a–e eine Aufgabe aus und bearbeite sie. Tauscht dann in der Klasse die Lösungen zu allen Aufgaben aus.

a Kombiniere die Atome so, dass sechs Wendungen entstehen. Übersetze diese:

b Ein strenger Philosoph. Übersetze:

1. Dicta mea reprehendenda non sunt.
2. Leges meae discipulis sequendae sunt.
3. Officia praestanda sunt. 4. Mos maiorum colendus est.

c Wertvolle Tätigkeiten der Philosophen. Übersetze:

1. Nemo vitia hominum acrius reprehendit quam philosophus. 2. Quis amicitiam melius colit quam philosophus? 3. Philosophi vitae beatae omnium civium optime consulunt. 4. Modus vitae hominum pauperum philosophis magnae curae est. 5. Philosophi acerrime inter se colloquuntur, ut hominibus rectam viam vitae aperiant.

d Epikurs bescheidenes Leben.
Suche aus dem folgenden Text alle Wörter lateinischen Ursprungs heraus und erkläre sie:

Epikurs Vita ist leider nur fragmentarisch tradiert. Bekannt ist, dass sein Vater als Kolonist von Athen auf die Insel Samos gekommen war, um dort als Bauer und Lehrer zu arbeiten. Doch weder die agrarische noch die dozierende Tätigkeit brachten ihm ein Vermögen ein: Oft war der kleine Familienbetrieb nicht solvent. Als der Vater kriegsbedingt ins Exil floh, folgte ihm Epikur nach. Dem einfachen Leben, das er kennengelernt hatte, blieb Epikur auch später treu: In einem Garten lebte er zurückgezogen mit Freunden – ganz seinen Studien gewidmet.

Epikur auf Raffaels Fresko „Die Schule von Athen". 1511.

e Sprachenvergleich:

imitari	i. imitare	f. imiter
mori	i. morire	s. morir
aber:		
possidere	i. possedere	f. posséder
sentire	i. sentire	s. sentir

Ziehe Rückschlüsse auf das Fortleben lateinischer Deponentien in den romanischen Sprachen. Belege deine Vermutung mit anderen Beispielen aus 85–89 W.

f Erläutere die folgenden Aussagen des Philosophen Seneca über den Wert der Zeit anhand von Beispielen:

1. Omnia aliena sunt, tempus tantum nostrum est.
2. Dum differtur, vita transcurrit (!).

g Erklärt anhand von I auf S. 68, warum manche Philosophen in der Antike an ein Leben nach dem Tod glaubten und andere nicht.

h Entwickelt aus eurem Wissen über die epikureische und die stoische Philosophie (vgl. S. 53 sowie 88/89 I) ein Streitgespräch zwischen je einem Anhänger dieser Richtungen und führt es in der Klasse durch.

Recht und Gerechtigkeit – ein bedeutendes Erbe

1

Als römisches Recht bezeichnet man das Recht, das zunächst im antiken Rom und später im ganzen römischen Weltreich galt. Dabei handelt es sich um eine Schöpfung der Römer mit ungeheurer Wirkung: Es wurde zur Grundlage für unsere modernen Gesellschaften, in denen durch Verfassungen und schriftlich fixierte Gesetze das Zusammenleben der Menschen verbindlich geregelt ist.

Das römische Recht

fundamentum

In der römischen Frühzeit wurden Gesetze nur mündlich überliefert. Als um 450 v. Chr. zwölf bronzene Tafeln mit Gesetzestexten (die sog. Zwölftafelgesetze) auf dem Forum aufgestellt wurden, bedeutete das einen großen Fortschritt. Jeder Römer konnte nun selbst nachlesen, nach welchen Grundsätzen Recht gesprochen wurde. Gesetze wurden vom Volk, vom Senat, von hohen Beamten und vom Kaiser erlassen.

Unter Kaiser Justinian wurde im 6. Jh. n. Chr. eine Sichtung und Systematisierung der gesamten Rechtsliteratur vorgenommen. Diese Sammlung wurde unter der Bezeichnung Corpus Iūris Cīvīlis (vgl. XXXII T) bekannt. Es galt in Europa zum Teil bis ins 20. Jh. und bildet für viele heutige Rechtssysteme (z.B. unser Bürgerliches Gesetzbuch) eine wichtige Grundlage.

Grundzüge des römischen Rechtswesens

fundamentum

Die Römer unterschieden zwischen öffentlichen Strafprozessen und Zivilprozessen (vgl. 92 I). In **öffentlichen Strafprozessen** ging es um Verbrechen, die sich gegen den Staat richteten (z.B. Überschreitung der Amtsgewalt, Tempelraub, Ausbeutung von Provinzen), oder um Mord und andere Gewaltverbrechen.

Die Rechtsprechung erfolgte zunächst durch die Konsuln. Seit dem 2. Jh. v. Chr. entwickelten sich in Rom ständige Gerichtshöfe, die durch den Senat oder durch Volksbeschluss (Plebiszit) eingesetzt wurden. Es gab keinen Staatsanwalt im modernen Sinn, der z.B. ein gegen den Staat gerichtetes Verbrechen anklagte. Die Anklage (āctiō) wurde durch einen Bürger oder einen von ihm beauftragten Anwalt vorgebracht. Es konnten vereidigte Zeugen gehört, ja sogar zur Aussage gezwungen werden, Sklaven auch unter Folter.

Den Vorsitz über die Gerichtshöfe und das Gremium der iūdicēs hatte ein Prätor als staatlicher Beamter.

Wollte eine Provinz den Provinzstatthalter wegen Amtsmissbrauchs oder persönlicher Bereicherung anklagen, mussten sich die Ankläger aus der Provinz von einem römischen Anwalt vertreten lassen (berühmtes Beispiel: Cicero als Bevollmächtigter der Provinz Sizilien gegen den Statthalter Verres, vgl. 50 T).

1 *Kaiser Justinian mit seinem Gefolge. Byzantinisches Mosaik. 547 n. Chr. Ravenna, San Vitale.*

2 *Justitia und Prudentia. Aus der Werkstatt des Paolo Veronese (1528–1588). Staatsgalerie der Residenz Würzburg.*

3 *Die erste Seite des „Corpus Iuris Civilis“. Der frühe Druck stammt aus der Werkstatt der Nürnberger Buchdrucker Johann Sensenschmidt und Andreas Frisner. 1475. Berlin, Staatsbibliothek.*

2

In nomine domini nostri
Jesu christi · Codicis do-
mini Justiniani sacratis-
simi principis perpetui Au-
gusti repetite prelectionis
Incipit constitutio prima
de nouo codice faciendo Ru
brica·

Imperator Justinian9 Au
gustus ad Senatum·

Hec que ne
cessario cō
rigēda eē
multis re
troprinci-
pib9 visa
sūt / iterea
tū nullus
eoꝝ hs ad
effectū du
cere ausus ē: in presenti re
bus donare cōmunib9 au
xilio dei omīpotentis cen-
suimus: et prolixitatem liti
um amputare · multitudi
ne quidem constitutionū
que tribus codicibus Gre
goriano · Hermogenia-
no / atq Theodosiano cō-
tinebantur · illarū etiam
que post eosdem codices
a Theodosio diuine recor-
dationis: aliis q post eū
retroprincipibus z a nra
etiam clemētia posite sūt
resecanda · vno autem co-
dice sub felici nostri nomi
nis vocabulo componen-
do in quē colligi tam me-
moratorum trium codicū
qm nouellas post eos po
sitas ↄstitutōes oportet·
Ideoq ad hoc maximū
et ad ipsius reipublice su-
stentationem respiciētes:
opus efficiendum elegi-
mus tanto fastigio laboꝝ
tanteq sollicitudini suffici
entes· Joannem viruꝫ ex
cellentissimum exquesto-
rem nostri sacri palacij ↄ-
sularem atq patriciū · Le
ontium virum sublimissi-
mum magistrummilitum
exprefectū pretorio consu
larē atqpatricium · Pho
cam viꝝ eminentissimum
mgīmmilitum consulareꝫ
atq patriciū · Basilideꝫ vi
rū excellentissim expfectū
ptorio oriētis atq pricij·
Thomā viꝝ gloriosissimum
qstoreꝫ sacri nri palacij et
excōsulē · Tribuianuꝫ viꝝ
magnificū magisteria di-
gnitate int agētes decoratū

3

a Entwickelt in Kleingruppen Definitionen der Begriffe „Recht" und „Gerechtigkeit"; orientiert euch dabei an Beispielen aus eurem Erfahrungshorizont. Diskutiert, ob es Fälle gibt, in denen Recht und Gerechtigkeit in Widerspruch geraten können.

b Beschreibe anhand des fundamentum (S. 76 rechts) wesentliche Grundsätze eines öffentlichen Strafprozesses in Rom. Gehe dabei auf die handelnden Personen und ihre Stellung in der römischen Politik und Gesellschaft ein.

c Die Prudentia (vgl. Abb. 2) wird allegorisch häufig mit einem Spiegel dargestellt. Erkläre dieses Attribut in Zusammenhang mit einer Definition des Begriffes prūdentia. Nutze dazu das Internet.

d Untersucht in Partnerarbeit die lateinischen Rechtsregeln und Rechtssprichwörter daraufhin, welche euch auch heute wichtig erscheinen. Erläutert dann eine Rechtsregel in ihrer Bedeutung und präsentiert die Ergebnisse in der Lerngruppe.

e Wiederhole die bisher gelernten Wörter und Wendungen zum Sachfeld „Recht und Gerechtigkeit":

iudex, iudicare – lex – ius, iniuria, culpa – aequus, iniquus – fur, sceleratus – crimen, scelus, vis, flagitium, facinus – fallere, rapere, corripere, corrumpere, laedere, violare, caedere – accusare, defendere, crimini dare, damnare, poena afficere, poenam solvere, supplicium, supplicio afficere

In dieser Sequenz lernst du weitere Wörter zu diesem Sachfeld. Erschließe mithilfe deiner Kenntnisse zur Wortbildung die Bedeutung dieser Wörter vorab:

iustus, iniustus – iustitia – iuris consultus – caedes – punire

Lateinische Rechtsregeln und Rechtssprichwörter fundamentum

Wichtige Rechtsgrundsätze, die auch heute noch angewendet werden, wurden von den Römern in prägnanten Formulierungen zusammengestellt.

A verbis legis non est re-cedendum.

Ius est ars boni et aequi.

Leges breves esse oportet.

Ne bis (zweimal) in idem (crimen iudicetur).

Sensum, non verba spectamus.

Summum ius summa iniuria.

Ubi non est culpa, ibi non est delictum (!).

90

E Römische Juristen müssen vieles berücksichtigen:

1. Si quis accusatur, ratione iudicandum est.
2. Itaque etiam altera pars audienda est.
3. Si crimen incertum est, primum tacendum et de causa cogitandum est.
4. Deinde iudici sine ira et studio decernendum est.
5. A verbis legis non est discedendum.
6. Multi auctores libros de legibus scripserunt.
   Illi libri omnibus iudicibus legendi dantur.

Lerncampus **Ü**

Ü b und **c** sind Pflicht. Wer schnell fertig ist, übersetzt **Ü a** oder **d** und stellt dann der Klasse das Ergebnis vor.

Ü

a Übersetze: Wenn Richter überlegen, muss Ruhe herrschen. Deshalb ...

1. Sine clamore laborandum est. 2. Magna voce ridendum non est. 3. Hominibus ante basilicam tacendum est. 4. Liberis cantandum non est.

b Der gewissenhafte Jurist macht sich eine To-do-Liste für den folgenden Tag. Übersetze:

Epistula mihi scribenda est.
Cum amicis colloquendum est.
Mihi servis imperandum est.
Ad basilicam mihi currendum est.
De sorte scelerati cogitandum est.

c Am Ende seiner Berufslaufbahn übergibt ein Richter alles seinem Sohn. Ordne seine Gedanken zu sinnvollen Sätzen und übersetze:

Tibi

libros	imitandum
consilia bona	probandas
causas	legendos
exemplum	sequenda

do.

d Der Jurist bereitet sich auf einen Strafprozess vor. Übersetze:

1. Constat causam ante quartam horam incipere. 2. Causa differenda non est. 3. Actio mihi diligenter componenda est, ut iudicibus persuadeam. 4. Magna opera mihi consumenda est, ut scelus aperiam. 5. Culpa scelerati demonstranda est. 6. Optimum consilium mihi capiendum est. 7. Impetui alterius partis cedendum non est. 8. Denique sceleratus poena dura afficiendus est. 9. Constat suam cuique poenam tribuendam esse.

I

iustitia als römischer Wertbegriff *fundamentum*

Iūstitia ist neben der Weisheit (sapientia), der Tapferkeit (fortitūdō) und der Besonnenheit (temperantia) eine der vier Kardinaltugenden (die wichtigsten Tugenden der antiken Philosophie). Als gängige Definition für iūstitia ist uns aus der Antike die Formel „suum cuique" überliefert; Gerechtigkeit besteht also, wenn jedem das Seine (das, was ihm zukommt) zugeteilt wird.
Wie bedeutend dieser Wertbegriff für die Römer war, zeigt die Tatsache, dass sie sich Iūstitia als Göttin vorstellten. Dargestellt wird Iūstitia mit Symbolen für unparteiisches Abwägen wie einer Waage und dem Symbol für die Strafe – dem Schwert.

Gerechtigkeit und Klugheit

T

Über das Thema Gerechtigkeit und den Zusammenhang mit der Klugheit schrieb Cicero (vgl. 50 I) in seinem Werk *Dē rē pūblicā*: „Ist es klug, gerecht zu handeln? Bringt gerechtes Handeln eher Vorteile oder Nachteile?" Im Anschluss daran wird dieses Thema in den Juristenschulen wieder aufgenommen, z.B. von Publius Iuventius Celsus (* 67 n. Chr.), dem Schöpfer der Definition Iūs est ars bonī et aequī (vgl. S. 77).

Multi philosophi homines de potentia iustitiae instituerunt.

Haec prorsus postulant: Magna cum iustitia saluti omnium hominum prospiciendum est. Neque patri familias in liberos neque imperatori in milites neque magistro in discipulos iniuste consulendum est. Dei enim hominibus iustitiam colendam et tuendam tradiderunt.

Itaque neque potestas militaris neque ordo senatorum neque nobilitas neque aetas hominem iustum facit.

Nos quidem scimus nonnullas gentes etiam iniuriam pro iustitia colere: Quaedam gentes iustum honestumve putant hostibus subiectis rem familiarem rapere; quaedam gentes homines e finibus suis eiciunt, quia omnes agros suos esse censent, quos spiculo[1] attingere possint; quaedam gentes turpe ducunt agros suos manibus colere – itaque armis instructae alienos agros demetunt[2]. Romani alienas gentes vineas colere vetant, ut vineae suae pluris sint. Cum id faciant, se prudenter[3] agere credunt – neque vero iuste agunt.

Nobis igitur intellegendum est prudentiam ab iustitia differre. Scilicet iustitia praeferenda est, scilicet iustitiae parendum est, scilicet semper iuste agendum est.

[1] spīculum der Wurfspieß

[2] dēmetere abmähen

[3] prūdēns, ntis klug

Vergleiche die üblichen Attribute der Göttin Iustitia mit ihrer Darstellung auf dem Sebaldusgrab in der Nürnberger Sebalduskirche (geschaffen von Peter Vischer 1507). Schließe daraus Folgerungen auf den Respekt vor der Gerechtigkeit in der damaligen Zeit.

V

a 1. Erschließe aus T, welche Wirkung die Gerechtigkeit entfalten soll. 2. Stelle aus T zusammen, welche ungerechten bzw. kriminellen Handlungsweisen in der Antike als gerecht bzw. klug angesehen werden. 3. Erkläre anhand der Beispiele den Unterschied zwischen Gerechtigkeit und Klugheit.

b Arbeite aus jedem der drei Abschnitte von T die wesentliche Aussage heraus und analysiere, mit welchen sprachlichen Ausdrucksmitteln sie verstärkt wird.

c Stellt Beispiele aus eurem Erfahrungshorizont zusammen, in denen ungerechtes Handeln als gerecht dargestellt wird. Diskutiert Gründe für ein solches Verhalten. Bezieht auch Situationen ein, in denen ihr zu eurem Vorteil „klugerweise" ungerecht gehandelt habt.

d Vergleicht arbeitsteilig den Stellenwert von prūdentia in T, Z. 18–20, mit der Darstellung auf S. 77 (vgl. Aufg. c) sowie mit den folgenden Aussagen:

- Iustitia sine prudentia multum poterit, sine iustitia nihil valebit prudentia. (Cicero)
- Omnia mea mecum sunt: iustitia, virtus, prudentia. (Seneca)

91

E Die Amtsgewalt des Prätors (vgl. S. 76):

1. Potestas praetoris magna erat. Pars potestatis ad iudices pertinebat.
2. Praetori plus auctoritatis erat quam iudici.
3. Omnis vir, qui praetor creatus est, iuri prospiciebat.
   Quicumque vir praetor creatus est, iuri prospiciebat.
4. Quicumque (Quisquis) praetor creatus est, iudicibus praeerat.

Ü

a Übersetze und ermittle, welche der folgenden Aussagen auf das Bild zutreffen:

1. Numerus mulierum maior est quam numerus virorum. 2. Multitudo senatorum minor est quam multitudo militum. 3. Nulla mulierum sedet. 4. Nemo omnium in terra iacet. 5. Maxima pars virorum ridet.

b Erkläre jeweils die Bedeutung des Genitivs. Bilde mit jeder Genitivwendung einen deutschen Satz zum Thema „Recht":

1. plus libertatis – spes libertatis 2. fur viginti annorum – magnus numerus ornamentorum 3. potestas vitae mortisque – pars vitae

c Denk an die Konsequenzen! Übersetze:

Quidquid conaris, quo pervenias, cogites!

d Bilde dem Beispiel entsprechend Formen von quīcumque:

Abl. Sg. *m* → quocumque
Gen. Sg. *n* – Akk. Sg. *f* – Nom. Pl. *m* –
Dat. Sg. *n* – Nom. Sg. *n* – Abl. Pl. *f*

I

Rechtsprechung in den Provinzen

Die Verwaltung einer Provinz lag meist in den Händen eines Prätors, der als Provinzstatthalter die Oberaufsicht ausübte (vgl. Band 2, S. 114f.). Die Stellung und die Tätigkeit des Provinzstatthalters waren in der lēx prōvinciae geregelt, ebenso wie die Gerichtsbarkeit für die Bewohner der Provinzen, die als Fremde (peregrīnī) galten und daher dem römischen Recht nicht unterstanden.
Rom hatte gegen Ende des 1. Jhs. n. Chr. die Herrschaft über viele Völker inne. Die Provinzstatthalter mussten auch darauf achten, dass es in der Provinz keine Unruheherde in den Bevölkerungsgruppen mit unterschiedlichen Glaubensrichtungen gab. Die Christen brachten nach der Vorstellung der Römer immer Unruhe mit sich, weil sie nach anderen Normen und Werten lebten (z.B. Aufnahme ausgesetzter Kinder, kein Ehebruch, gleichrangige Stellung der Sklaven, Versorgung Hungernder und Kranker). Wegen dieser ethischen Orientierung wurden die Christen verdächtigt, gegen den Staat zu handeln (vgl. 80 und 82 **T**).

Gerecht entschieden?

T

C. Plinius der Jüngere (vgl. Band 1) wurde zu Beginn des 2. Jhs. n. Chr. von Kaiser Trajan zur Verwaltung der Provinz Bithynien eingesetzt. Im folgenden Brief erbittet er von Trajan eine Auskunft über die rechtliche Behandlung der Christen; es waren ihm Anzeigen gegen diese vorgelegt worden und es gab keine gesetzliche Grundlage für das Vorgehen gegen Christen.

C. Plinius Traiano imperatori salutem dicit.

Summam, domine, gratiam habeo, quod admittor ad consilium tuum. Mihi enim mos est omnia, de quibus nimis dubito, ad te referre. Causis de Christianis numquam interfui; itaque nescio, quid iudicii faciam et quae crimina puniantur. Maxime quidem dubito, num nomen ipsum puniatur, tametsi nulla flagitia animadversa sint. Constat iudicia iusta de Christianis facienda esse. Amore iustitiae, ut scis, adeo accensus sum, ut quocumque modo licentiae resistere velim. Interea in iis, qui ad me tamquam Christiani deferebantur, hanc rationem secutus sum: Interrogavi eos ipsos, essentne Christiani. Supplicio instante nonnulli a fide defecerunt. Reliquos autem nimio studio fidei ardentes iterum interrogavi mortem indicans; quicumque fidem suam iterum confirmabat, me auctore in vincula datus est. Quodam autem die allatus est libellus, cuius auctor nomen suum prodere noluit. Quo in libello magna multitudo nominum Christianorum scripta erat. Quisquis eorum negabat se esse Christianum, a me dimissus est, quippe si me praesente deos nostros appellabat.
Iudicavine ergo iuste, domine? An parum iustitiae praestiti, cum eos dimitterem? Quare te consulo. Vale!

Der Kaiser gab in seiner Antwort keine Regelung vor; so diente das Vorgehen des Plinius bald als Richtschnur.

Kaiser Trajan. Römische Statue. 1. Jh. n. Chr. Kopenhagen, Ny Carlsberg Glyptotek.

V

a 1. Paraphrasiere anhand von Schlüsselwörtern den Inhalt des ersten und zweiten Abschnitts; untersuche im ersten Abschnitt (Z. 1–3) vor allem die Verben, im zweiten (Z. 4–8) die Substantive. 2. Beschreibe das rechtliche Problem, vor das sich Plinius als Provinzstatthalter gestellt sieht, und sein Vorgehen, um das Problem zu lösen.

b Erläutere anhand ausgewählter Textstellen das Verhältnis Absender – Adressat.

c Stelle eine Person oder eine Gruppierung vor, die sich in deinem Lebensbereich für Gerechtigkeit und Glaubensfreiheit einsetzt.

d Vergleiche die Situation der Christen, wie sie in **T** deutlich wird, mit der in 80 und 82 **T**. Berücksichtige jeweils die Zeitumstände und beziehe deine Kenntnisse über den jeweiligen Kaiser ein.

Das Recht und die Strafen

T

Wie sollen Rechtsverstöße vor Gericht behandelt werden, wie sollen sie bestraft werden, welche Ziele verfolgt man mit einer Strafe? Im folgenden Text erläutern mehrere Juristen in einem fingierten Gedankenaustausch, welche Ziele sie mit der Bestrafung von Verbrechern verfolgten:

A: In criminibus puniendis haec maxime nobis consequenda sunt: Primum ut poena eum, qui punitur, meliorem faciat, deinde ut poena eius ceteros meliores reddat, denique ut sceleratis sublatis ceteri tutiores vivant. Praeterea familiaribus eius, qui laesus est, poena cuiusque sontis[1] solacium doloris affert.
B: Ceterum hoc manifestum est: Quicumque scelera vel facinora commisit, is a magistratibus poena afficitur. Cuius poena multos alios a criminibus committendis prohibet. Itaque maiores nostri gravissimas poenas „exempla" nominabant – rati sceleratos damnatos puniendos esse in locis publicis, ut ab omnibus spectarentur.
C: Scelerati criminibus suis saepe etiam auctoritatem senatus et dignitatem populi Romani laedunt. Quia ab iis res publica tota turbatur, maiores nostri istos crudelissime puniendos esse arbitrati sunt.
D: Nos necem[2] patris turpissimum omnium scelerum putare constat; itaque parricidam[3] summo supplicio dignum esse iudicamus: Parricidam captum in culleum insuendum[4] et in mare altum mittendum esse maiores nostri iam decreverunt; si mare prope[5] non erat, in amphitheatro bestiis obiciendus erat.

Diese harte Bestrafung von Vatermördern ist bei dem Juristen Herennius Modestinus (* um 185 n. Chr.) überliefert.

[1] sōns, ntis *m* der Schuldige
[2] nex, necis *f* der Mord
[3] parricīda *m* der Vatermörder
[4] in culleum īnsuere in einen Ledersack einnähen
[5] prope *Adv.* in der Nähe

V

a Stelle aus **T** die Ziele einer Bestrafung zusammen und gib die entsprechenden lateinischen Schlüsselbegriffe an.

b Vergleiche die im Text genannten Ziele mit denen, die das deutsche Strafrecht vorsieht (vgl. § 46 StGB):

(1) Die Schuld des Täters ist Grundlage für die Zumessung der Strafe. (…)

(2) Bei der Zumessung wägt das Gericht die Umstände, die für und gegen den Täter sprechen, gegeneinander ab. Dabei kommen namentlich in Betracht:

- die Beweggründe und die Ziele des Täters,
- die Gesinnung, die aus der Tat spricht, und der bei der Tat aufgewendete Wille,
- das Maß der Pflichtwidrigkeit,
- die Art der Ausführung und die verschuldeten Auswirkungen der Tat,
- das Vorleben des Täters, seine persönlichen und wirtschaftlichen Verhältnisse sowie
- sein Verhalten nach der Tat, besonders sein Bemühen, den Schaden wiedergutzumachen,
- sowie das Bemühen des Täters, einen Ausgleich mit dem Verletzten zu erreichen.

Beurteile vor diesem Hintergrund die Bestrafung eines Vatermörders nach römischem Recht.

XXXI *Kompakt*

Lest Ü a–c konzentriert durch und erklärt in Partnerarbeit anhand von Beispielen, welcher Grammatikstoff jeweils geübt wird. Jeder bearbeitet dann eine Aufgabe für sich, die er im Anschluss der Klasse vorstellt. Verfahrt nun ebenso mit Ü d–g.

Ü

a Was Recht ist, muss Recht bleiben. Übersetze:

LEGIBVS PARENDVM EST.
INIVRIAE RESISTENDVM EST.
IVDICI IVSTE IVDICANDVM EST.
IN SCELERATOS
ANIMADVERTENDVM EST.

b Ein Gericht in Nöten. Übersetze:

1. Copia legum iudicem perturbat. 2. Auctoritas iudicis parva est. 3. Nemo sceleratorum rem confessus est. 4. Pars testium verum non dixit. 5. Numerus causarum magnus est.

c Vor Gericht. Übersetze und erschließe, von wem die Aussagen jeweils stammen könnten:

1. „Confiteantur! Praedam reddant! Socios prodant!“ 2. „Ne confessi sitis! Ne praedam reddideritis! Ne nos prodideritis!“ 3. „Confiteamur! Praedam reddamus! Socios prodamus!“

d Stellt deutsche und englische Fremdwörter zum Thema „Recht und Gerechtigkeit“ zusammen, die sich von den Wörtern der Wortfamilie iūstitia / iūs / iūdicium herleiten, und erklärt jeweils deren Bedeutung.

e Lateinische Rechtsgrundsätze. Diskutiert, was passieren könnte, wenn sie nicht gelten würden.

1. Nulla poena sine lege certa.
2. Testis non est iudicare.
3. Ubi iudex, ibi iudicium.

f Die Göttin der Gerechtigkeit (lat. Iūstitia) gilt seit der Antike als Hüterin des Rechts.

1. Erkläre, wieso die Göttin Waage und Schwert trägt.
2. Erkläre, warum die Göttin mit und ohne Augenbinde dargestellt werden kann.
3. Suche Darstellungen der Göttin in (der Nähe) deiner Stadt.

Der Gerechtigkeitsbrunnen in Bern. 1453.

g *Selbstverständlich* Latein

Erkläre mit deiner Kenntnis der lateinischen Deponentien den folgenden Satz:
Der Prüfling reagierte während des *Colloquiums* auf die Fragen des Prüfers sehr *aggressiv* und erkannte die *Konsequenzen* nicht.

h Stelle aus 90, 91 und XXXI T alle Wertbegriffe (z.B. dīgnitās und auctōritās) zusammen und erläutere sie einem Mitschüler in jeweils zwei deutschen Sätzen.

i Diskutiert die Problematik einer öffentlichen Bestrafung anhand von selbstgewählten Beispielen (vgl. T, Z. 10f.).

j Untersucht die Anwendung der folgenden Rechtsgrundsätze in 78 und 91 T sowie an Situationen aus dem Schulalltag:

- Audiatur et altera pars!
  (Auch die andere Seite soll gehört werden!)
- In dubio pro reo.
  (Im Zweifel für den Angeklagten.)

92

E Attusia und Pudentilla sind Töchter römischer Juristen – hier sprechen sie über Tugenden:

1. ATTUSIA: „Patres nostros homines iustos esse puto. Credas eos semper iustitiae studere. Iustitiam summam virtutem aestiment."
2. PUDENTILLA: „Sic est. Sed quidam prudentiam iustitiae praeferant."
3. ATTUSIA: „Alii dicant humanitatem summam virtutem esse."
4. PUDENTILLA: „Dixeris virum Romanum omnes virtutes colere."
5. ATTUSIA: „Sed talem virum vix invenerimus."

Lerncampus Ü

Alle bearbeiten Ü b. Wer mit den Konjunktivformen noch Probleme hat, bearbeitet Ü a. Wer schnell fertig ist, löst zusätzlich Ü c und erklärt den Unterschied an einem weiteren (deutschen) Beispiel.

Ü

a Bilde die entsprechenden Konjunktivformen:

dicit – rides – aestimat – mirabaris – sciebas – est – putatis – credis – dixisti – exspectavimus – moneo – sequuntur

b Attusia und Pudentilla vergleichen auf dem Forum zwei Männer, die sie sehen. Übersetze:

1. Primus mihi placeat, sed senex est. 2. Secundum amem, iuvenis est. 3. Ceterae mulieres primum diligant; nam dives est. 4. Secundus formae causā diligatur. 5. Primus senator sit. 6. Secundus miles fortis putetur. 7. Secundus mox moriatur – sed etiam primus.

c Der kleine Unterschied. Übersetze und beschreibe, worin die Aussagen sich unterscheiden:

„Si amicus accusaretur, eum defenderem."
„Si amicus accusetur, eum defendam."

Schifffahrtsszene auf einem römischen Sarkophag. 3. Jh. n. Chr. Kopenhagen, Ny Carlsberg Glyptotek.

Entwickelt in Partnerarbeit Ideen, warum diese Szene sich auf einem antiken Sarg befindet.

I

Zivilprozess in Rom

Wollte in der Antike eine Privatperson ihr Recht gegen eine andere Person einklagen, galt Folgendes: Für Streitigkeiten unter römischen Bürgern (z.B. wegen Diebstahl oder Sachbeschädigung) war der praetor urbānus zuständig; Rechtsfälle zwischen einem römischen Bürger und einem Bewohner einer Provinz, also einem Fremden (peregrīnus), und unter peregrīnī mussten dem praetor peregrīnus vorgelegt werden.

Der Kläger musste den Beklagten persönlich vor Gericht bringen; weigerte sich dieser, konnte der Kläger zusammen mit Freunden den Beklagten vor Gericht „schleppen". Entzog sich der Beklagte völlig dem Prozess, galt dies als Schuldeingeständnis.
Bei einer Zivilklage wurde die Klage zuerst dem praetor vorgelegt, dieser prüfte sie und übergab sie schließlich einem iūdex.

Wer zahlt wie viel?

T

Attusia und Pudentilla schlendern an einem Frühlingstag durch Rom, diskutieren über ihre Freunde und die Zukunft. Auf dem Forum Romanum treffen sie den 40-jährigen Manius, den sie schon länger kennen und der als Prätor in Rom erst kurz im Amt ist. Die beiden jungen Damen sind neugierig und fragen ihn hartnäckig nach dem Fall, der eben verhandelt wurde.

PUDENTILLA: Narra, quaeso, Mani, quae causa hodie acta sit!
MANIUS: Causa profecto mira erat. Quidam dicant hanc rem numquam evenire posse:
Nauarchus[1] hieme ineunte quinque homines nave vexit. Ab omnibus hominibus, quos in navem receperat, vecturam[2] poposcit, priusquam ancoram sustulit. Mulier quoque praegnans[3] in illa nave per aequor vehebatur; prius nulla suspicio fuerat eam brevi parituram[4] esse. Putetis id mirum non esse.
PUDENTILLA: Narra! Loquere! Omnia audire volumus.
MANIUS: Tempestate vehementi orta et aestu maris aucto repente infans[5] nascitur. Et nauarchus post adventum navis a matre duplicem[6] vecturam poposcit, contendens se sex homines per fluctus ad ripam vexisse. Quae causa nimis difficilis est. Quid vos sentitis?
ATTUSIA: Credas culpam in nauarcho esse: Mulier enim nesciverat se in nave parituram esse. Dixeris nauarchum vecturam prius poscere debuisse, quam profecti sunt. Avaritia eum impulerit, non humanitas.
MANIUS: Haud male locuta es, Attusia! Ego idem sentio atque tu! Nauarchus enim minus diligenter egit.

Als Manius wieder ins Gerichtsgebäude muss, warten die Freundinnen auf den Stufen der Basilika.

[1] nauarchus der Kapitän
[2] vectūra der Fahrpreis
[3] praegnāns, ntis schwanger
[4] paritūrus: PFA zu párere (das Kind bekommen)
[5] īnfāns, ntis *m/f* das Baby
[6] duplex, icis doppelt

V

a 1. Erfasse die causa, um die es im Prozess ging, anhand von Z. 4–8 und 9–13. 2. Auch der Rechtswissenschaftler Ulpian (um 200 n. Chr.) weist in einer Schrift die Klage des Kapitäns zurück. Nimm Stellung zu dieser Entscheidung. 3. Beschreibe die Geschehnisse auf dem Schiff aus der Sicht der jungen Mutter.

b 1. Wähle mit deinen Banknachbarn zum Wertbegriff hūmānitās aus 90–92 T den Text aus, in dem der hūmānitās eurer Meinung nach die größte Bedeutung zukommt.
2. Stellt eure Ergebnisse in der Klasse vor und diskutiert die Begründungen für eure Entscheidung.

c Ein alter Kapitän erzählt. Übersetze:
1. Quis dubitet, quin hieme aequor saevum sit? 2. Nam repente tempestates oriuntur. 3. Dicas nihil aliud exspectandum esse. 4. Tamen quidam homines fluctus maris neglegentes postulant, ut eos nave veham. 5. Dixerit aliquis me avaritia impulsum homines vehere. 6. Sed ea suspicio falsa est. 7. Quis me sceleratum aestimet?

93

E Attusia und Pudentilla im Gespräch über Unrecht und Verbrechen:

1. ATTUSIA: „Num tu iniuriam facere potes?“
2. PUDENTILLA: „A me numquam iniuria fieri potest. Poenam timeo.“
3. ATTUSIA: „Sed aliquam iniuriam a te factam esse suspicor. Saepe iniuria fit, etsi nihil factum est.“
4. PUDENTILLA: „Num scelerata fio, quia nihil feci?“
5. ATTUSIA: „Ita est. Celerius fit, ut homines scelerati fiant.“
6. PUDENTILLA: „O di, quid ergo faciam? Quemadmodum iuste vivamus?“

Lerncampus Ü

Ü b (zu den Bedeutungen von fierī) und c (zum Deliberativ) sind Pflicht. Wer schnell fertig ist, übersetzt Ü d.

Ü

a Ermittle die fehlenden Formen und bilde sie:

1. fimus – fio – fitis – fis 2. fiatis – fiamus – fiant – fias 3. fiebat – fiebant – fiebam – fiebatis 4. fieretis – fieret – fieres – fierent 5. fient – fies – fiam – fiet

b Manius wird erstmals Richter. Wähle die jeweils passende(n) Bedeutung(en) von fierī aus und übersetze seine Worte:

1. Me iudicem fieri gaudeo. 2. Multa scelera in urbe fieri constat. 3. Fieri potest, ut scelerati poena non afficiantur. 4. Me iudice hoc ne fiat!

c Bilde zu den in Klammern angegebenen Verben Deliberative im Singular (1) bzw. Plural (2):

1. Ein Richter in Nöten: „Quid faciam? – Quos testes (arcessere)? – Quo modo (iudicare)? – (Damnare) accusatos an (liberare)? – Moresne maiorum (sequi)?“ 2. Zwei Angeklagte in Nöten: „Quid faciamus? – (Loqui) an (tacere)? – Quid (dicere)? – Num (confiteri)? – Iudicemne (corrumpere)?“

d Vor dem Kauf. Übersetze:

1. Mulier cogitat: „Magis magisque incerta fio. 2. Hancne rem emam an non? 3. Amicam consulam an ipsa decernam? 4. Quid fit, si fallor? 5. Multae res ex auro fiunt, plurimae autem aurum imitantur. 6. Bono animo sim et mercatori credam an eum sceleratum putem et abeam? 7. Dubito et nescio, quid faciam.“

I

fides als römischer Rechtsbegriff

Der römische Wert der fidēs (vgl. Band 2, 41 I) bedeutet Treue und Verlässlichkeit in vielerlei Hinsicht. Das gilt zwischen dem Patron und seinem Klienten, zwischen Römern und ihren Bundesgenossen und natürlich auch zwischen Geschäfts- und Vertragspartnern.

fundamentum

Die römische Rechtsprechung kennt zwei Begriffe, die bis heute im Rechtsverkehr (z.B. im Bürgerlichen Gesetzbuch) verwendet werden: bona fidēs („guter Glauben“) und dolus malus („arglistige Täuschung“). Sie spielen auch im Fall des Hauskaufs in T eine Rolle.

Ein tödlicher Hauskauf

T

Nach einer Stunde kommt Manius aus dem Gerichtsgebäude zurück. Wieder wollen die beiden Freundinnen wissen, was soeben verhandelt wurde.

MANIUS: Ennius quidam domum veterem et amplam a Veranio mercatore empturus erat. Pactum[1] fecerunt et pretio soluto Ennius dominus domūs factus est; qui fenestras magno sumptu renovaturus[2] erat, ut domus clarior fieret. Modo servus Enni, ignarus periculi, aliqua tigna[3] manu probaverat, cum unum tignorum in collum servi cecidit; medicus eum servare non potuit. Sic factum est, ut servus periret et Ennius irasceretur.

PUDENTILLA: Hercule! Num id credam?

MANIUS: Tibi credendum est. Narremne vobis cetera?

ATTUSIA: Narra, ut omnia sciamus!

MANIUS: Tigna vetera erant, sed Veranius contendit Ennium non quaesivisse, num integra[4] essent. Haud scio, an erret Veranius.

ATTUSIA: Nonne Ennius bona fide domum integram emerat?

MANIUS: Sapiens dictum! Quam ob rem Ennius contendit Veranium id prius confiteri debuisse; vultu infesto addidit servum dolo malo alterius interfectum esse, sibi iniuriam factam esse, servum sibi restituendum[5] esse. Alter autem repetivit se damnum[6] non effecisse. Uterque confirmavit se verum dixisse. Quid iudex faciat?

ATTUSIA: Quid respondeam? Mea opinione iste Veranius dolo malo Ennium fefellit. Ergo ab iudice nihil impetrabit.

MANIUS: Magna laude digna es, Attusia!

[1] pactum der Vertrag
[2] renovāre: vgl. Fw.
[3] tīgnum der Balken
[4] integer, gra, grum unversehrt
[5] restituere *hier:* ersetzen
[6] damnum der Schaden

Römische Maurer bei der Arbeit. Wandmalerei aus dem 4. Jh. n. Chr. Rom, Grabbau des Trebius Iustus.

a 1. Beschreibe die Erwartungen des Käufers beim Hauskauf; berücksichtige dabei auch die bona fidēs (Z. 13). 2. Informiere dich im Internet, was man heute unter bona fidēs versteht. 3. Der Tod des Sklaven müsste heute als „fahrlässige Tötung" geahndet werden. Erschließe, wie er offensichtlich im römischen Recht behandelt wurde.

b Ein Fall für den Richter. Übersetze:

1. Faber (Zimmermann) quidam servum emere voluit, ut tigna (Balken, *Pl.*) portaret. 2. Ille, qui servum venditurus erat, avaritia motus promisit servum summa laude dignum esse. 3. Pactum (Vertrag) inter utrumque fit, pecunia et servus traduntur. 4. Quid tum factum est? Ubi dominus collo servi tignum gravius imposuit, tignum servo umerum fregit. 5. Servus miser confirmavit se numquam talia tigna portavisse. 6. Quam ob rem faber venditorem (Verkäufer) accusavit. 7. Quid praetor censeat?

V

94

E

1. ENNIUS: „Mercatorem accuso; quem me fefellisse scio.“
„Mercatorem, quem me fefellisse scio, accuso.“
2. MERCATOR: „Contra Ennium,
quem errare contendo, me defendam.“
3. ENNIUS: „Turpe est scelus, quod ab isto
mercatore commissum esse comperi.“

Lerncampus E: verschränkte Relativsätze auflösen

1. Übersetze die erste Zeile von E 1 und benenne die Konstruktion bei „quem ... fefellisse“. Erschließe mit dieser Hilfe eine Übersetzung für die zweite Zeile von E 1. Erkläre anhand dieser Zeile den Begriff „verschränkter Relativsatz“.
2. Erschließe mithilfe von Ü b weitere Übersetzungsmöglichkeiten und wende sie in E 2 und 3 an.

Ü

a Folge den Formen des Relativpronomens von der Markierung aus und finde die einzige Tür, die sich öffnen lässt.

q	u	o	u	i	u	s	q
u	a	e	c	u	i	u	u
o	m	q	d	c	u	s	o
r	q	u	o	i	u	q	s
u	i	c	i	s	i	m	i

porta I II III IV

b Da fehlen einem die Worte! Wähle die eleganteste Übersetzung aus:

1. Ennius mercatorem, quem poena afficiendum esse putat, accusat.
A von dem er meint, dass er **B** der seiner Meinung nach **C** der – wie er meint –
2. Mercator verba Ennii, quae acria esse scit, non timet.
A von denen er weiß, dass sie **B** die nach seinem Wissen **C** die – wie er weiß –

c Übersetze in flüssiges Deutsch:

1. Ennius mercatorem, quem se fefellisse contendit, accusat. 2. Mercator Ennium, quem iudicem fallere contendit, aggreditur. 3. Iudex viros, quos ira commotos esse videt, monet. 4. Iudex de re, quam Ennium queri audit, iudicabit. 5. Mercator, quem dolo malo usum esse constat, damnatur.

d Zum Knobeln. Ein Relativsatz kann in seltenen Fällen auch mit anderen Konstruktionen als einem AcI verschränkt sein. Erschließe, womit er in den folgenden Sätzen verschränkt ist, und versuche eine treffende Übersetzung:

1. Amici servum flent, quo interfecto mercator accusatus est.
2. Mercator: „Acriter pugnat Ennius, qui quam facile vincatur nescio.“

I

Fund und Fang

Sicher habt ihr auch schon einmal etwas gefunden: Darf man den Fund behalten? Wann hat man Anspruch auf einen Finderlohn? Diese Fragen wurden bereits in der Antike gestellt. Komplizierter wurde der Fall, wenn Sklaven etwas fanden: Sie waren ja Eigentum ihres Herrn, dem folglich auch der Fund gehörte, bis sich dessen Besitzer fand. Keinen Besitzer aber haben z.B. die Meeresfische: Sie sind jedermanns Besitz – es sei denn, dem Fischer geht ein ganz besonderer Fang ins Netz wie in der nächsten Geschichte.

Wem gehört der Schatz?

T

Begeistert vom Gespräch mit den Mädchen erzählt Manius noch von einem anderen Streitfall, in dem ebenfalls ein Sklave eine zentrale Rolle spielte.

MANIUS: Nuper audivi de sorte servi, quem Gripum appellari puto.
ATTUSIA: Gripus est nomen, quod iam audivisse opinor. Num ab eo sive caedes sive aliud crimen factum est?
MANIUS: Minime. Ille servus piscator[1] erat; rete[2] suo e mari vidulum[3] exceperat. Vidulum ingentem vim auri aut argenti continere putabat; quem ergo vidulum cum sustulisset, summa vi tetendit, ut thesaurum[4] domum[5] portaret. Sed frustra: Nam alius servus – Graecus erat – ei occurrit contenditque se scire, quis vidulum in fluctibus perdidisset. Hinc controversiā ortā ambo Daemonem[6], dominum Gripi, requirunt; Graecus narrat, quod se scire confirmat. Vidulus aperitur, aurum invenitur et ...
ATTUSIA: ... et aurum non Gripi fiebat, sed Daemonis. Tametsi Gripus mercedem sibi postulavit, thesaurus divisus non est.
MANIUS: Haud male! Unde hoc scis?
ATTUSIA: Audite rem: Iste vidulus, quem magnam vim auri continere manifestum erat, labore servi Daemonis e fluctibus exceptus est. Daemones autem dominus servi est; ille pro servo multum pecuniae solvit. Ergo vidulus eidem Daemoni est: Quidquid enim per servum paratur, id domino ipsi paratur. Quam sententiam a patre meo audivi, quem iuris consultum esse scitis.

[1] piscātor der Fischer
[2] rēte, is *n* das Netz
[3] vīdulus der Koffer
[4] thēsaurus der Schatz
[5] domum nach Hause
[6] Daemonēs, is: männl. Eigenname

Was mit dem Gold dann geschah, kannst du in V b lesen.

Fischfang. Römisches Mosaik aus der sog. Nilvilla in Leptis Magna (Libyen). 3. Jh. n. Chr. Tripolis, Archäologisches Museum.

a 1. Erkläre den Rechtsgrundsatz, den Attusia bei ihrem Vater gehört hat (Z. 18f.). 2. Beschreibe mit wenigen lateinischen Stichwörtern das, was der griechische Sklave dem Herrn des Gripus erzählt haben könnte. 3. Nimm persönlich Stellung dazu, wie der Streit um den Koffer und das Gold rechtlich gesehen wurde.

V

b Daemones, dem das Gold aus dem Koffer zusteht, reagiert großzügig. Übersetze:

1. Iste vidulus (Koffer) mihi est, quem dominum Gripi servi esse scitis. 2. Sed aurum dividendum esse censeo: Dimidium (die Hälfte) quippe auri domino viduli dandum est. 3. Alteram vero partem – velut mercedem – mihi retineo, cum dominus Gripi sim, qui vidulum e fluctibus excepit.

c Gestaltet in Gruppen die Texte 92, 93 und 94 T in lateinischer (oder deutscher) Sprache zu kurzen Gerichtsszenen um und stellt diese der Klasse vor.

Das Recht der Römer – was uns bleibt

T

Die in den vorangegangenen Kapiteln (92–94 T) vorgestellten Rechtsfälle wurden von römischen Juristen diskutiert und überliefert. Viele juristische Fachbegriffe und Definitionen stammen von den Juristen Gaius (2. Jh. n. Chr.) und Ulpian (um 200 n. Chr.); sie gingen auch in das umfassende Gesetzgebungswerk des Kaisers Justinian (6. Jh. n. Chr.) ein:

Nomen iuris a iustitia appellatum est; nam ius est ars boni et aequi. Publicum ius est, quod ad rei publicae, privatum, quod ad singulorum usum pertinet. Constant iura populi Romani e legibus, plebiscitis[1], constitutionibus[1] principum et responsis prudentium[2]. Lex est, quod populus iubet atque constituit. Plebiscitum est, quod plebs iubet atque constituit. Constitutio principis est, quod imperator decreto[3] vel epistulā constituit. Responsa prudentium sunt sententiae et opiniones eorum, quibus permissum est iura dare.

Um 530 n. Chr. gab dann Kaiser Justinian sein großes Sammelwerk in Auftrag:

Iustinianus, qui ius Romanum quam optime cognoscere cupivit, iussit omnes libros antiquorum prudentium ad ius Romanum pertinentes legi et elimari[4]. Collata iam erant duo paene milia librorum. Quia effici non potuit, ut omnes libri proderentur, Iustinianus constituit ea tantum deligenda esse, quae optima viderentur. Iustinianus quidem aetatem antiquam ita coluit, ut nomina quoque prudentium memoriae traderet.

[1] plēbiscītum, cōnstitūtiō: vgl. V b

[2] prūdēns, ntis der (Rechts-)Gelehrte

[3] dēcrētum: vgl. Fw.

[4] ēlimāre ausfeilen, sichten

Justinian I. Römische Münze, 6. Jh. London, British Museum.

V

a Stelle aus dem ersten Abschnitt von T (Z. 1–9) die juristischen Begriffe und ihre Definitionen zusammen; ergänze deine Liste durch eine Internetrecherche (Stichwörter „Rechtsquellen, Rechtsgrundsätze").

b 1. Erschließe die Bedeutung der Begriffe plēbiscītum und cōnstitūtiō (Z. 4) aus den in T folgenden Definitionen. 2. Erkläre die Wendung ars bonī et aequī; informiere dich dazu über den Bedeutungsumfang dieser Wörter in einem lateinisch-deutschen Wörterbuch.

c Erläutere, wie die Ehrfurcht Justinians vor der Antike in T zum Ausdruck kommt.

d Erkläre die folgenden Abkürzungen von heutigen Gesetzessammlungen und Verordnungen: BGB – GSO – StVO – GG

XXXII Kompakt

Ü

Entscheide dich für mindestens eine der drei Aufgaben zum Konjunktiv in Übung a: In der ersten kannst du den Potentialis, in der zweiten den Deliberativ und in der dritten verschiedene Verwendungen des Konjunktivs üben. Übersetze jeweils. Wähle dann nach deinen Interessen eine der Übungen b–d zur Bearbeitung aus.

a **A** Ein flüchtiger Verbrecher hat sich gut versteckt. Trotzdem malt er sich aus, was wohl passieren könnte, wenn er verhört werden sollte:

1. Si capiar, primo de iniuria mea acriter interroger. 2. Nisi quid confitear, iudex dolis utatur. 3. Hoc modo ille me fallat et ego aliquid confitear, quod non commisi. 4. Si taceam, torquear. 5. Tum omnia dixerim, quae iudex cupiat. 6. Postremo iudex me poena afficiat.

B Zwei andere Verbrecher sind gefangen worden und warten auf das Verhör. Nun zweifeln sie, wie sie sich verhalten sollen:

1. Quid faciamus? 2. Omnia negemus an omnia confiteamur? 3. Utrum nomina amicorum prodamus an taceamus? 4. Iudici pareamus an resistamus? 5. Speremus an desperemus?

C Ein Verbrecher wartet nach dem Verhör auf sein Urteil. Übersetze und gib jeweils die Funktion des Konjunktivs an:

1. Nisi facinora flagitiaque confessus essem, tortus essem. 2. Iudex me poena levi afficiat! 3. Si poenam gravem solvam, peream. 4. Utinam liber essem! 5. Sed cur sortem meam querar? 6. Mihi ipsi dico: Ne desperaveris!

b Erörtert den Inhalt der folgenden Sentenzen, indem ihr zur jeweiligen Aussage entweder ein Beispiel aus eurem Erfahrungsbereich anführt oder die Richtigkeit der Aussage begründet:

1. Aliis ignosce multa, tibi nihil!
2. Nemo sine vitiis nascitur.
3. Quanta est in quoque fides, tantum cuique committitur.
4. Vir iustus cuique dat, quod suum est.

c *Selbstverständlich* Latein

Formuliere den folgenden Satz mithilfe eines Lexikons ohne Fremdwörter:

Legislative, Judikative und Exekutive sind die Fundamente der Demokratie.

d Weise den folgenden lateinischen Rechtsgrundsätzen die deutsche Erläuterung zu:

1 Accusare se nemo debet.
2 De minimis non curat praetor.
3 Da mihi factum, dabo tibi ius.
4 Nullum crimen sine lege.

A Einstellung eines Verfahrens wegen Geringfügigkeit
B Würdigung einer Tatsache durch das Gericht
C Schuld darf nur bestraft werden, wenn ein besonderer Grund vorliegt (Schuldgrundsatz).
D Recht auf Verweigerung der Aussage

e Erläutere, für welche Person in Gerichtsprozessen die Formel sine īrā et studiō besonders gelten muss.

f Im modernen Studiengang Jura werden auch Fragen des römischen Rechts behandelt. Begründe, ausgehend von den Texten dieser Sequenz, die Bedeutung des römischen Rechts für die moderne Rechtswissenschaft.

g Stellt aus *Campus* C 1–3 Beispiele von Menschen oder Gruppen zusammen, für die das römische Recht Unrecht bedeutete.

Weltsprache Latein – Tradition für Europa

1

Auch nach dem Untergang des Imperium Romanum lebte die lateinische Sprache weiter. Karl der Große ließ sie als Schulsprache pflegen, im Mittelalter und weit darüber hinaus war Latein die Sprache der Kirche und der politischen Diplomatie. Vor allem aber hatte es eineinhalb Jahrtausende die Rolle inne, die heute das Englische besitzt: Es war internationales Verständigungsmittel in der Wissenschaft, in dem Gelehrte ihre Forschungsergebnisse veröffentlichten und diskutierten.

2

fundamentum

Die Karolingische Renaissance

Der Begriff „Renaissance" heißt so viel wie „Wiedergeburt". Die sogenannte „Karolingische Renaissance" meint die kulturelle Umbruchstimmung, die Karl der Große im gesamten Frankenreich anstieß. Im Zentrum seiner Bestrebungen stand die Verbesserung der Kenntnisse in der lateinischen Sprache in Wort und Schrift. Karl wollte verhindern, dass die stilistisch hochentwickelte lateinische Sprache der Antike sich weiter den romanischen Volkssprachen anpasste. Dazu ernannte er Experten, die in Ämtern und Schulen das Niveau der Latinität heben sollten. Diese erste europäische Bildungsreform legte über die lateinische Sprache und die Religion die Grundlage für den geistigen Zusammenhalt des werdenden Europa.

1 *Stiftsbibliothek des Benediktinerklosters St. Gallen in der Schweiz, eine der größten und ältesten Klosterbibliotheken der Welt.*

2 *Karl der Große. Frankreich, Versailles.*

3 *Heliozentrisches Planetensystem des Kopernikus. Kolorierter Kupferstich. 1510.*

3

Der Renaissance-Humanismus

Im 14.–16. Jh. entdeckten Gelehrte die lange Zeit vergessenen klassischen Werke der Römer neu. Die Gebildeten dieser Zeit glaubten, dass die Beschäftigung mit der Sprache und den Werken der alten Römer auch die Möglichkeit bot, die überlegene Zivilisation der Antike in der eigenen Zeit wieder beleben zu können. „Zurück zu den Quellen!" (ad fontēs) war das Schlagwort der Humanisten, also derjenigen, die sich mit den studia hūmānitātis beschäftigten. Die in diese Epoche fallende Erfindung des Buchdrucks, die vielen Reisen der Gelehrten, ihr reger Briefwechsel und zahlreiche Bibliotheksgründungen sorgten für eine rasche Verbreitung der neuen Ideen. In dieser zweiten nachantiken Blütezeit des europäischen Bildungswesens schufen Gelehrte, Schriftsteller und Dichter – orientiert an den klassischen Autoren und dem klassischen Latein vor allem Ciceros – zum letzten Mal eine gesamteuropäische, nicht auf einzelne Nationalsprachen verteilte Literatur.

Latein in Literatur, Wissenschaft, Politik und Kirche

Bis in die frühe Neuzeit blieb Latein die führende Sprache der Literatur, Wissenschaft, Politik, Diplomatie und Kirche. So leitete Martin Luther die Reformation durch seine in lateinischer Sprache verfassten Thesen von 1517 ein. Denn Latein war die Sprache der Gebildeten: Wenn Professoren oder Studenten aus verschiedenen europäischen Ländern miteinander diskutierten oder ihre wissenschaftlichen Werke veröffentlichten, taten sie dies auf Lateinisch. Wie sehr das Lateinische die Universität geprägt hat, erkennt man an den vielen Begriffen, die dort heute noch verwendet werden: Professor, Doktor, Magister, Student, Kommilitone, Universität, Fakultät, Institut, Seminar, Kolloquium, Auditorium, Klausur, Examen, Mensa und – Campus. Erst mit dem Erstarken der Nationalsprachen im 17. Jh. verlor das Lateinische als gesprochene Sprache an Bedeutung. Bis heute ist es die Amtssprache des Vatikans, des katholischen Kirchenstaats in Rom.

a Definiere den Begriff „Humanismus" anhand des fundamentum und der verschiedenen Bedeutungen des lateinischen Wortes hūmānitās.

b Erkläre die auf die Universität bezogenen Fremdwörter aus dem fundamentum rechts, indem du vom jeweiligen lateinischen Ursprungswort ausgehst.

c Stellt arbeitsteilig aus den Kapiteln 75–77 und 84–94 zusammen, was unsere Zeit nach dem Motto ad fontēs von der Antike lernern könnte
- für die persönliche Lebensgestaltung,
- für das gesellschaftliche Zusammenleben,
- im Hinblick auf kulturelle Errungenschaften.

95

E Karl der Große: Kriegsherr, Vater Europas, Kaiser, Förderer der Bildung.

1. Multa bella gerebam. Bella gerere consuevi.
2. Bella gerens multas nationes (cog)novi.
3. Proelia atrocia memoria teneo, magnas victorias memini.
4. Virtutem hostium diligebam, superbiam oderam.
5. Nonnulli hostes, cum superbi essent, subiciendi erant.
   Nonnulli hostes, qui superbi essent, subiciendi erant.
6. Tum exercitus mittebantur, qui (ut) istos subicerent.
7. Istae enim gentes dignae non erant, qui (ut) aliis imperarent.
8. Immo tales erant, quae (ut) bene imperare non possent.
9. Sunt, qui dicant istos barbaros esse; nemo autem est, qui barbarus nascatur.

Lerncampus E: Perfektopräsentien erkennen

Erkläre anhand der bekannten Verbform cognōvī (E 2) den Begriff Perfektopräsens. Übersetze dann E 1 und E 2 unter Beachtung deiner Erklärung.

Ü

a Erinnerungen verbinden.
Weise die Übersetzungen richtig zu:

1 meminit	A sie erinnern sich
2 meminerant	B er würde sich erinnern
3 meminisset	C ihr würdet euch erinnern
4 meminerunt	D er erinnert sich
5 meminissetis	E sie erinnerten sich

b Lernen? Übersetze:

1. Odisti discere et negotia agere. Nihil facere consuevisti. 2. Antea oderas discere, nunc novisti te peccavisse. 3. Familia tua officia praestare consuevit. Hoc semper meministi. 4. Plus novisse cupis et nihil discere odisti. 5. Per totam vitam discere consuevisti.

c Richtiges Latein. Übersetze:

1. Carolus consueverat linguas discere. 2. Linguam Graecam noverat, linguam autem Latinam (!) maxime dilexit. 3. At eos, qui eā linguā false uterentur, oderat. 4. Carolus meminerat se ipsum quondam sacerdotem audivisse, qui „in nomine patria et filia ..." baptizaret (taufen). 5. Itaque ludos novos condidit et magistros arcessivit, qui sacerdotes linguam Latinam recte docerent.

Vgl. zu Satz 4 V a 2 auf S. 95.

I

Karl der Große und die Bildung

Das Interesse an Gelehrsamkeit und Bildung entdeckte Karl der Große wohl schon in seiner Jugend. Latein soll er fließend gesprochen und Griechisch verstanden haben; nur mit dem Lesen und Schreiben, das er erst im Erwachsenenalter lernte, tat er sich schwer. Karl machte seinen Hof zum geistigen Zentrum des Reichs und holte Gelehrte aus allen Teilen Europas. Gemeinsam stießen sie ein großes Reformprogramm an, zu dessen Grundlage die „Sieben freien Künste" (Septem artēs līberālēs) gehörten (vgl. V b).

Kaiser Karl für Latein

T

Karl der Große war der Überzeugung, dass sein Reich nur durch bessere Bildung erfolgreich bleiben könne. Deshalb engagierte er 781 für sein großes Reformprogramm auch den gebildeten Alkuin (Albīnus) aus dem britischen York. Der folgende (erfundene) Brief zeigt Karls Einsatz für die Bildung.

Carolus Albino suo salutem dicit.
Ita fac, mi Albine, et perge, ut consuevisti, litteras auctorum veterum colligere. Non solum servanda sunt carmina Catulli[1] – certe novisti illud carmen divinum, quod incipit his verbis: „Odi et amo". Etiam multa alia opera colligenda sunt, quae sint utilia hominibus. Memini sermonum nostrorum, quibus questus es de eis, qui fructus litterarum neglegant. Memini te dixisse vitam sine litteris mortem vivam esse. Quis est, qui dubitet, quin verba tua vera sint? Unusquisque nostrum idem de litteris cogitat quod tu.

At sunt profecto, qui universas artes antiquas parvi aestiment[2]. Sive imagines deorum sive simulacra virorum fortium laudas: Isti omnia vetera neglegunt, quippe qui religionem Christianam colant. – Utinam eam colerent! Nam profecto religio Christiana idonea est, quae homines servet; digna igitur est, quae colatur. At qui coli potest deus, si sunt sacerdotes, qui non „in nomine patris et filii ...", sed „in nomine patria et filia ..." homines baptizent[3]?
Fac ergo, mi Albine, ut coepisti: Collige libros, quibus bibliothecam novam complere possim. Vale!

[1] Catullus: vgl. EV

[2] parvī aestimāre verachten

[3] baptizāre taufen

Karolingische Initialen aus einem Evangeliar im Kloster Weingarten. 9. Jh.

a 1. Formuliere für die beiden Teile von **T** (Z. 1–9, 10–21) geeignete Überschriften.
2. Erkläre, worin der Fehler in der zitierten Taufformel (Z. 18) besteht, die angeblich von einem bayerischen Priester zu hören war.

b 1. Recherchiert, welche wichtigen Punkte die karolingische Bildungsreform umfasste und präsentiert diese in der Klasse. 2. Nutzt das Internet und benennt die Septem artēs līberālēs. Beschreibt kurz die Inhalte dieser artēs und gebt die Parallelen an, die ihr zwischen diesen Wissenschaften und dem Kanon eurer Schulfächer erkennt.

V

c 1. Erkläre anhand der Abbildung, dass sich die in **T** ausgedrückte Liebe zur Literatur auch in der Gestaltung ausdrückte. 2. Recherchiere, was man unter einer karolingischen Minuskel versteht und wodurch diese charakterisiert ist.

d Erstelle eine Liste mit allen Konjunktiven in **T** und erkläre deren Funktion. Nutze dazu auch 78 **S** und 95 **S2**.

E

Hauptsatz	Nebensatz 1	Nebensatz 2
Auctores antiqui **multa** docent,	**quae** ad ***homines*** pertinent,	***qui*** nunc vivunt.
	Relativsatz: Attribut zu multa	**Relativsatz:** Attribut zu homines

Hauptsatz	Nebensatz 1	
	Ut bene iudicemus,	**finaler Gliedsatz:** Adverbiale zu necesse est
necesse est → *nos scire,*		
AcI: *Subjekt zu* necesse est	quid maiores cogitaverint.	**indirekter Fragesatz:** Objekt zu scire

Lerncampus **Ü**

1. Alle analysieren zwei Sätze von **Ü c** nach dem Modell von **E** (schriftlich). Schnelle analysieren einen weiteren Satz von **Ü c** und stellen das Ergebnis dann der Klasse vor.
2. Alle erarbeiten **Ü b**, soweit sie in vier Minuten kommen; anschließend werden die Ergebnisse in der Klasse verglichen.

Ü

a Übersetze Schritt für Schritt und beschreibe, welche Ergänzung der Satz jeweils erfährt:

1. Auctores antiqui nos monent. 2. Auctores antiqui nos monent, ut philosophos sequamur. 3. Auctores antiqui nos monent, ut philosophos sequamur, qui nos docent. 4. Auctores antiqui nos monent, ut philosophos sequamur, qui nos docent, quo modo vitam beatam agamus.

b Ordnet in Partnerarbeit die Satzbausteine so an, dass sinnvolle Sätze entstehen:

1. etsi maiores praecipiunt | non semper parere debemus | quid faciendum sit

2. quae maiores dant | ut consilia usui non sint | fieri potest

3. certe necesse est | si res falsas docent | maiores reprehendere

c Ohne Vergangenheit keine Zukunft. Übersetze:

1. Homines errant, si putant se, quia nunc vivunt, tempora antiqua neglegere posse. 2. Si res, quas maiores gesserunt, neglegunt, facile fieri potest, ut errores (Fehler) eorum repetant. 3. Hoc modo non solum hominibus, qui nunc vivunt, perniciei sunt, sed etiam iis, qui nondum vivunt. 4. Verum est illud dictum viri sapientis, quo omnes accusat, qui tempora antiqua rideant: 5. „Qui ad maiores non respiciunt, ii non spectant ad posteros."

Was verdanken wir der Antike?

T

Johannes von Salisbury (um 1115–1180) galt als der Cicero des hohen Mittelalters. Kaum ein anderer Autor war in der antiken Literatur so bewandert wie er. In seiner Schrift *Metalogicon* stellt er dar, warum es sich immer wieder lohnt, die Schriften der antiken Autoren zu studieren. Hier vertritt er seine Meinung im Streitgespräch mit einem Schüler:

IOHANNES: Constat nos egregiis auctoribus aetatum superiorum gratiam debere.

DISCIPULUS: Plerumque verba eorum nobis minime utilia sunt. Cui enim nunc usui sunt ea, quae Aristoteles, Plato, Cicero et alii auctores antiqui docuerunt?

IOHANNES: Illos ut parentes nobis colendos esse censeo, cum ab eis docti et instituti vim et auctoritatem verborum didicerimus.

DISCIPULUS: Qualem vim verba pristinorum temporum habent? Maximam vim talia verba afferunt, quae vitam multo meliorem faciant.

IOHANNES: Id ipsum verba auctorum antiquorum efficiunt! Nam his verbis cognitis unus homo brevi id impetrare potest, in quo antea plurimi multum temporis consumpserunt. Nos operibus aetatum superiorum, quibus succedimus, utimur, ut viribus et labore maiorum nixi plura noverimus quam illi.

DISCIPULUS: Num putas nos plura novisse quam illos, praesertim cum illos gigantes[1], nos autem nanos[2] ducas?

IOHANNES: Nos nani sumus in umeris gigantum sedentes. Ita plura cognoscere possumus – neque tamen virtute oculorum neque magnitudine corporum nostrorum. Sed quanto altius tollimur ingenti magnitudine illorum gigantum, tanto acrius et melius prospicere possumus.

[1] gigās, gigantis *m* der Riese

[2] nānus der Zwerg

Das linke Gewände des Fürstenportals am Bamberger Dom: Die Apostel stehen auf den Schultern der alttestamentlichen Propheten.

*Vergleiche die Darstellung der Propheten und Apostel mit der Aussageabsicht von **T**: Erkläre, was beide Darstellungen (Bild und Text) gleichermaßen ausdrücken wollen.*

V

a 1. Fertige Satzanalysen für mehrere Sätze beider Sprecher an. Vergleiche die Sätze der beiden Sprecher: Wie lassen sich die Unterschiede erklären? 2. Erschließe die Aussageabsicht, die Johannes von Salisbury mit dem „Zwerge-Riesen-Vergleich" verfolgt. Stimmst du ihm zu? Berücksichtige das, was du über die kulturellen Leistungen der Antike weißt.

b Entwickelt in Kleingruppen selbst ein Bild oder einen Vergleich, um euer Verhältnis zur Antike zu verdeutlichen.

97

E

Der Astronom Nikolaus Kopernikus (vgl. **I**) zweifelt im 16. Jh. am überlieferten Weltbild:

1. „Gaudeo, cum caelum tueor. Heri maxime gavisus sum, quod aliquid novi vidi.
2. Maiores nostros sequi solemus. Illi quoque maiores suos sequi soliti sunt.
3. Sed ego maioribus non iam confido. Pauci antea iis confisi non sunt.
4. Equidem id cogitare audeo, quod nemo cogitare ausus est.
5. Ad falsa non revertor; hoc numquam feci: Numquam ad falsa reverti.
6. Solem circum terram moveri dicimus. Sol circum terram moveri dicitur.
7. Sol oriri et occidere putatur.
8. Terra medio in caelo stare videtur. Sed erramus."

Lerncampus **Ü**

Übe die Semideponentien anhand von **Ü b** und den NcI anhand von **Ü d**. Wähle dann: **Ü a** unterstützt die Formenkenntnis, **Ü c** übt den NcI.

Ü

a Bilde die jeweils geforderte Tempusform. Übersetze beide Formen.

1. gaudent → Perf. 2. solitus es → Impf. 3. confidis → Plusqpf. 4. ausi sumus → Präs. 5. auderem → Plusqpf. 6. gavisae estis → Impf. 7. solemus → Perf.

b Sonnenfinsternis. Übersetze und bestimme die Formen von revertī:

1. Quando sol revertetur? 2. Nescio, quando revertatur. 3. Mox revertatur! 4. Utinam iam revertisset! 5. Lucem reverti sentio. 6. Vide! Lux revertitur.

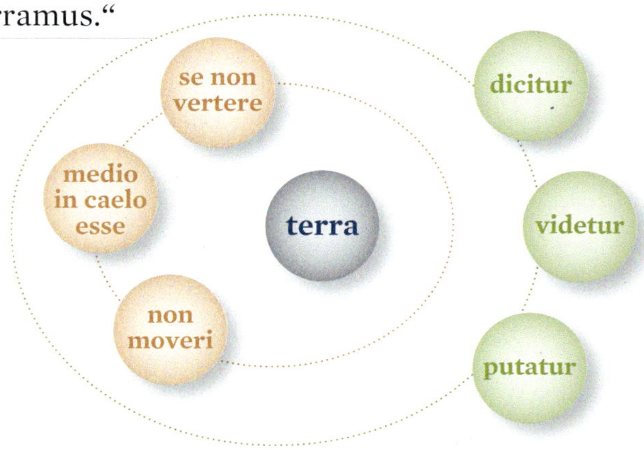

c Das alte Weltbild. Kombiniere die Planeten so, dass mindestens drei Sätze mit NcI entstehen. Übersetze dann.

d Rätsel. Übersetze:

1. Nocte ineunte illud oriri dicitur. 2. Iterum atque iterum mori et nasci videtur. 3. Antiquis temporibus homines illud ut deum verebantur. 4. Cum corpus eius plenum est, homines turbari putantur.

I

Nikolaus Kopernikus

Nikolaus Kopernikus (1473–1543) begann seine Ausbildung 1491 an der Universität Krakau in den Sieben freien Künsten (vgl. 95 **I**), darunter Astronomie. 1496 setzte er die Studien an italienischen Universitäten fort, bevor er nach Frauenburg (Ostpreußen) kam. In seinem Hauptwerk *Dē revolūtiōnibus orbium caelestium librī VI* (Sechs Bücher über die Umlaufbahnen der Himmelskörper) wagte er die Behauptung, dass die Sonne im Mittelpunkt des Universums stehe und die Erde – wie auch alle anderen Planeten – sich um sie drehe. Diese Ansicht war zwar schon in der Antike vertreten worden, im Jahre 1543 jedoch, als das Buch kurz nach seinem Tod veröffentlicht wurde, war eine derartige Auffassung unerhört. Es wurde 1616 vom Papst verboten und erst 1835 von der Liste der verbotenen Bücher gestrichen.

Wir sind nicht der Mittelpunkt des Universums

T

Quamquam multa quaerere audeo, numquam ausus sum quaerere, utrum totus mundus[1] finem habeat an non. Nam philosophis ea permittere solitus sum, quae ceteri homines ratione confisi cognoscere non possunt. Crebro autem revertor ad eas res perspiciendas, in quibus animus meus iam diu occupatus sit: Quae est forma terrae? Num mundus ingens circum terram stantem motu perpetuo vertitur? Cur stellae moventur?

Mihi primum persuasum est terram globosam[2] esse. Contendo deinde terram neque medio in mundo stare neque quiescere, sed quadam celeritate moveri. Nam terra minima et mundus infinitus[3] esse vulgo dicitur. Quomodo igitur terra minima quiescere potest, cum infinitus mundus circum illam minimam vertatur? Sed id, quod oculis videmus, aliud est. Nam nobis terra quiescere mundusque moveri videtur. Maxime gavisus sum, cum eius rei causam repperissem: Finge currum urbem aut navem portum relinquentem! Constat et currum et navem se movere. Sed nautis cuncta, quae extra navem sunt, moveri videntur, cum ipsi se quiescere putent.

[1] mundus *hier:* das Weltall, das Universum

[2] globōsus rund, kugelförmig

[3] īnfīnītus unbegrenzt

Die Durchbrechung des mittelalterlichen Weltbildes. Französischer Holzschnitt im Stil des 16. Jhs. Paris 1888.

Erkläre die Aussageabsicht der Illustration vor dem Hintergrund von **T**.

V

a 1. Erschließe aus dem ersten Abschnitt (Z. 1–7), wie Kopernikus seine Forschung einordnet und bewertet. Ziehe dazu auch die Abbildung heran. 2. Beschreibe mit eigenen Worten den Inhalt des „Schiffsbeispiels“ (Z. 17ff.). 3. Erkläre, was man heute unter einer „kopernikanischen Wende“ versteht.

b Vergleiche unter dem Aspekt „Renaissance“ das Ergebnis der Aufgabe C auf S. 55 mit dem Grundwissen zum Renaissance-Humanismus (S. 93) und den Inhalten von 97 **T**. Nutze dazu auch deine Kenntnisse aus dem Kunstunterricht.

c Erschließe aus **T** die unterschiedliche Bedeutung von terra und mundus bei Kopernikus und belege dein Ergebnis.

I

Friedrich Schiller – Latein in der Neuzeit

Friedrich Schiller (1759–1805), neben Johann Wolfgang von Goethe (1749–1832) der bedeutendste Dichter der deutschen Klassik, besuchte die sog. Lateinschule, seit dem Mittelalter eine Art höhere Schule und Vorläufer des Gymnasiums. Latein war das mit Abstand wichtigste Fach, das Niveau entsprechend hoch: Die Schüler übersetzten Texte aus dem Lateinischen ins Deutsche und umgekehrt, verfassten lateinische Dialoge und spielten Theater auf Latein, um ihre lateinische Ausdrucksfähigkeit zu erhöhen. Friedrich Schiller war zeitweilig der beste Lateiner der Schule und nahm oft an den Landesprüfungen in Stuttgart teil, wo er stets die Auszeichnung puer bonae speī (ein hoffnungsvoller Junge) erhielt. Von Vergils Epos *Äneis* war der junge Friedrich Schiller so angetan, dass er später Teilübersetzungen als Vorarbeiten für seine eigenen epischen Versuche anfertigte. Die frühe Begegnung mit antiker Literatur war für Schillers literarische Aktivitäten von entscheidender Bedeutung.

Bitte um Ferien

T

Friedrich Schiller kam schon mit sieben Jahren an die Lateinschule in Ludwigsburg, da er Geistlicher werden sollte. Und schon zu Schillers Zeit warteten am Ende des Schuljahres die Schüler sehnsüchtig auf die Ferien (fēriae, ārum).

Etiam pristinis saeculis aestas vires discipulorum consumere solebat: Alter ad sedem parentum reverti cupiebat, alter ex aestu urbis egredi umbramque arborum petere praeferebat. Prorsus – ut hodie – nemo fere in schola[1] manere volebat. Pueri – puellis enim gymnasia[2] adire non licebat – discendo adeo fessi[3] erant, ut feriis tandem frui cuperent. Talia autem non cogitabat Fridericus Schillerius.

Ille Fridericus adulescens supremis diebus anni scholastici[4] questus non est se tam diu discere debuisse. Immo versibus Latinis quasi perfectis gratiam habuit rectori[5] gymnasii sui, qui sibi suisque amicis ferias concederat.

Quis hodie talia faciat? E vobis quaero, utrum talem discipulum miremini an rideatis.

[1] schola die Schule
[2] gymnasium: vgl. Fw.
[3] fessus müde
[4] annus scholasticus das Schuljahr
[5] rēctor, ōris: vgl. Fw.

Friedrich Schiller hat sein Dankschreiben an den Rektor 1771 im Alter von zwölf Jahren in lateinischen Versen verfasst.

V

a Stelle aus **T** die Bedürfnisse der Schüler am Schuljahresende zusammen, vergleiche sie mit deinen Wünschen und nimm zum Verhalten des jungen Schiller Stellung.

b „In tyrannos!“ So lautet das Motto von Friedrich Schiller in seinem Drama „Die Räuber“. Stellt Beispiele aus euren drei Lateinbüchern zusammen, wo einzelne Menschen oder Gruppen nach diesem Motto gehandelt haben.

XXXIII *Kompakt*

Ü

Hymnus Latinus Europae

Die Europäische Union hat zwar eine gemeinsame Hymne, doch besaß sie bis vor wenigen Jahren keinen Text. Die bekannte Melodie wurde von Ludwig van Beethoven (1770–1827) komponiert und wird bei vielen offiziellen Anlässen gespielt. Die der Hymne zugrunde liegende Ode „An die Freude" wurde von Friedrich Schiller 1785 in Dresden gedichtet. Nachdem 2007 die 27 Mitgliedstaaten den sog. „Vertrag von Lissabon" geschlossen hatten, verfasste der Wiener Musiker und Latinist Peter Roland den folgenden lateinischen Text zur Melodie Beethovens und nannte das Ganze „Hymnus Latinus Europae":

1. Est Europa nunc unita[1],
et unita maneat!
Una in diversitate[2]
pacem mundi augeat!

2. Semper regant in Europa
fides et iustitia
et libertas populorum
in maiore patria!

3. Cives, floreat[3] Europa!
Opus magnum vocat vos!
Stellae signa sunt in caelo
aureae, quae iungant vos!

[1] ūnīre vereinen [2] dīversitās, ātis *f* die Verschiedenheit [3] flōrēre blühen

1. Übersetzt arbeitsteilig in Gruppen jeweils eine der Strophen. Achtet dabei auf die Konjunktive. 2. Tragt die Strophen zuerst ohne Melodie vor. Versucht sie dann gemeinsam zu singen. 3. Diskutiert, warum der Dichter als Sprache der europäischen Hymne Latein gewählt hat. 4. Noch gibt es keinen gemeinsamen Text für die Europahymne. Entwerft einen Brief an Europaabgeordnete und schlagt darin vor, der lateinische Text solle als gemeinsamer Hymnen-Text für alle Staaten der Europäischen Union bestimmt werden. 5. Der finnische EU-Ratspräsident 2001 machte den Vorschlag, Latein als Amtssprache in der EU einzuführen. Diskutiert, ob euch die Umsetzung eines solchen Vorschlags realistisch erscheint.

Latein schlägt Brücken

Vom Petersplatz im Vatikan ...

DIVO CAESARI DIVI IULII F(ilio) AUGUSTO
T(iberio) CAESARI DIVI AUGUSTI F(ilio)
AUGUSTO SACRUM[1]

im Westen und Osten am Fuß des Obelisken

SIXTUS V PONT(ifex) MAX(imus)
OBELISCUM VATICANUM
DIS[2] GENTIUM
IMPIO CULTU DICATUM[3]
AD APOSTOLORUM LIMINA[4]
OPEROSO[5] LABORE TRANSTULIT
ANNO MDLXXXVI PONT(ificatus) II

im Süden am Fuß des Obelisken

SIXTUS V PONT(ifex) MAX(imus)
CRUCI INVICTAE[6]
OBELISCUM VATICANUM
AB IMPURA SUPERSTITIONE[7]
EXPIATUM[8] IUSTIUS
ET FELICIUS CONSECRAVIT[9]
ANNO MDLXXXVI PONT(ificatus) II

im Norden am Fuß des Obelisken

[1] sacrum *hier:* geweiht

[2] dīs = deīs

[3] dicātum *hier:* geweiht

[4] līmina *n Pl.* *hier:* die Kirche

[5] operōsus mühevoll

[6] invictus unbesiegbar, unbesiegt

[7] superstitiō, ōnis der Aberglaube

[8] expiātum *hier:* entsühnt, befreit

[9] cōnsecrāre weihen

Obelisk

Den mächtigen Obelisken, der heute auf dem Petersplatz steht, hatte Kaiser Caligula (37–41 n. Chr.) auf einem eigens dafür konstruierten Schiff von Alexandria nach Rom bringen lassen. Dort stellte er ihn in seinem im Bereich des Vatikans liegenden Circus auf. 1586 ließ Papst Sixtus V. den mittlerweile umgestürzten Obelisken unter gewaltigem Aufwand – für den Transport des mehr als 300 Tonnen schweren Steins wurden 900 Männer und 150 Pferde gebraucht – an seinen heutigen Standort bringen und dort mithilfe von 47 Seilwinden wiederaufrichten.

a Erschließe mithilfe der Sachinformation und der Inschriften die Geschichte des Obelisken.

b Recherchiere zu Papst Sixtus V. und erkläre, welchen Beitrag zur Erhaltung der antiken Kultur der Stadt er leistete.

… über die Engelsburg in Rom …

In den Medaillons in den vier Ecken des Deckengewölbes der Sala Paolina in der Engelsburg:

FESTINA[1] LENTE[2]

[1] festināre eilen

[2] lentus langsam

Über den Statuen der Kardinaltugenden an den Seiten:

SIT MODUS IN REBUS

ANTE CONSULAS POST AGAS

MANUS FORTIUM DOMINABITUR[3]

DISCITE IUSTITIA MONITI

[3] dominārī herrschen

a Recherchiert in Gruppen: a) zur antiken Geschichte der Engelsburg, b) zum Namen der Engelsburg, c) zur Bedeutung der Engelsburg in Mittelalter und Neuzeit, d) zur Sala Paolina. Stellt dann eure Ergebnisse in kurzen digitalen Präsentationen vor.

b Erschließt in Partnerarbeit eine treffende Übersetzung für FESTINA LENTE und begründet, warum dieser Kaiser Augustus zugeschriebene Leitspruch auch für heutige Politiker / Menschen ratsam ist.

c Ordnet die vier Inschriften den Kardinaltugenden Klugheit, Mäßigung, Gerechtigkeit und Tapferkeit zu. Erklärt dann, warum die Klugheit mit einer Schlange (s. Abb.) dargestellt wird. Erschließt dann mögliche Darstellungen für die anderen Kardinaltugenden und überprüft eure Ideen anhand von Abbildungen der Kardinaltugenden im Internet.

... und verschiedene Kaiserdenkmäler in Wien ...

Schloss Schönbrunn, Gloriette

erect. = ērēctum errichtet

CIƆ = 1000

IƆ = 500

Kaiserdenkmal Hofburg

Hofburg

adhaerēre *m. Dat.* hängen an etw.

a Die obigen Abbildungen zeigen Ausschnitte aus größeren Baukomplexen. Gestaltet eine Collage, die die gesamten Bauwerke vor Augen stellt.

b Weise an den Inschriften und den Bauwerken antike Bezüge nach.

c Recherchiert arbeitsteilig in Gruppen, an welchen Bauwerken a) in Paris, b) in London, c) in Madrid, d) in St. Petersburg, e) in den USA sich ähnliche Bezüge finden, und findet eine Erklärung dafür. Stellt eure Ergebnisse in Kurzpräsentationen vor.

... zum Marienplatz und Friedensengel nach München

DEO OPT MAX
VIRGINI DEIPARAE[1] BOICAE[2]
DOMINAE BENIGNISSIMAE
PROTECTRICI[3]
POTENTISSIMAE
OB PATRIAM VRBES
EXERCITVS
SE IPSVM DOMUM ET SPES
SVAS
SERVATAS
HOC PERENNE[4]
AD POSTEROS MONVMENTVM
MAXIMILIANVS
COM PAL RHENI[5]
VTR BAV DVX[6]
S R IMP[7]
ARCHIDAP[8] ET ELECTOR[9]
CLIENTVM INFIMVS[10]
GRATVS SVPPLEXQVE[11] P[12]
MDCXXXIIX

[1] deipara
die Mutter Gottes

[2] Boicus
bayerisch

[3] protectrīx, īcis *f*
die Beschützerin

[4] perennis, e
ewig dauernd

[5] com(es) Pal(ātīnus) Rhenī
der Pfalzgraf bei Rhein

[6] utr(īusque) Bav(āriae) dux
der Herzog beider Bayern

[7] s(acrī) R(ōmānī) imp(eriī)
des hl. Röm. Reiches

[8] archidap(es)
der Erztruchsess (oberster Aufseher über die fürstliche Tafel und Vorsteher der kaiserlichen Hofhaltung)

[9] ēlēctor
der Kurfürst

[10] īnfimus
der niedrigste

[11] supplex
demütig

[12] p(osuit)

a Ermittelt in Gruppen aus der Inschrift, wer die Mariensäule wann und aus welchem Anlass in München errichten ließ.

b Untersucht in Partnerarbeit, ob die Mariensäule Bezug auf die antike römische Tradition nimmt.

c Vergleicht in Gruppen den sog. Friedensengel in München mit der Mariensäule. Geht dabei vor allem auf seinen Bildschmuck ein und recherchiert, wo in München dasselbe Motiv aufgegriffen wurde. Unternehmt eine Exkursion nach München und präsentiert eure Ergebnisse vor Ort.

Hinweise zur Konzeption und zur Arbeit mit dem Wortschatz- und Grammatikteil

Der Wortschatz- und Grammatikteil enthält – übersichtlich und lernfreundlich aufbereitet – zu den einzelnen Lektionen die folgenden Bestandteile:

a) Wortschatz (W)

Dieser Teil bietet unter dem Stichwort **„Lernwörter"** alle in der Lektion neu zu lernenden Wörter und Wendungen.

Im **Graudruck** (eingerückt) stehen Wendungen, die als Lernhilfen zur Verdeutlichung grammatischer Eigenschaften und Bedeutungen dienen (z.B. ad basilicam properare beim Erstvorkommen der Präposition ad oder populis imperare beim Erstvorkommen von imperare).
Im **Graudruck** (bündig) erscheinen Wörter, die bereits gelernt sind und beim Nachtrag einzelner Formen oder Bedeutungen noch einmal angeführt werden (z.B. scribere, scribo bei der Einführung von scripsi), sowie weniger wichtige Eigennamen.

Als Zusatzangebot erscheinen **„Wiederholungswörter"**, d.h. in T verwendete Vokabeln, deren Erlernen bereits einige Lektionen zurückliegt und die gezielt aufgefrischt werden sollten, bevor der jeweilige Lektionstext übersetzt wird.

Diese anwendungsbezogene Wortschatzarbeit ermöglicht unmittelbare Erfolgserlebnisse; so wird eine Strategie angebahnt, die in den Lektüreunterricht mündet: das selbstständige Ermitteln und Schließen individueller Wortschatzlücken durch Herausschreiben, Wiederholen und Üben „vergessener" Vokabeln.

Methodische Möglichkeiten der **Wortschatzarbeit**:

- vor der Lektüre von T:
  Wiederholung des bekannten Wortschatzes mit Hilfe der **Wiederholungswörter**, ggf. individuelles Ermitteln und Üben weiterer „vergessener" Wörter aus T
- ggf. vor der Lektüre von T:
  Erarbeitung der Vokabeln, die den neuen Grammatikstoff repräsentieren (**Blaudruck**), bei dessen Einführung in E und Ü
- vor der Lektüre von T:
  Besprechung der **Lernwörter** nach wortkundlichen Prinzipien (z.B. etymologische Bezüge, Wort- und Sachfelder, syntaktische Eigenschaften, Minikontexte, Kulturwortschatz, moderne Fremdsprachen) oder
- während der Lektüre von T (in der Regel in zwei „Portionen"):
  situative Erarbeitung des neuen Wortschatzes
- nach der Lektüre von T:
  Vertiefung, Einübung und ggf. Systematisierung des Wortschatzes mittels geeigneter V-Übungen und Übungen der *Kompakt*-Lektionen

b) Grammatik

Die grammatischen Erläuterungen sind einheitlich gegliedert nach Formenlehre (**F**) und Satzlehre (und / oder Semantik) (**S**).

Die Darbietung ist konsequent auf das für den Schüler Wichtige beschränkt, wobei Leseverstehen und Sprachreflexion als Hauptziele des Sprachunterrichts Auswahl und Umfang bestimmen.

Die sprachlichen Phänomene der Formenlehre werden in übersichtlichen Tabellen vorgeführt, die Stoffe der Satzlehre zumeist in induktiver Weise an Beispielsätzen erläutert. Diese Beispielsätze enthalten – soweit es der Stoff erlaubt – keine neuen Vokabeln, sodass die Grammatik vor der Behandlung des Lektionstextes besprochen werden kann.

c) Methodentraining (M)

Diese Teile schulen mit konkreten und praxisbezogenen Tipps reflektiertes und ökonomisches Lernen und Arbeiten. Sie zielen auf fachspezifische Methoden (z.B. Auflösen satzwertiger Konstruktionen) ebenso ab wie auf überfachliche Kompetenzen (z.B. individuelle Lernstrategien, Lernplanung, Methoden der Texterschließung).

Der Wortschatz- und Grammatikteil – auf einen Blick

in T enthaltene **bekannte Wörter**, die hier aufgefrischt werden können

neu zu lernende Wörter und Wendungen in der Reihenfolge von T

Graudruck (eingerückt): Wendungen zur Verdeutlichung grammatischer Eigenschaften und Bedeutungen

Graudruck (bündig): Wörter, zu denen Formen oder Bedeutungen nachgetragen werden

Lern- und Merkhilfen

75

W Wiederholungswörter

hūmānitās, hūmānitātis *f*	die Menschlichkeit, die Menschenfreundlichkeit; die Bildung	virtūs, virtūtis *f*	die Tapferkeit, die Tüchtigkeit, die Leistung; die Tugend
vērus, a, um	echt, richtig, wahr	impius, a, um	gottlos, gewissenlos

Lernwörter

Sōcratēs, Sōcratis *m*	Sokrates *(griech. Philosoph, 469–399 v. Chr.)*	
philosophus	der Philosoph	*e. philosopher, f. philosophe*
neque tamen	freilich nicht, jedoch nicht	
compōnere, compōnō, composuī, compositum	verfassen, ordnen, schlichten; vergleichen	*pōnere, komponieren, Kompost, Kompositum, e. compose*
sermō, sermōnis *m*	das Gespräch, die Sprache, das Gerede	*i. sermone, s. sermón*
libet, libuit	es gefällt	
aequus, a, um	eben, gleich, gerecht	*Äquator, äquivalent*
inīquus, a, um	ungerecht, ungleich	*aequus, f. inique*
callidus, a, um	schlau, geschickt	
dīvīnus, a, um	göttlich	*deus, e. divine, i. divino*
rēfert *(m. Gen.)*	es ist wichtig (für jdn.)	*rēs, ferre*
omnium rēfert	es ist für alle wichtig	
meā rēfert / meā interest	es ist wichtig für mich	
corrumpere, corrumpō, corrūpī, corruptum	bestechen, verderben, verleiten	*Korruption, e. corrupt, f. corrompre*
cōgere, cōgo, coēgī, **coāctum**	(ver)sammeln; zwingen	

119

75

Adverbbildung

Es gibt Wörter, die nur als Adverbien vorkommen (z.B. nunc, saepe) sowie Adverbien, die von Adjektiven gebildet werden.

Adverbien zu Adjektiven werden gebildet, indem die folgenden Endungen an den Wortstamm angefügt werden:

praeclār-**ē**	großartig	→ bei Adjektiven der a- und o-Deklination **-ē**,
celer-**iter**	schnell	→ bei Adjektiven der 3. Deklination **-iter**.
vehement-**er**	heftig	→ Endet der Wortstamm des Adjektivs auf -nt, wird nur **-er** angefügt.

Bei manchen Adjektiven der 3. Deklination ist der Wortstamm, mit dem die Adverbien gebildet werden, nicht am Nom. Sg., sondern am Gen. Sg. des Adjektivs zu erkennen, z.B. acr-iter zu acer, felic-iter zu felix.

F — **Formenlehre (F) und / oder Satzlehre (S)** — S

Adverb als Adverbiale

equus *celer*	Equus *celer* est.	Equus **celeriter** currit.
das *schnelle* Pferd	Das Pferd ist *schnell*.	Das Pferd läuft **schnell**.

Während das Adjektiv als Attribut oder Prädikatsnomen ein Substantiv näher bestimmt, informiert das Adverb über die näheren Umstände des Verbalinhalts (Ad-verb).

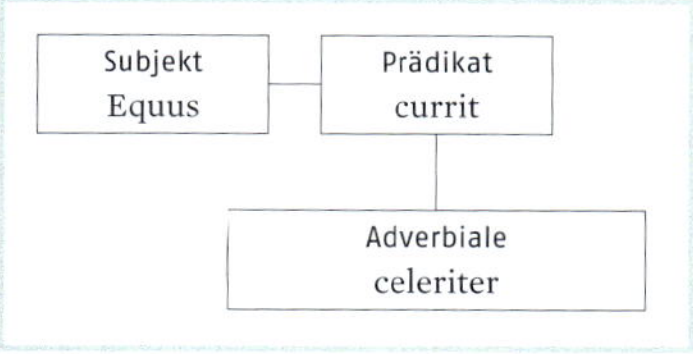

Adverbien haben die Satzgliedfunktion des Adverbiales. Sie sind keine notwendigen Bestandteile des Satzes.
Von Adjektiven abgeleitete Adverbien geben gewöhnlich an, wie etwas geschieht. Wir fragen **„auf welche Art und Weise?"**.
Andere Adverbien können – wie ein Gliedsatz oder ein Präpositionalausdruck – Aufschluss über Ort, Zeit oder Grund eines Geschehens geben.

120

Auf den Grammatikseiten ist die Behandlung der Lernwörter, der Formenlehre (F) und der Satzlehre (S) obligatorisch. Die anderen Elemente – hier grün unterlegt – stellen ein Angebot dar, aus dem die Lehrkraft eine Auswahl nach entsprechenden methodischen und didaktischen Kriterien treffen wird.

71

W Wiederholungswörter

quaerere, quaerō, quaesīvī, quaesītum	erwerben wollen, suchen, fragen	latēre, lateō	verborgen sein
		commūnis, e	gemeinsam, allgemein

Lernwörter

Thalēs, Thalis *m*	Thales *(griech. Philosoph, um 600 v. Chr.)*	
doctus, a, um	gelehrt, gebildet	*docēre*
aliquis, aliquid *subst.*	(irgend)jemand	*alius; quis, quid*
imprīmīs *Adv.*	besonders, vor allem	*in, prīmus*
cupidus, a, um *(m. Gen.)*	(be)gierig (nach)	*cupere, i. cupido*
cupidus pecūniae	gierig nach Geld, geldgierig	
cōnstāre, cōnstō, cōnstitī ex *m. Abl.*	bestehen aus	*stāre, i. constare, s. costar, f. coûter*
Ōrātiō ē complūribus partibus cōnstat.	Eine Rede besteht aus mehreren Teilen.	
aliquī, aliqua, aliquod *adj.*	(irgend)ein	*alius; quī, quae, quod*
nec / neque	und nicht, auch nicht	
cāsus, cāsūs *m*	der Fall, der Zufall	*cadere, Kasus, e. case, s. caso*
cāsus cīvitātis	der Untergang des Staates	
cāsū ēvenīre	sich zufällig ereignen	
opīniō, opīniōnis *f*	die Meinung, der (gute) Ruf	*e./f. opinion, s. opinión*
mōtus, mōtūs *m*	die Bewegung	*movēre, Motor, Motiv, e. motion*
quondam *Adv.*	einmal, einst; manchmal	
sīdus, sīderis *n*	der Stern, das Sternbild	
sapere, sapiō, sapīvī	Verstand haben, Geschmack haben	*sapiēns, f. savoir, s. saber*
miscēre, misceō, miscuī, mixtum	mischen, verwirren, durcheinanderbringen	*mixen, Mixtur, Mixer*
merīdiēs, merīdiēī *m*	der Mittag; der Süden	*i. meridione*
cernere, cernō	sehen, bemerken	
cursus, cursūs *m*	der Lauf	*currere, Kurs, Diskurs, s./p. curso*
nocturnus, a, um	nächtlich	*nox, Nocturne, i. notturno*

Indefinitpronomen (ali)quis

→ **substantivisch**

aliquis	*aliquid*
irgendjemand	irgendetwas

	m	*f*	*n*
Nominativ	aliquis	aliquis	aliquid
Genitiv	alicuius	alicuius	alicuius reī
Dativ	alicui	alicui	alicui reī
Akkusativ	aliquem	aliquem	aliquid
Ablativ	aliquō	aliquō	aliquā rē

→ **adjektivisch**

aliqui vir	*aliqua* femina
irgendein Mann	*irgendeine* Frau

Wird das Indefinitpronomen (unbestimmtes Fürwort) adjektivisch verwendet, so stimmen die Deklinationsformen im Wesentlichen mit denen des Relativpronomens (qui, quae, quod) überein (vgl. 34 F, Bd. 1, S. 232). Eigene Formen gibt es im Nom. Sg. *f* (aliqua) und im Nom. / Akk. Pl. *n* (aliqua).

	Singular			Plural		
	m	*f*	*n*	*m*	*f*	*n*
Nominativ	aliquī	aliqua	aliquod	aliquī	aliquae	aliqua
Genitiv	alicuius	alicuius	alicuius	aliquōrum	aliquārum	aliquōrum
Dativ	alicui	alicui	alicui	aliquibus	aliquibus	aliquibus
Akkusativ	aliquem	aliquam	aliquod	aliquōs	aliquās	aliqua
Ablativ	aliquō	aliquā	aliquō	aliquibus	aliquibus	aliquibus

→ **Kurzform**

si *quis*	nisi *quid*
wenn *jemand*	wenn nicht *etwas*

Nach **si, nisi, ne, num, cum** und einigen anderen „kleinen Wörtern“ steht meist die Kurzform ohne das Präfix **ali-**.

72

W Wiederholungswörter

immō *Adv.*	im Gegenteil, ja sogar	trīstis, e	traurig, unfreundlich
ostendere, ostendō, ostendī	zeigen, erklären	potēns, potentis	mächtig, stark
dīvēs, dīvitis	reich	fēlīx, fēlīcis	erfolgreich, glückbringend, glücklich

Lernwörter

Solō, Solōnis *m*	Solon *(athenischer Gesetzgeber)*	
extrā *Präp. m. Akk.*	außerhalb (von)	*ex, i. extra*
Croesus	Krösus *(König von Lydien)*	*e./i. Croesus, s. Creso*
rēgius, a, um	königlich	*regere, rēx, i. regio*
(domus) rēgia	das königliche Haus, der (Königs-)Palast	
recipere, recipiō, recēpī, receptum	zurücknehmen, aufnehmen, wiederbekommen	*capere, Rezept, Rezeption, e. receive, f. recevoir, s. recibir*
ops, opis *f*	die Hilfe, die Kraft; *Pl.* die Macht, die Mittel, der Reichtum	*opulent*
frātrī opem ferre	dem Bruder Hilfe bringen	
magnae opēs	große Macht, großer Reichtum	
rēgnum	die (Königs-)Herrschaft, das Reich	*regere, rēx, rēgius, f. règne*
intereā *Adv.*	inzwischen, unterdessen	*inter, is*
hūmānus, a, um	menschlich; gebildet	*homō, human, e. human, f. humain*
minimus, a, um	der kleinste, der geringste	*minimē, Minimum, minimal*
dīvitiae, dīvitiārum *f Pl.*	der Reichtum	*dīves*
artificium	das Kunstwerk; die Kunstfertigkeit	*ars, facere, Artefakt*
comparāre, comparō	vergleichen	*parāre, Komparativ, e. compare*
āiō *(3. Pers. Sg.* **ait**, *3. Pers. Pl.* **āiunt***)*	behaupte(te) ich, sag(t)e ich	
testis, testis *m/f (Gen. Pl.* **-ium***)*	der Zeuge, die Zeugin	
sēdēs, sēdis *f*	der Platz, der Sitz, der Wohnsitz	*sedēre, i./s. sede*
dēmum *Adv.*	endlich, erst	
fātum	das Schicksal, der Götterspruch	*fatal, e. fate, i. fato, p. fado*
iūdicāre, iūdicō	urteilen, beurteilen	

Adjektive: Steigerung (1)

F

longus, a, um lang / *long*	Neben der Grundstufe der Adjektive (dem **Positiv**) gibt es im Lateinischen wie im Deutschen und Englischen
longior, ius länger / *longer*	→ den **Komparativ** (die Steigerungs- oder Vergleichsstufe). Zur Bildung dieser Formen wird in der Regel **-ior** *(m / f)*, **-ius** *(n)* an den Wortstamm angefügt.
longissimus, a, um der, die, das längste / *longest*	→ den **Superlativ** (die Höchststufe). Zur Bildung dieser Formen wird in der Regel **-issimus, a, um** an den Wortstamm angefügt.

→ Der **Komparativ** wird dekliniert wie die Substantive der 3. Deklination:

	Singular			Plural		
	m	*f*	*n*	*m*	*f*	*n*
Nominativ	longior	longior	longius	longiōr-ēs	longiōr-ēs	longiōr-a
Genitiv	longiōr-is	longiōr-is	longiōr-is	longiōr-um	longiōr-um	longiōr-um
Dativ	longiōr-ī	longiōr-ī	longiōr-ī	longiōr-ibus	longiōr-ibus	longiōr-ibus
Akkusativ	longiōr-em	longiōr-em	longius	longiōr-ēs	longiōr-ēs	longiōr-a
Ablativ	longiōr-e	longiōr-e	longiōr-e	longiōr-ibus	longiōr-ibus	longiōr-ibus

→ Der **Superlativ** wird dekliniert wie die Adjektive der a- / o-Deklination.

Verwendung der Steigerungsformen

S

Solo clar*ior* est. Solon ist *ziemlich* berühmt.	Wird ein Komparativ gebraucht, ohne dass ein Vergleich durchgeführt wird, übersetzt man ihn mit *(all)zu* oder *ziemlich*.
Thales clar*issimus* est. Thales ist *sehr* berühmt / *hoch*berühmt.	Ein Superlativ drückt manchmal nicht den höchsten Grad, sondern nur eine Hervorhebung aus (Elativ). Man übersetzt meist mit einem hervorhebenden Adverb (z.B. *sehr, äußerst*).

73

W Wiederholungswörter

condere, condō condidī, conditum	verwahren, verbergen; erbauen, gründen	comperīre, comperiō, comperī, compertum	(genau) erfahren
igitur *Adv.*	also, folglich	nōndum *Adv.*	noch nicht

Lernwörter

tot *indekl.*	so viele	
tot … quot	so viele … wie (viele)	
domī	zu Hause, daheim *(wo?)*	*domus*
quantus, a, um	wie groß, wie viel	*Quantum*
tantus … quantus	so groß … wie (groß)	
interest *(m. Gen.)* **Omnium interest tē valēre.**	es ist wichtig (für jdn.) Es ist für alle wichtig, dass du gesund bist.	*inter, esse, Interesse*
tālis … quālis	so beschaffen … wie (beschaffen)	
eius modī / eiusmodī	derartig, so beschaffen	
respōnsum	die Antwort, der Bescheid	*respondēre*
tollere, tollō, sustulī, sublātum	aufheben, in die Höhe heben, wegnehmen	
bonō animō esse	guten Mutes sein, zuversichtlich sein	
clādēs, clādis *f (Gen. Pl.* **-ium***)*	die Niederlage, das Unglück, das Unheil	
scrībere, scrībō, scrīpsī, scrīptum	schreiben, beschreiben	
nimis / nimium *Adv.*	(all)zu, (all)zu sehr, im Übermaß	

S1 Korrelativa

Croesus tantas opes habebat quantas nemo.

Krösus hatte *so großen* Reichtum *wie* niemand.

Korrelativa sind Adjektive, Adverbien oder Pronomina, die aufeinander bezogen sind und einen Vergleich ausdrücken.

→ **Beispiele**

tālis ... quālis	so beschaffen ... wie (beschaffen)
tantus ... quantus	so groß ... wie (groß)
tot ... quot	so viele ... wie (viele)
tam ... quam	so ... wie

Genitiv der Beschaffenheit

S2

Der Genitiv kann die Beschaffenheit eines Substantivs bezeichnen (Genitivus qualitatis). Er gehört meist als Attribut zu diesem Substantiv.

res eius modi

eine Sache *von dieser Art*
eine *derartige* Sache

res magni pretii

eine Sache *von großem Wert*
eine *wertvolle* Sache

Manchmal tritt der Genitiv der Beschaffenheit auch als Prädikatsnomen (bei esse) auf.

Rex magni ingenii non erat.

Der König war nicht *von großer Begabung*.
Der König war nicht *sehr begabt*.

Ablativ der Beschaffenheit

S3

Der Ablativ der Beschaffenheit (Ablativus qualitatis) bezeichnet eine Eigenschaft. Bei Formen von esse ist er als Prädikatsnomen aufzufassen und bildet mit der Form von esse das Prädikat.

Solo ingenio acri fuit.

Solon war *von scharfem Verstand*.
Solon hatte *einen scharfen Verstand*.

Manchmal wird ein Ablativ der Beschaffenheit wie der Genitiv der Beschaffenheit auch attributiv verwendet.

vir magno ingenio

ein Mann *von großer Begabung*
ein *sehr begabter Mann*

74

W Wiederholungswörter

celer, celeris, celere	schnell	perdere, perdō, perdidī, perditum	verlieren, verschwenden, zugrunde richten
sīgnum	das Merkmal, das Zeichen; die Statue	certē *Adv.*	gewiss, sicherlich

Lernwörter

salūtem dīcere *(m. Dat.)*	(jdn.) grüßen, begrüßen	*salūs, dīcere*
gaudium	die Freude	*gaudēre, Gaudi*
epistula	der Brief	*i. epistola*
contingere, contingō, contigī, contāctum	berühren; gelingen	*tangere, Kontakt, Kontingent*
spectāculum	das Schauspiel	*spectāre*
māior, māius *(Gen.* **māiōris***)*	größer	*magnus, Major, Majorität, e. major*
optimus, a, um	der beste, sehr gut	*optimal, Optimist, i. ottimo*
poēta, poētae *m*	der Dichter	*Poet, e. poet, f poète, s. poeta*
plūrimī, ae, a	die meisten, sehr viele	*plūs*
cum *Subj. m. Konj.*	als, nachdem; weil; obwohl; während (dagegen)	
minor, minus *(Gen.* **minōris***)*	kleiner, geringer	*Minus, Minorität, i. minore, s. meno*
initium	der Anfang, der Eingang	*inīre, Initiative, Initiale*
prior, prius *(Gen.* **priōris***)*	der erste, der frühere, der vordere	*prīmus, Prior, Priorität*
melior, melius *(Gen.* **meliōris***)*	besser	*i. migliore, s. mejor*
pēior, pēius *(Gen.* **pēiōris***)*	schlechter, schlimmer	*i. peggiore, s. peor*
pessimus, a, um	der schlechteste, der schlimmste	*Pessimismus, i. pessimo, s. pésimo*
sōlācium sōlāciō esse	der Trost, das Trostmittel Trost bringen	
ūnā *Adv.* ūnā cum patre	zugleich, zusammen zusammen mit dem Vater	*ūnus*
cupiditās, cupiditātis *f* *(m. Gen.)*	das (heftige) Verlangen (nach), die Leidenschaft	*cupere, cupidus*

perficere, perficiō, perfēcī, perfectum	erreichen, fertigstellen, vollenden	*per, facere, perfekt, e. perfect, f. parfait*
plūrēs, plūra	mehr	*plūs*

Adjektive: Steigerung (2)

F

Zur Bildung der **Superlativ**-Formen sind die folgenden **Ausnahmen** zu beachten:

miser → miser*rimus* acer → acer*rimus*	Bei den Adjektiven auf **-er** wird der Superlativ mit **-rimus, a, um** gebildet, das an den Nom. Sg. *m* angefügt wird.
facilis → facil*limus*	Einige Adjektive auf **-lis** bilden den Superlativ auf **-limus, a, um**.

Adjektive: Steigerung (3)

Einige häufig gebrauchte Adjektive haben unregelmäßige Steigerungsformen.

magnus, a, um groß	**māior, māius** größer	**maximus, a, um** der größte
parvus, a, um klein	**minor, minus** kleiner	**minimus, a, um** der kleinste
malus, a, um schlecht	**pēior, pēius** schlechter	**pessimus, a, um** der schlechteste
bonus, a, um gut	**melior, melius** besser	**optimus, a, um** der beste
multī, ae, a viele	**plūrēs, plūra** mehr	**plūrimī, ae, a** die meisten

Alle unregelmäßigen Steigerungsformen werden im Wortschatz gelernt.

74

S1 Vergleich mit quam / Ablativ des Vergleichs

Nemo sapientior est *quam Solo.*
Nemo sapientior est *Solone.*

Niemand ist weiser *als Solon.*

Wird der Komparativ in einem Vergleich verwendet, so wird die Person oder die Sache, mit der verglichen wird, mit **quam** („als“) angeschlossen. Anstelle der Konstruktion mit quam kommt auch der **Ablativ des Vergleichs** (Ablativus comparationis) vor.

S2 Gliedsätze als Adverbiale (adversativ)

Hic iuvenis vi corporis vicit, *cum* ille magna arte victoriam pareret.

Dieser junge Mann siegte durch seine Körperkraft, *während* jener den Sieg durch sein großes Geschick errang.

Adversative Adverbialsätze drücken einen **Gegensatz** aus. Sie werden eingeleitet mit cum *(m. Konj.)* in der Bedeutung „während (dagegen)“.

Sprachenvergleich

Lateinisch	**longus**	**longior**	**longissimus**
Deutsch	lang	länger	der längste
Englisch	long	longer	the longest
Französisch	long	plus long	le plus long
Italienisch	lungo	più lungo	il più lungo
Spanisch	largo	más largo	el más largo

„plus“ und „più“ haben sich aus lat. plus entwickelt; „más“ geht auf lat. magis zurück.

Unregelmäßig steigern – vergleiche drei Sprachen:

bonus	**melior**	**optimus**
gut	besser	der beste
good	better	the best
malus	**peior**	**pessimus**
schlecht	schlechter	der schlechteste
bad	worse	the worst
multi	**plures**	**plurimi**
viele	mehr	die meisten
many	more	(the) most

75

Wiederholungswörter

W

hūmānitās, hūmānitātis *f*	die Menschlichkeit, die Menschenfreundlichkeit; die Bildung	virtūs, virtūtis *f*	die Tapferkeit, die Tüchtigkeit, die Leistung; die Tugend
vērus, a, um	echt, richtig, wahr	impius, a, um	gottlos, gewissenlos

Lernwörter

Sōcratēs, Sōcratis *m*	Sokrates *(griech. Philosoph, 469–399 v. Chr.)*	
philosophus	der Philosoph	*e. philosopher, f. philosophe*
neque tamen	freilich nicht, jedoch nicht	
compōnere, compōnō, composuī, compositum	verfassen, ordnen, schlichten; vergleichen	*pōnere, komponieren, Kompost, Kompositum, e. compose*
sermō, sermōnis *m*	das Gespräch, die Sprache, das Gerede	*i. sermone, s. sermón*
libet, libuit	es gefällt	
aequus, a, um	eben, gleich, gerecht	*Äquator, äquivalent*
inīquus, a, um	ungerecht, ungleich	*aequus, f. inique*
callidus, a, um	schlau, geschickt	
dīvīnus, a, um	göttlich	*deus, e. divine, i. divino*
rēfert *(m. Gen.)*	es ist wichtig (für jdn.)	*rēs, ferre*
omnium rēfert	es ist für alle wichtig	
meā rēfert / meā interest	es ist wichtig für mich	
corrumpere, corrumpō, corrūpī, corruptum	bestechen, verderben, verleiten	*Korruption, e. corrupt, f. corrompre*
cōgere, cōgo, coēgī, **coāctum**	(ver)sammeln; zwingen	

F Adverbbildung

Es gibt Wörter, die nur als Adverbien vorkommen (z.B. nunc, saepe) sowie Adverbien, die von Adjektiven gebildet werden.

Adverbien zu Adjektiven werden gebildet, indem die folgenden Endungen an den Wortstamm angefügt werden:

praeclār-**ē**	großartig	→ bei Adjektiven der a- und o-Deklination **-ē**,
celer-**iter**	schnell	→ bei Adjektiven der 3. Deklination **-iter**.
vehement-**er**	heftig	→ Endet der Wortstamm des Adjektivs auf -nt, wird nur **-er** angefügt.

Bei manchen Adjektiven der 3. Deklination ist der Wortstamm, mit dem die Adverbien gebildet werden, nicht am Nom. Sg., sondern am Gen. Sg. des Adjektivs zu erkennen, z.B. acr-iter zu acer, felic-iter zu felix.

S Adverb als Adverbiale

equus *celer* das *schnelle* Pferd	Equus *celer* est. Das Pferd ist *schnell*.	Equus **celeriter** currit. Das Pferd läuft **schnell**.

Während das Adjektiv als Attribut oder Prädikatsnomen ein Substantiv näher bestimmt, informiert das Adverb über die näheren Umstände des Verbalinhalts (Ad-verb).

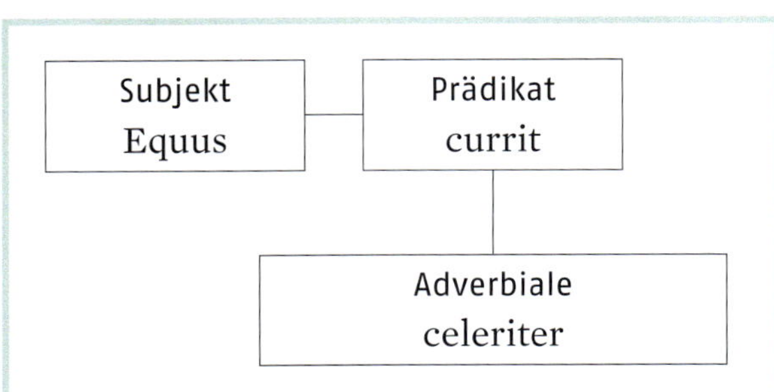

Adverbien haben die Satzgliedfunktion des Adverbiales. Sie sind keine notwendigen Bestandteile des Satzes.
Von Adjektiven abgeleitete Adverbien geben gewöhnlich an, wie etwas geschieht. Wir fragen **„auf welche Art und Weise?"**.
Andere Adverbien können – wie ein Gliedsatz oder ein Präpositionalausdruck – Aufschluss über Ort, Zeit oder Grund eines Geschehens geben.

76

Wiederholungswörter

W

fugere, fugiō, fūgī *m. Akk.*	fliehen (vor), meiden	obicere, obiciō, obiēcī, obiectum	darbieten, vorwerfen
tegere, tegō, tēxī	bedecken, schützen, verbergen	dēcernere, dēcernō, dēcrēvī	beschließen, entscheiden
offerre, offerō, obtulī, oblātum	anbieten, entgegenbringen		

Lernwörter

Mēdēa	Medea *(mythische Zauberin)*	
Iāsōn, Iāsonis *m*	Jason *(Anführer der Argonauten)*	
patrius, a, um	heimisch, väterlich	*pater, patria, i./s. patrio*
dūrus, a, um	hart, hartherzig	*Dur, f. dur, i./s. duro*
impōnere, impōnō, imposuī, impositum	auferlegen, einsetzen	*in, pōnere, imponieren e. impose, f. imposer*
cīvibus lēgem impōnere	den Bürgern ein Gesetz auferlegen	
quisnam?	wer denn?	*quis*
praesidium	der (Wach-)Posten, die Schutztruppe	*Präsidium, Präsident*
peccāre, peccō	sündigen, einen Fehler machen	*i. peccare, s. pecar*
cavēre, caveō, cāvī, cautum *(m. Akk.)*	sich hüten (vor), Vorsorge treffen	*Kaution*
Cavē īram!	Hüte dich vor Zorn!	
Cavē, (nē) cadās!	Hüte dich zu fallen!	
quīdam, quaedam, quiddam *subst.*	ein gewisser, (irgend)einer; *Pl.* einige	*quī*
quīdam, quaedam, quoddam *adj.*	ein gewisser, (irgend)ein; *Pl.* einige	*quī*
causā *(nachgestellt) m. Gen.*	wegen	*causa, h.c. (honoris causa)*
glōriae causā	wegen des Ruhms	
exilium	das Exil, die Verbannung	*e. exile, f. exil, i. esilio, s. exilio*
attingere, attingō, attigī, attāctum	berühren	*ad, tangere, contingere*

F Indefinitpronomen quidam

quīdam *ein gewisser, (irgend)einer*

substantivisch	Singular			Plural		
	m	*f*	*n*	*m*	*f*	*n*
Nominativ	**quī**dam	**quae**dam	**quid**dam	**quī**dam	**quae**dam	**quae**dam
Genitiv	**cuius**dam	**cuius**dam	**cuius**dam	**quōrun**dam	**quārun**dam	**quōrun**dam
Dativ	**cui**dam	**cui**dam	**cui**dam	**quibus**dam	**quibus**dam	**quibus**dam
Akkusativ	**quen**dam	**quan**dam	**quid**dam	**quōs**dam	**quās**dam	**quae**dam
Ablativ	**quō**dam	**quā**dam	**quō**dam	**quibus**dam	**quibus**dam	**quibus**dam

adjektivisch	Singular			Plural		
	m	*f*	*n*	*m*	*f*	*n*
Nominativ	**quī**dam	**quae**dam	**quod**dam	**quī**dam	**quae**dam	**quae**dam
Genitiv	**cuius**dam	**cuius**dam	**cuius**dam	**quōrun**dam	**quārun**dam	**quōrun**dam
Dativ	**cui**dam	**cui**dam	**cui**dam	**quibus**dam	**quibus**dam	**quibus**dam
Akkusativ	**quen**dam	**quan**dam	**quod**dam	**quōs**dam	**quās**dam	**quae**dam
Ablativ	**quō**dam	**quā**dam	**quō**dam	**quibus**dam	**quibus**dam	**quibus**dam

S1 Indefinitpronomen quidam: Verwendung

auctor quidam Graecus

ein (gewisser) griechischer Schriftsteller

auctores quidam Graeci

gewisse / einige griechische Schriftsteller

Mit quidam wird eine Person oder Sache bezeichnet, die der Sprecher nicht genauer benennen kann oder will.

Der Plural von quidam bedeutet meistens *einige*.

ingens quidam timor
eine *geradezu* ungeheuere Angst

sacra quaedam res
eine *sozusagen* heilige Sache

Manchmal dient quidam zur Verstärkung (*geradezu, wirklich*) oder zur Abschwächung (*sozusagen, eine Art von*).

Prohibitiv

S2

Ne clamaveris!	*Ne clamaveritis!*
Noli clamare!	*Nolite* clamare!
Schreie nicht!	Schreit nicht!

nē mit folgendem Konjunktiv Perfekt (2. Pers.) drückt einen verneinten Befehl **(Prohibitiv)** aus. Übersetzt wird immer mit Präsens.
Diese Konstruktion ist bedeutungsgleich mit noli bzw. nolite mit Infinitiv.

Texte erschließen: Bezüge ermitteln

M

Manchmal ist es nicht einfach herauszufinden, auf welches Wort im Text sich eine Form bezieht, also den richtigen grammatischen Bezug zu ermitteln. Das ist besonders bei Pronomina, Partizipien und Adjektiven wichtig, wenn das Bezugswort weiter weg steht oder zu einer anderen Deklinationsklasse gehört.
Überprüfe dazu die folgenden Sätze aus dem Zusammenhang des Mythos um Jason und Medea und ermittle, auf wen oder was sich die hervorgehobenen Wortformen beziehen:

Nemo beatior fuit Iasone. **Cui** enim e Medea uxore duo filii erant.
Sed Iason amore Creusae captus est. Medea amorem non **animadvertente** Iason a Creonte rege Creusam filiam petivit.
Postea Medeae dixit: „Sorte mea **adductus** filiam regis petere debeo."
Tunc Medea: „**Quod** tu facis, homini non licet."

- Das Relativpronomen cui bezieht sich auf Jason (im Satz vorher): Relativer Satzanschluss
- Das PPA animadvertente bezieht sich auf Medea (getrennt stehend): Abl. abs.
- Das PPP adductus bezieht sich auf Iason (aus dem Kontext): PC
- Das Relativpronomen quod bezieht sich auf das Handeln des Jason (aus dem Kontext): Einleitung eines Relativsatzes

a Beachte in den folgenden Lektionstexten bei der deutschen Wiedergabe genau die Bezüge: Ermittle vor allem die Bezugswörter von Partizipien und Adjektiven bzw. wer oder was mit den Pronomina im jeweiligen Kontext gemeint ist.

b Erstellt in Partnerarbeit zu Sätzen, die schwierig für euch waren, digitale Folien, auf denen ihr die Bezüge anschaulich macht: z.B. durch Pfeile und/oder farbige Markierungen. Stellt euch diese Beispiele in der Klasse vor und überprüft eure Veranschaulichung mithilfe eurer Mitschüler.

77

W Wiederholungswörter

scelus, sceleris *n*	das Verbrechen	occīdere, occīdō, occīdī, occīsum	niederschlagen, töten
lītus, lītoris *n*	die Küste, der Strand	perīre, pereō, periī	umkommen, zugrunde gehen
pellere, pellō, pepulī	stoßen, schlagen, (ver)treiben	tālis, e	derartig, ein solcher, so (beschaffen)

Lernwörter

Iphīgenia	Iphigenie *(Tochter des Agamemnon, Schwester des Orest)*	
adulēscēns, adulēscentis *m (Gen. Pl.* **-ium***)*	jung; *Subst.* der junge Mann	*f. adolescent, i./s. adolescente*
cūstōdia	das Gefängnis, die Haft, die Wache	*cūstōs, i. custodia, s. custodia*
pudet, puduit *m. Akk.* **Pudet mē flēre.** **Pudet mē huius facinoris.**	es beschämt (jdn.) Es beschämt mich zu weinen. Ich schäme mich zu weinen. Ich schäme mich wegen dieser Untat.	
Orestēs, Orestis *m*	Orest *(Bruder der Iphigenie)*	
ferus, a, um	wild	
incrēdibilis, e	unglaublich	*crēdere, e. incredible, i. incredibile*
indīgnus, a, um *(m. Abl.)* **honōre indīgnus**	unwürdig *(einer Sache)* der Ehre unwürdig	*dīgnus, f. indigne, s. indigno*
committere, committō, commīsī, commissum **lūdōs committere** **proelium committere**	anvertrauen; veranstalten; zustande bringen Spiele veranstalten, eröffnen eine Schlacht liefern, kämpfen	*mittere, Kommission, Kommissar, e. commit*
sōlus, a, um *(Gen.* **sōlīus***, Dat.* **sōlī***)*	allein, einzig	*sōlum, Solo, Solist, f. seul, i./s. solo*
aedis, aedis *f (Gen. Pl.* **-ium***)*	der Tempel, *Pl.* das Haus	*aedificium, aedificāre*
iungere, iungō, iūnxī, iūnctum	verbinden, vereinigen	*Junktur, Konjunktion, f. joindre*
iūs, iūris *n*	das Recht	*iūdex, iūdicāre, Jura*

Konjunktiv im Hauptsatz: Hortativ, Jussiv

Ein Konjunktiv im Hauptsatz kennzeichnet allgemein den Inhalt des Satzes als möglich, gewünscht oder nicht wirklich.
Die folgenden Konjunktive drücken **Aufforderungen** aus:

→ **Hortativ**

Eamus!	Gaudeamus!
Lasst uns gehen!	Freuen wir uns!

Der **Konjunktiv Präsens** der **1. Person Plural** drückt eine Aufforderung aus, die der Sprecher an eine Gruppe richtet, zu der er selbst gehört.

→ **Jussiv**

Adulescens statim respondeat!

Der junge Mann *soll* sofort antworten!

Der **Konjunktiv Präsens** der **3. Person** drückt eine Aufforderung an Dritte aus.

Beide Konjunktive werden mit **nē** verneint.

Hortativ und Jussiv – gelegentlich im Deutschen:

In einem Kochbuch:

„*Man nehme* sechs Eier ..., dann *rühre man* um!"

Im Gottesdienst:

„*Lasset uns beten!*"

Sprachenvergleich

in-credibilis	**un**-glaublich
in-dignus	**un**-würdig
in-certus	**un**-sicher
in-felix	**un**-glücklich
in-cultus	?
in-doctus	?
in-scius	?
in-utilis	?

aber:

in-transitiv	**in**-stabil
in-diskutabel	**in**-diskret
in-akzeptabel	**in**-tolerant
in-deklinabel	

Versuche, die Verwendung der deutschen Verneinungspräfixe **un**- und **in**- zu erklären.

78

W Wiederholungswörter

valēre, valeō	gesund sein, stark sein, Einfluss haben	cēnsēre, cēnseō, cēnsuī *(m. Akk.)*	meinen, einschätzen; seine Stimme abgeben (für)
comperīre, comperiō, comperī, compertum	(genau) erfahren	damnāre, damnō *(m. Gen.)*	verurteilen (wegen)
crīminī dare	zum Vorwurf machen	neglegere, neglegō, neglēxī	nicht (be)achten, vernachlässigen

Lernwörter

Tiberius	Tiberius *(röm. Kaiser 14–37 n. Chr.)*	
utinam *m. Konj.*	hoffentlich, wenn doch	*ut, nam*
Utinam veniās!	Hoffentlich kommst du!	
Utinam vēnissēs!	Wenn du doch gekommen wärest!	
Iūdaeus, a, um	jüdisch; *Subst.* der Jude	
opus, operis *n*	die Arbeit, das Werk	*Opus*
māiōrēs, māiōrum *m Pl.*	die Vorfahren	*māior*
dīligere, dīligō, dīlēxī, dīlēctum	hochachten, lieben	*Dilettant*
crux, crucis *f*	das Kreuz	*Kruzi-fix, e. cross, f. croix, i. croce, s./p. cruz, r. cruce*
levis, e	leicht, leichtsinnig	*i. lieve, s./p. leve*
perturbāre, perturbō	in Verwirrung bringen	*per, turbāre, Turbine*
facile *Adv.*	leicht	*facere, facilis, f./i. facile, s. fácil*
potius *Adv.*	eher, lieber	*posse*
praefectus	der Statthalter, der Befehlshaber, der Präfekt	
optāre, optō	wünschen	*Option, adoptieren*
vitium	der Fehler, die schlechte Eigenschaft	*e./f. vice, i. vizio, s. vicio*
modo ... modo	manchmal ... manchmal	
voluptās, voluptātis *f*	die Lust, das Vergnügen	*velle, f. volupté*
mōre *m. Gen.*	nach Art des / eines ...	*mōs*
mōre philosophī	nach Art des / eines Philosophen	

Konjunktiv im Hauptsatz: Optativ

Der Konjunktiv im Hauptsatz kann auch **Wünsche** ausdrücken:

(Utinam) provinciam sapienter **regas**!

Mögest du die Provinz klug leiten!
Hoffentlich leitest du die Provinz klug!

(Utinam) pacem bene **servaveris**!

Hoffentlich hast du den Frieden gut bewahrt!

Der **Konjunktiv Präsens** (für die Gegenwart) und der **Konjunktiv Perfekt** (für die Vergangenheit) drücken Wünsche aus, deren Erfüllung der Sprecher für möglich hält.

Sie können mit utinam (oder velim) eingeleitet werden.

Utinam provinciam sapienter **regeres**!

Wenn du die Provinz doch klug leiten würdest!

Utinam pacem bene **servavisses**!

Wenn du doch den Frieden gut bewahrt hättest!

Der **Konjunktiv Imperfekt** (für die Gegenwart) und der **Konjunktiv Plusquamperfekt** (für die Vergangenheit) drücken Wünsche aus, deren Erfüllung der Sprecher für nicht möglich hält.

Sie werden immer mit utinam (oder vellem) eingeleitet.

Utinam ne **peccavisses**!

Wenn du doch keinen Fehler gemacht hättest!

Der Optativ wird mit **nē** verneint.

Wortschatz im Kontext

Gerade bei Vokabeln, die aufgrund ähnlicher Schreibung und/oder Lautung schwer zu behalten sind (z.B. licet – libet; voluptas – voluntas), hilft ein Kontext – auch auf Deutsch. Der folgende Kontext enthält Wörter aus den letzten vier Kapiteln:

Während Philosophen Bücher über ihre Lehre (componunt) ①, (libuit) ② manchen römischen Kaisern, Spiele (committere) ③. (Voluptas) ④ der Zuschauer war den Kaisern sicher, vor allem wenn (ferae) ⑤ Tiere in der Arena kämpften. Wir heute sehen dieses Vergnügen (potius) ⑥ kritisch. Auch antike Philosophen (diligebant) ⑦ die Spiele nicht und (cavebant) ⑧, in die Arena zu gehen. Sie hatten Angst, die Spiele könnten sie (corrumpere) ⑨.

a Bearbeite diese Wortschatz-Wiederholung, indem du die richtigen deutschen Bedeutungen einsetzt.

b Entwickelt selbst in Partnerarbeit ähnliche kurze Texte zur Wiederholung der Vokabeln. Nutzt dazu ggf. digitale Tools, die bei richtiger bzw. falscher Lösung ein Feedback geben. Stellt euch die Beispiele vor und überprüft, welche besonders effektiv sind.

79

W Wiederholungswörter

cārus, a, um	lieb, teuer, wertvoll	servīre, serviō	dienen, Sklave sein
nūbere, nūbō, nūpsī, nūptum *m. Dat.*	heiraten	trādere, trādō, trādidī, trāditum	übergeben, überliefern
accidere, accidō, accidī	geschehen, sich ereignen	saevus, a, um	schrecklich, wild, wütend

Lernwörter

spatium	der Raum, die Strecke, die Zeit, der Zeitraum	*spazieren, e. space, i. spazio, f. espace*
afficere, afficiō, affēcī, affectum *m. Abl.*	versehen mit etw.	*ad, facere, Affekt*
poenā afficere	bestrafen	
suppliciō afficere	hinrichten lassen	
quī *Adv.*	wie	
illūc *Adv.*	dahin, dorthin	*ille, hūc*
memor, memoris *m. Gen.*	in Erinnerung an	*memoria*
Memor perīculī sum.	Ich erinnere mich an die Gefahr.	
Rōmam	nach Rom *(wohin?)*	
nūdus, a, um	nackt	*Nudist, i. nudo*
nōbilis, e	adelig, berühmt, vornehm	*nobel, e./f./s. noble, i. nobile*
colligere, colligō, collēgī, collēctum	sammeln	*legere, Kollektion, Kollekte*
vehere, vehō, vēxī, vectum	fahren, tragen, ziehen	*Vehikel, Vektor*
Frūmentum vehō.	Ich fahre (transportiere) Getreide.	
līmes, līmitis *m*	die Grenze; der Limes	
lēgātiō, lēgātiōnis *f*	die Gesandtschaft	*lēgātus, Delegation*
illīc *Adv.*	dort	*ille, hic*
rumpere, rumpō, rūpī, ruptum	zerbrechen	*Eruption, abrupt, f. rompre*
cēterum *Adv.*	übrigens, im Übrigen	*cēterī*
restāre, restō, restitī	übrig bleiben; Widerstand leisten	*stāre, Rest, Arrest*
Hoc dīcere restat.	Das bleibt (noch) zu sagen übrig.	

Verben: Partizip Futur Aktiv (PFA)

F

vocā-tūrus, a, um

(einer, der rufen wird / will)

Beim Partizip Futur Aktiv tritt **-tūrus, a, um** an den gleichen Wortstamm, mit dem auch das PPP gebildet wird.

Der Stamm oder die Fugenstelle kann wie beim PPP lautlich verändert werden, z.B.:

moni-tūrus, a, um	(einer, der mahnen wird / will)
vic-tūrus, a, um	(einer, der siegen wird / will)
mis-sūrus, a, um	(einer, der schicken wird / will)
fu-tūrus, a, um	(einer, der sein wird / will)

Die Komposita von esse bilden das PFA entsprechend; z.B. ad-futūrus, a, um zu ad-esse.

Verwendung des Partizip Futur Aktiv

S

→ Erscheinungsform

Mercatores multas res vendituri veniunt.

Es kommen Kaufleute, die viele Dinge verkaufen wollen.

Wie das PPP und das PPA steht das Partizip Futur Aktiv (hier: vendituri) in Kongruenz zu einem Bezugswort (hier: mercatores).
Auch die Partizipialkonstruktion mit einem Partizip Futur Aktiv ist eine satzwertige Konstruktion. Vom Partizip Futur Aktiv können Objekte (hier: multas res) und Adverbialien abhängen.

→ Zeitverhältnis

Die Formen des **Partizip Futur** zeigen an, dass das im Partizip ausgedrückte Geschehen nach dem des Prädikats stattfinden wird (soll); sie bezeichnen also die **Nachzeitigkeit (Partizip der Nachzeitigkeit)**.

→ Satzgliedfunktion

Das Partizip Futur Aktiv kann aufgefasst werden als:
- Attribut (selten!)
- Adverbiale
- Prädikatsnomen

Entsprechend der Satzgliedfunktion gibt es unterschiedliche Möglichkeiten der Wiedergabe.

→ **Übersetzungsmöglichkeiten**

		Mercatores multas res **vendituri** veniunt.
als **Attribut**:	mit Relativsatz	→ Es kommen Kaufleute, **die** viele Dinge verkaufen **wollen**.
als **Adverbiale**:	mit Adverbialsatz	→ Kaufleute kommen, **weil sie** viele Dinge verkaufen **wollen**.
	mit *um … zu* m. Inf.	Kaufleute kommen, **um** viele Dinge **zu** verkaufen.
		Das Partizip Futur drückt häufig eine Absicht aus **(finale Sinnrichtung)**.

		Mercatores multas res **vendituri sunt.**
als **Prädikatsnomen**:	mit *wollen* m. Inf.	→ Die Kaufleute **wollen** viele Dinge verkaufen.
		Das Partizip Futur mit einer Form von esse dient der Umschreibung des Futurs; es bezeichnet eine in nächster Zukunft beabsichtigte oder bevorstehende Handlung.

Mercatores veniunt **multas res vendituri.**

Wiederholungswörter

exstinguere, exstinguō, exstīnxī, exstīnctum	auslöschen, vernichten
gemitus, gemitūs *m*	das Seufzen, die Traurigkeit
ingēns, ingentis	gewaltig, ungeheuer
recitāre, recitō	vortragen, vorlesen
fāma	der (gute / schlechte) Ruf, das Gerücht
proinde *Adv.*	also, daher

Lernwörter

familiāris, e	freundschaftlich, vertraut; *Subst.* der Freund	*familia, familiär, e. familiar, f. familier*
convīvium	das Gastmahl, das Gelage	*vīvere*
satis *Adv.*	genug	*satt*
satis cibōrum	genug Speisen	
famēs, famis *f*	der Hunger	*f. faim, i. fame*
ōtium	die freie Zeit, die Ruhe *(von berufl. Tätigkeit)*; der Frieden	*negōtium, i. ozio, s. ocio*
incendium	der Brand, das Feuer	*f. incendie, i./s. incendio*
cōnservāre, cōnservō *(ā m. Abl.)*	retten (vor), bewahren	*servāre, konservieren, Konserve, konservativ, e. conserve, f. conserver*
ā vitiō cōnservāre	vor einem Fehler bewahren	
Nerō, Nerōnis *m*	Nero *(röm. Kaiser 54–68 n. Chr.)*	
palam *Adv.*	bekannt, in aller Öffentlichkeit	
post *Adv.*	dann, später	*post, posteā, postmodern*
quotiēns	wie oft, sooft	*quot, Quotient*
Quotiēns venīs, gaudeō.	Sooft du kommst, freue ich mich.	
tunc *Adv.*	damals, dann	
mīlitāris, e	militärisch, Kriegs-	*mīles, militärisch, Militär, e. military*
accēdere, accēdō, accessī, accessum *(ad m. Akk.)*	herbeikommen, hinzukommen	*ad, cēdere, e. access*
ad rem pūblicam accēdere	sich politisch betätigen	*rēs pūblica*
Chrīstiānus, a, um	christlich; *Subst.* der Christ	
coniūrātiō, coniūrātiōnis *f*	die Verschwörung	*iūrāre*

F Verben: Infinitiv Futur Aktiv

vocā-tūrum, am, um esse **vocā-tūrōs, ās, a esse**	*rufen werden*
vic-tūrum, am, um esse **vic-tūrōs, ās, a esse**	*siegen werden*
fu-tūrum, am, um esse **fu-tūrōs, ās, a esse**	*sein werden*

Der Infinitiv Futur Aktiv wird aus einer Akkusativform des Partizip Futur Aktiv und esse gebildet.

Die Formen des Infinitiv Futur Aktiv von esse können durch **fore** ersetzt werden.

S Verwendung des Infinitiv Futur Aktiv

Homines incendium Romam *exstincturum (esse)* putabant.

Die Menschen glaubten, dass der Brand Rom vernichten werde.

Die Formen des Infinitiv Futur treten nur im AcI auf; esse kann entfallen.

Die Formen des **Infinitiv Futur** drücken aus, dass das Geschehen des AcI zeitlich nach dem des Prädikats stattfinden wird (soll); sie bezeichnen also die **Nachzeitigkeit (Infinitiv der Nachzeitigkeit)**.

Wortbildung

con-iuratio
con-vivium
con-iunx
con-dicio

con-servare
con-ferre
con-tendere
con-venire
com-ponere
col-ligere

Das Präfix **con-** ist (wie auch **com-** und **col-**) von der Präposition cum herzuleiten. Überlege, inwiefern die Bedeutung von cum in diesen Komposita steckt.

a Stelle mithilfe des Registers weitere Komposita zusammen, deren Präfix von einer Präposition kommt, z.B. mit **ad-** / **ac-** / **af-** oder mit **ex-** / **e-** / **ef-**.

b Gib an, wie sich jeweils die Bedeutung der Präposition auf die Bedeutung der Komposita auswirkt. Nenne Komposita, bei denen die Bedeutung der Präposition nicht weiterhilft.

81

Wiederholungswörter

W

fīnis, fīnis *m* (*Gen. Pl.* -ium)	das Ende, die Grenze, das Ziel, der Zweck; *Pl.* das Gebiet	gerere, gerō, gessī, gestum	ausführen, führen, tragen
legere, legō, lēgī, lēctum	lesen; auswählen	commodum	die Bequemlichkeit, der Vorteil
		vīrēs, vīrium *f Pl.*	die Kräfte; die Streitkräfte

Lernwörter

Mārcus Aurēlius	Mark Aurel *(röm. Kaiser 161–180 n. Chr.)*	
quam	als, wie; *mit Superlativ:* möglichst	
quam celerrimē	möglichst schnell	
dēfendere, dēfendō, dēfendī, dēfēnsum (ā *m. Abl.)*	abwehren, verteidigen (vor / gegen)	*defensiv*
membrum	das Glied, der (Körper-)Teil	*e. member, s. miembro*
membra ōrātiōnis	die Teile einer Rede	
Commodus	Commodus *(Sohn des Mark Aurel, röm. Kaiser 180–192 n. Chr.)*	
inquam *(3. Pers. Sg.* **inquit***)*	sag(t)e ich	
possidēre, possideō, possēdī, possessum	besitzen	*sedēre, Possessivpronomen, e. possess*
vīsere, vīsō, vīsī, vīsum	besichtigen, besuchen	*vidēre, Visite, Visitenkarte*
aditus, aditūs *m*	der Zugang, der Eingang	*adīre, i. adito*
praetereā *Adv.*	außerdem	
plūrimum *Adv.*	am meisten, sehr viel	*plūs, plūrimī*
aut ... aut	entweder ... oder	
prehendere, prehendō, prehendī, prehēnsum	ergreifen, nehmen	*comprehendere, f. prendre*
manum amīcī prehendere	die Hand des Freundes ergreifen	
istīc *Adv.*	da, dort	*iste, hīc*
occurrere, occurrō, occurrī	begegnen, entgegentreten	*currere, e. occur*
tendere, tendō, tetendī, tentum	(aus)strecken, spannen, sich anstrengen	*tendieren, Tendenz*

F Adverbien: Steigerung

celer-**iter**	long-**ē**
schnell	lang
celer-**ius**	long-**ius**
schneller	länger
celerrim-**ē**	longissim-**ē**
am schnellsten	am längsten

Der Komparativ des Adverbs wird mit **-ius** gebildet, der Superlativ mit **-ē**.

multum
viel
plūs
mehr
plūrimum
am meisten

Einige Adverbien haben unregelmäßige Steigerungsformen. Alle unregelmäßigen Steigerungsformen werden im Wortschatz gelernt.

quam celerrimē
möglichst schnell

Bei einem Superlativ bedeutet quam *möglichst*.

quam

Femina, **quam** vidi, ...	→	Relativpronomen (Akk. Sg. *f*)
Quam pulchra est illa femina!	→	Ausruf
Haec femina pulchrior est **quam** illa.	→	Vergleich (nach Komparativ)
Femina **quam** celerrime venit.	→	„möglichst" (beim Superlativ)

82

Wiederholungswörter

W

retinēre, retineō, retinuī, retentum	zurückhalten, festhalten, behalten	cōnstituere, cōnstituō, cōnstituī, cōnstitūtum	festsetzen, beschließen
augēre, augeō, auxī, auctum	vergrößern, vermehren	vītāre, vītō	meiden, vermeiden

Lernwörter

Dioclētiānus	Diokletian *(röm. Kaiser 284–305 n. Chr.)*	
dīvus, a, um	göttlich	*deus, dīvīnus, Diva*
pecus, pecoris *n*	das Vieh, das Tier	*i. pecora*
ignis, ignis *m*	das Feuer	
invidia	der Neid	*in, vidēre, f. envie, s. envidia*
rārō *Adv.*	selten	*rar, f. rare, i. raro*
cōnsūmere, cōnsūmō, cōnsūmpsī, cōnsūmptum	verbrauchen, verwenden	*Konsum*
secundum *Präp. m. Akk.*	in Übereinstimmung mit, gemäß	
secundum nātūram vīvere	naturgemäß leben	
dictum	der Ausspruch, das Wort	*dīcere, Diktum, s. dicho*
Epicūrus	Epikur *(griech. Philosoph)*	
carpere, carpō, carpsī, carptum	pflücken, genießen; nutzen	*ex-zerpieren*
Carpe diem!	Genieße den Tag! Nutze den Tag (die Zeit)!	
grātus, a, um	dankbar, willkommen, beliebt	*grātia, gratulieren, i./s. grato*
iūcundus, a, um	angenehm, erfreulich	*iuvāre, i. giocondo*
nec … nec	weder … noch	
occupātus, a, um (in *m. Abl.*)	beschäftigt (mit)	*occupāre, okkupieren, Okkupation*
Magistrātūs in negōtiīs occupātī sunt.	Die Beamten sind mit ihren Aufgaben beschäftigt.	
sē recipere	sich zurückziehen	*capere*
Cōpiae in castra sē recēpērunt.	Die Truppen haben sich ins Lager zurückgezogen.	

F nd-Formen: Gerundium

Wie im Deutschen und Englischen kann man auch im Lateinischen Verben als Substantive verwenden:

Legere delectat.

(Das) Lesen macht Spaß.

Reading is fun.

Wenn im Lateinischen das substantivierte Verb im Nominativ (als Subjekt) oder im bloßen Akkusativ (als Objekt) steht, wird der Infinitiv Präsens verwendet. In den anderen Kasus gibt es eigene Deklinationsformen. Man bezeichnet sie als **Gerundium**.

a-Konjugation		
Nominativ	vocā-re	*rufen / (das) Rufen*
Genitiv	voca-**nd-ī**	*des Rufens*
Dativ	voca-**nd-ō**	*dem Rufen*
Akkusativ	ad voca-**nd-um**	*zum Rufen*
Ablativ	voca-**nd-ō**	*durch Rufen*

Das Gerundium tritt nur im Singular auf. Die Formen werden dadurch gebildet, dass an den Präsensstamm der Verben **-nd-** angefügt wird, worauf die Kasusendungen der o-Deklination im Singular folgen.

e-Konjugation	monē-re, mone-**nd-ī**, ...
i-Konjugation	audī-re, audi-**e-nd-ī**, ...
kons. Konjugation ...	ag-e-re, ag-**e-nd-ī**,
(i-Erweiterung) ...	cape-re, capi-**e-nd-ī**,

Bei der ī- und der kons. Konjugation wird der Präsensstamm durch den Bindevokal -e- erweitert.

S Verwendung des Gerundiums (1)

→ **Erscheinungsform**

Diocletiano tempus *legendi* non erat.

Diokletian hatte keine Zeit *zu lesen (zum Lesen).*

Cupidus erat *legendi.*

Er war begierig danach *zu lesen.*

Studendi causā imperium deposuit.

Er legte die Herrschaft nieder, *um zu studieren.*

Der Genitiv des Gerundiums kommt nach bestimmten Substantiven (z.B. tempus, spes) und Adjektiven (z.B. cupidus) sowie in Verbindung mit causā *(wegen)* vor.

82

Locus *ad legendum* idoneus erat.

Der Ort war *zum Lesen* geeignet.

Legendo et *scribendo* tempus consumpsit.

Mit Lesen und *Schreiben* verbrachte er seine Zeit.

Der Akkusativ steht nur nach der Präposition ad. (Der Dativ des Gerundiums ist selten.)

→ Übersetzungsmöglichkeiten

tempus *legendi*

Zeit *zu lesen*
Zeit *zum Lesen*

Das Gerundium kann mit einem **Infinitiv** oder einem **Substantiv** wiedergegeben werden.

Für die Übersetzung des Gerundiums **nach Präpositionen** gilt folgende Regel:

ad discendum convenire

zum Lernen (*um zu* lernen) zusammenkommen

ad und **nd**-Form: *zu, zur, zum* und Substantiv

in scribendo multum discere

beim Schreiben viel lernen

in und **nd**-Form: *bei, beim* und Substantiv

→ Satzgliedfunktionen

Das Gerundium kann verschiedene Satzgliedfunktionen wahrnehmen, z.B. steht es im Ablativ oder im Präpositionalausdruck als Adverbiale, im Genitiv als Attribut:

Locus ad legendum idoneus erat.

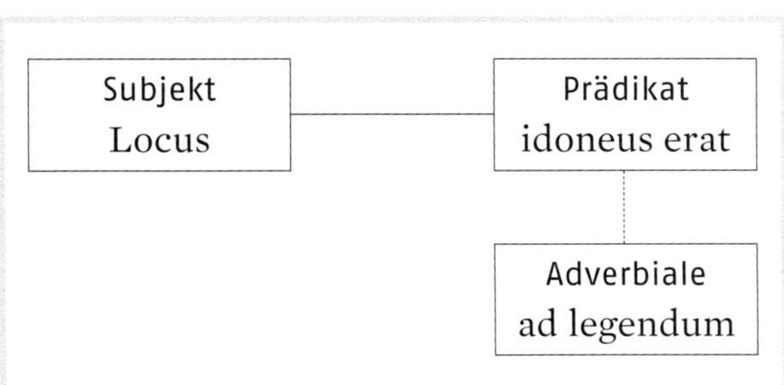

Tempus legendi tibi non est.

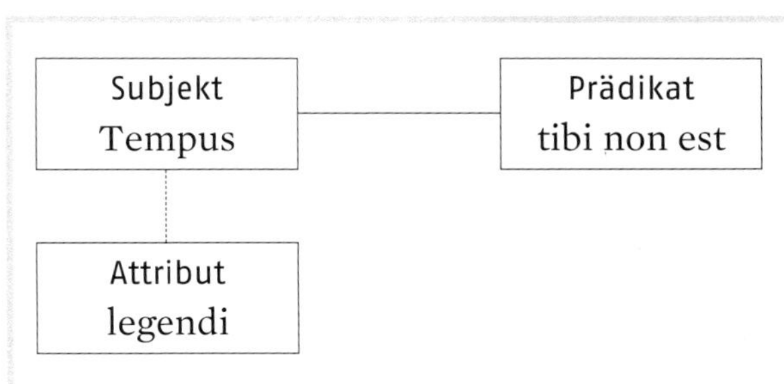

83

W Wiederholungswörter

impellere, impellō, impulī, impulsum	antreiben, veranlassen	efficere, efficiō, effēcī	bewirken, herstellen
ōrnāre, ōrnō	ausstatten, schmücken	iter, itineris *n*	die Reise, der Marsch, der Weg

Lernwörter

Maxentius	Maxentius *(röm. Kaiser 306–312 n. Chr.)*	
exemplum	das Beispiel, das Vorbild	*Exempel, e. example, f. exemple*
sē praebēre	sich zeigen	
grandis, e	alt; bedeutend, groß	*grandios, f. grand, i./s. grande*
haud	nicht	
ēgregius, a, um	ausgezeichnet, hervorragend	*i./s. egregio*
opus est *m. Abl.* Nōbīs amīcīs opus est.	es ist nötig, man braucht (etw.) Wir brauchen Freunde.	*opus*
contrā *Adv.*	gegenüber, dagegen	*Kontrast, konträr, f. contre*
permittere, permittō, permīsī, permissum	erlauben, überlassen	*per, mittere, e. permit, f. permettre*
Rōmae	in Rom *(wo?)*	
Cōnstantīnus	Konstantin *(der Große; röm. Kaiser 306–337 n. Chr.)*	
dīversus, a, um studia dīversa	verschieden, entgegengesetzt, feindlich verschiedene (entgegengesetzte) Interessen	*divers, e. diverse, f. divers, s. diverso*
incendere, incendō, incendī, incēnsum	entflammen, in Brand stecken	*incendium, f. incendie*
probus, a, um	anständig, gut	*probāre, improbus, Probe*
dīgnitās, dīgnitātis *f*	das Ansehen, die Würde; die (gesellschaftliche) Stellung	*dīgnus, indīgnus, e. dignity, f. dignité, i. dignità, s. dignidad*
prōferre, prōferō, prōtulī, prōlātum	(hervor)holen, zur Sprache bringen	*prō, ferre*

Verwendung des Gerundiums (2)

S

Tempus libros in bibliotheca legendi tibi est.

Du hast Zeit, die Bücher in der Bibliothek zu lesen.

Wie das Partizip hat auch das Gerundium Eigenschaften des Verbs; es kann somit Objekte (hier: libros) und adverbiale Bestimmungen (hier: in bibliotheca) bei sich haben.
Ein **erweitertes Gerundium** ist als satzwertige Konstruktion aufzufassen.

Wortschatz erweitern: Wortbildungselemente nutzen (Suffixe)

M

Wie du weißt, sind zahlreiche lateinische Substantive dadurch gebildet, dass der „Stamm" eines Wortes um ein **Suffix** erweitert wird. Dasselbe gilt für Adjektive und Verben. Die folgende Übersicht stellt die wichtigsten Suffixe und ihre Bedeutung zusammen:

→ **Substantive**

-ium	z.B. aedificium	Handlung oder Ergebnis	von aedificare
-io	z.B. oratio		von orare
-mentum	z.B. ornamentum	Mittel oder Ergebnis	von ornare
-tas	z.B. libertas	Zustand oder Eigenschaft	von liber, a, um
-tudo	z.B. magnitudo		von magnus, a, um
-ia / -itia	z.B. laetitia		von laetus, a, um
-tor	z.B. imperator	handelnde Person	von imperare

→ **Adjektive**

-ius	z.B. regius, a, um	Herkunft oder Zugehörigkeit	von rex
-osus	z.B. gloriosus, a, um	Fülle	von gloria
-alis / -ilis	z.B. mortalis, e	Eigenschaft	von mors, mortis
-idus	z.B. cupidus, a, um		von cupere
-bilis	z.B. incredibilis, e	Möglichkeit oder Eigenschaft	von credere

→ **Verben**

-tare	z.B. captare	Verstärkung / Wiederholung	von capere
-scere	z.B. pertimescere	Beginn	von timere

84

W Wiederholungswörter

mēns, mentis *f* *(Gen. Pl. -ium)*	der Geist, der Sinn, der Verstand; die Meinung	colligere, colligō, collēgī, collēctum	sammeln
quam *mit Superlativ*	möglichst	contendere, contendō, contendī	sich anstrengen, kämpfen; eilen; behaupten
plūrimī, ae, a	die meisten, sehr viele	opus, operis *n*	die Arbeit, das Werk

Lernwörter

bibliothēca	die Bibliothek	
incolumis, e	unverletzt, wohlbehalten	*i. incolume, s. incolume*
philosophia	die Philosophie	
permovēre, permoveō, permōvī, permōtum	beunruhigen, veranlassen	*per, movēre*
timōre permōtus	von Furcht beunruhigt, aus Furcht	
proximus, a, um	der nächste; der letzte	*prope, i. prossimo, s. próximo*
proxima via	der nächstgelegene Weg	
proximō annō	im nächsten / letzten Jahr	
optimus quisque	gerade die Besten	
Optimus quisque hoc dīcit.	Gerade die Besten sagen das.	
quisque, quaeque, quodque *adj.*	jeder	*quis, quid*
quisque, quidque *subst.*	jeder	*quis, quid*
Suum cuique!	Jedem das Seine!	
pudor, pudōris *m*	die Scham, das Schamgefühl, der Anstand	*pudet, f. pudeur, i. pudore*
ultimus, a, um	der äußerste, der entfernteste, der letzte	*Ultimatum, ultimativ, s. último*
fūrtum	der Diebstahl, die Hinterlist	*fūr, i. furto*
fūrtum committere	einen Diebstahl begehen	
auferre, auferō, abstulī, ablātum	wegbringen, rauben	*ferre, Ablativ*
praeter *Präp. m. Akk.*	außer	*praetereā*
discēdere, discēdō, discessī, discessum	auseinandergehen, weggehen	*cēdere*

Indefinitpronomen quisque

F

quisque, quidque *jeder, jedes*

	m	*f*	*n*
Nominativ	**quis**que	**quis**que	**quid**que
Genitiv	**cuius**que	**cuius**que	**cuius**que
Dativ	**cui**que	**cui**que	**cui**que
Akkusativ	**quem**que	**quem**que	**quid**que
Ablativ	**quō**que	**quō**que	**quō**que

Das substantivische Indefinitpronomen quis-que, quid-que wird dekliniert wie das Indefinitpronomen ali-quis, ali-quid.
Die adjektivische Verwendung (quis-que, quaeque, quodque) ist selten.
Das Indefinitpronomen quisque steht in der Regel hinter Pronomina, Superlativen und Ordnungszahlen.

Satzwertige Konstruktionen (Zeitverhältnisse)

S

Infinitiv Präsens und Partizip Präsens bezeichnen die **Gleichzeitigkeit**, Infinitiv Perfekt und Partizip Perfekt die **Vorzeitigkeit,** Infinitiv Futur und Partizip Futur die **Nachzeitigkeit**.
Die folgende Tabelle bietet eine entsprechende Übersicht:

→ **Akkusativ mit Infinitiv**

als Subjekt

	gleichzeitig	vorzeitig	nachzeitig	
Plinium libros	**legere**	**legisse**	**lecturum esse**	constat.
Dass Plinius Bücher	liest,	gelesen hat,	lesen wird,	ist bekannt.

als Objekt

Plinium libros	**legere**	**legisse**	**lecturum esse**	omnes sciunt.
Dass Plinius Bücher	liest,	gelesen hat,	lesen wird,	wissen alle.

→ **Participium coniunctum**

als Adverbiale / Attribut	gleichzeitig	vorzeitig	nachzeitig	
Plinius librum	**legens**	–	**lecturus**	in bibliotheca est.
Weil Plinius ein Buch	liest,	–	lesen wird (will),	ist er in der Bibliothek.
Liber a Plinio	–	**lectus**	–	a philosopho conscriptus est.
Das Buch, das von Plinius	–	gelesen wurde (worden ist),	–	wurde von einem Philosophen verfasst.

→ **Ablativus absolutus**

als Adverbiale	gleichzeitig	vorzeitig	nachzeitig	
Plinio librum	**legente**	–	–	alii timent.
Während Plinius das Buch	liest,	–	–	haben die anderen Angst.
Libro	–	**lecto**	–	Plinius multa cogitat.
Nachdem das Buch	–	gelesen (worden) ist,	–	überlegt Plinius vieles.

M Wortschatz erweitern: Wortbildungselemente nutzen (Präfixe I)

Als Präfixe treten oft Präpositionen auf, die – entsprechend ihrer Bedeutung – die Bedeutung des Kompositums mit bestimmen, z.B. ab-ire *weg-gehen*. Diese Präfixe können an den Anlaut des Grundwortes angeglichen werden (Assimilation), z.B. a**d**-**f**erre → a**ff**erre.
Die erste Zeile der folgenden Zusammenstellung enthält bekannte Vokabeln; die Verben der folgenden Zeilen kannst du erschließen:

ab-esse	**af**-ferre	**con**-venire	**de**-scendere	**ex**-pellere	**pro**-cedere
ab-ducere	ad-iungere	con-ducere	de-mittere	e-ripere	prod-ire
ab-rumpere	ad-iuvare	com-mutare	de-cedere	ex-petere	pro-fugere
abs-trahere	ad-movere	con-cipere	de-currere	e-nuntiare	pro-movere

85

Wiederholungswörter

W

numquam *Adv.*	niemals	turbāre, turbō	durcheinanderbringen, stören
perniciēs, perniciēī *f*	das Verderben, die Vernichtung	sacrum	das Opfer, das Heiligtum
īra	der Zorn, die Wut	prex, precis *f*	die Bitte, das Gebet

Lernwörter

Herc(u)le!	Beim Herkules!	
morārī, moror, morātus sum	(sich) aufhalten	*mora, Moratorium*
vērō *Adv.*	aber; in der Tat, wirklich	*vērus*
incēdere, incēdō, incessī, incessum	heranrücken, eintreten; (jdn.) befallen	*in, cēdere, i. incedere*
In hostēs incēdimus.	Wir rücken gegen die Feinde vor.	
Magna cūra incessit.	Große Sorge kam auf (trat ein).	
Metus mē incēdit.	Furcht befällt mich.	
parum *Adv.*	(zu) wenig	
verērī, vereor, veritus sum	fürchten, sich scheuen; verehren	
Perīculum vereor.	Ich fürchte die Gefahr.	
Deōs vereor.	Ich verehre die Götter.	
memorāre, memorō	erwähnen, sagen	*memor, memoria*
arbitrārī, arbitror, arbitrātus sum	glauben, meinen	*f. arbitrer, i. arbitrare*
īgnōscere, īgnōscō, īgnōvī, **īgnōtum**	verzeihen	
precārī, precor, precātus sum	bitten	*prex*
suspicārī, suspicor, suspicātus sum	vermuten	*suspekt, e. suspect*
efficere, efficiō, effēcī, **effectum**	bewirken, herstellen	*ex, facere, Effekt, e. effect*
rērī, reor, ratus sum	meinen	
procul *Adv.*	von fern, weit weg	
ā *m. Abl.*	fern von	
pollicērī, polliceor, pollicitus sum	versprechen	
tuērī, tueor *m. Akk.*	betrachten, schützen, *(milit.)* sichern	*tūtus, Tutor*
nātūram tuērī	die Natur betrachten	
fīnēs tuērī	die Grenzen (das Gebiet) sichern	
fatērī, fateor, fassus sum	bekennen, gestehen	

arbitrārī, arbitror, arbitrātus sum	glauben, meinen
morārī, moror, morātus sum	(sich) aufhalten
precārī, precor, precātus sum	bitten
suspicārī, suspicor, suspicātus sum	vermuten
fatērī, fateor, fassus sum	bekennen, gestehen
pollicērī, polliceor, pollicitus sum	versprechen
rērī, reor, ratus sum	meinen
tuērī, tueor *m. Akk.*	betrachten, schützen, *(milit.)* sichern
verērī, vereor, veritus sum	fürchten, sich scheuen; verehren

F Verben: Deponentien (a- und e-Konjugation)

arbitror	*ich glaube*
passive Form	**aktive** Bedeutung

In allen Konjugationsklassen gibt es Verben, die passive Formen bilden, jedoch aktive Bedeutung haben (Deponentien); sie haben also gleichsam ihre aktiven Formen „abgelegt" (de-ponere!).

→ **Präsensstamm**

Inf. Präsens	arbitr-**ā-rī** *glauben, meinen*

	Indikativ		Konjunktiv	
Präsens	Singular	Plural	Singular	Plural
1. Person	arbitr-**or**	arbitrā-**mur**	arbitr-**e-r**	arbitr-**ē-mur**
2. Person	arbitrā-**ris**	arbitrā-**minī**	arbitr-**ē-ris**	arbitr-**ē-minī**
3. Person	arbitrā-**tur**	arbitra-**ntur**	arbitr-**ē-tur**	arbitr-**e-ntur**
Imperfekt	Singular	Plural	Singular	Plural
1. Person	arbitrā-**ba-r**	arbitrā-**bā-mur**	arbitrā-**re-r**	arbitrā-**rē-mur**
2. Person	arbitrā-**bā-ris**	arbitrā-**bā-minī**	arbitrā-**rē-ris**	arbitrā-**rē-minī**
3. Person	arbitrā-**bā-tur**	arbitrā-**ba-ntur**	arbitrā-**rē-tur**	arbitrā-**re-ntur**

Futur I	Singular	Plural
1. Person	arbitrā-**b-or**	arbitrā-**bi-mur**
2. Person	arbitrā-**be-ris**	arbitrā-**bi-minī**
3. Person	arbitrā-**bi-tur**	arbitrā-**bu-ntur**

Die Deponentien der a-Konjugation (z.B. arbitrā-rī) und der e-Konjugation (z.B. verērī) haben die gleichen Endungen wie die entsprechenden aktiven Verben (z.B. vocāre, monēre) im Passiv. Vgl. Formentabellen S. 186ff.

Imperative	Singular	Plural
a-Konjugation	arbitrā-**re**	arbitrā-**minī**
e-Konjugation	verē-**re**	verē-**minī**

Die **Imperativformen** der Deponentien sind eigens zu lernen.

→ **Stammformen**

	Inf. Präs.	1. Pers. Sg. Präs.	1. Pers. Sg. Perf.
a-Konjugation	arbitrā-**rī**	arbitr-**or**	arbitrā-**tus sum**
e-Konjugation	verē-**rī**	vere-**or**	veri-**tus sum**

Synonyme

Zu einigen Deponentien kennst du aktive Verben mit gleicher oder ähnlicher Bedeutung. Vergleiche:

tueri – spectare
reri – existimare
precari – rogare, orare
morari – esse

a Gib zu folgenden Verben je ein Deponens mit gleicher oder ähnlicher Bedeutung an; überprüfe jeweils, ob das aktive Verb und das Deponens in allen Bedeutungen zusammenpassen: promittere – putare – conicere – timere – colere.

b Stelle alle Verben zum lateinischen Wortfeld „glauben / meinen" zusammen, die du kennst. Vergleiche das lateinische Wortfeld mit der Bandbreite der Verben, die im Deutschen zu diesem Wortfeld gehören.

86

W Wiederholungswörter

carpere, carpō, carpsī, carptum	pflücken, genießen; nutzen	equidem	(ich) allerdings, freilich
solvere, solvō, solvī, solūtum	lösen, auflösen; bezahlen	sermō, sermōnis *m*	das Gespräch, die Sprache, das Gerede

Lernwörter

mōlīrī, mōlior, mōlītus sum	(an)treiben; planen, unternehmen	*demolieren*
experīrī, experior, expertus sum	erfahren, versuchen	*Experiment, Experte, e. expert*
sequī, sequor, secūtus sum *m. Akk.*	folgen, begleiten	*secundus, Sequenz, Suite*
querī, queror, questus sum *(m. Akk.)*	klagen, sich beklagen (über)	*Querele, Querulant*
loquī, loquor, locūtus sum	reden, sprechen	*eloquent, Kolloquium*
ferē *Adv.*	fast, beinahe; ungefähr	
sē dare Ōtiō mē dō.	sich widmen, sich hingeben Ich widme mich der Ruhe.	*i. darsi*
fruī, fruor *m. Abl.*	genießen, sich an etwas erfreuen	
patī, patior, passus sum Dolōrēs patior. Hoc numquam patiar. Tē discēdere nōn patior.	(er)leiden, ertragen, zulassen Ich erleide (ertrage) Schmerzen. Das werde ich niemals zulassen. Ich lasse nicht zu, dass du weggehst.	*Patient, Passion, passiv*
sēnsus, sēnsūs *m*	das Gefühl, der Sinn, der Verstand	*sentīre, sententia, e. sense*
velut	wie, wie zum Beispiel	*vel, ut*
alter, altera, alterum *(Gen.* **alterīus,** *Dat.* **alterī***)*	der eine / der andere *(von zweien)*	*alius, Altruismus, f. autre, i. altro, s. otro*
alter ... alter	der eine ... der andere	*alius, aliter, Alternative*
causās agere	Prozesse führen	
cōnsequī, cōnsequor, cōnsecūtus sum *m. Akk.*	erreichen, nachfolgen	*sequī, Konsequenz, konsekutiv*
sūmere, sūmō, sūmpsī, sūmptum	nehmen	*konsumieren*
aggredī, aggredior, aggressus sum	angreifen, herangehen	*aggressiv, Aggression*

mōlīrī, mōlior, mōlītus sum	(an)treiben; planen, unternehmen
experīrī, experior, expertus sum	erfahren, versuchen
fruī, fruor *m. Abl.*	genießen, sich an etwas erfreuen
loquī, loquor, locūtus sum	reden, sprechen
querī, queror, questus sum *(m. Akk.)*	klagen, sich beklagen über
sequī, sequor, secūtus sum *m. Akk.*	folgen, begleiten
cōnsequī, cōnsequor, cōnsecūtus sum *m. Akk.*	erreichen, nachfolgen
patī, patior, passus sum	(er)leiden, ertragen, zulassen
aggredī, aggredior, aggressus sum	angreifen, herangehen

Verben: Deponentien (kons. und i-Konjugation)

F

→ **Präsensstamm**

Inf. Präsens	sequ-**ī** *folgen, begleiten*

	Indikativ		Konjunktiv	
Präsens	**Singular**	**Plural**	**Singular**	**Plural**
1. Person	sequ-**or**	sequ-**i-mur**	sequ-**a-r**	sequ-**ā-mur**
2. Person	sequ-**e-ris**	sequ-**i-minī**	sequ-**ā-ris**	sequ-**ā-minī**
3. Person	sequ-**i-tur**	sequ-**u-ntur**	sequ-**ā-tur**	sequ-**a-ntur**
Imperfekt	**Singular**	**Plural**	**Singular**	**Plural**
1. Person	sequē-**ba-r**	sequē-**bā-mur**	seque-**re-r**	seque-**rē-mur**
2. Person	sequē-**bā-ris**	sequē-**bā-minī**	seque-**rē-ris**	seque-**rē-minī**
3. Person	sequē-**bā-tur**	sequē-**ba-ntur**	seque-**rē-tur**	seque-**re-ntur**

Futur I	**Singular**	**Plural**
1. Person	sequ-**a-r**	sequ-**ē-mur**
2. Person	sequ-**ē-ris**	sequ-**ē-minī**
3. Person	sequ-**ē-tur**	sequ-**e-ntur**

Die Deponentien der i-Konjugation (z.B. experīrī) und der konsonantischen Konjugation (z.B. sequī, patī) bilden ihre Formen genauso wie die entsprechenden aktiven Verben (z.B. audīre, agere, capere) im Passiv. Vgl. Formentabellen S. 186ff.

Imperative	Singular	Plural
kons. Konjugation	sequ-**e-re**	sequ-**i-minī**
(i-Erweiterung)	pate-**re**	pati-**minī**
ī-Konjugation	mōlī-**re**	mōlī-**minī**

Die **Imperativformen** sind eigens zu lernen.

→ **Stammformen**

	Inf. Präs.	1. Pers. Sg. Präs. Pass.	1. Pers. Sg. Perf. Pass.
kons. Konjugation	sequ-**ī**	sequ-**or**	secū-**tus sum**
(i-Erweiterung)	pat-**ī**	pati-**or**	pas-**sus sum**
i-Konjugation	mōlī-**rī**	mōli-**or**	mōlī-**tus sum**

Ländliche Idylle

Fertige eine entsprechende Zeichnung an zum Thema „Trubel auf dem Forum"; versuche, darin möglichst viele Vokabeln aus diesem Wortschatz und den vorangehenden Wortschätzen unterzubringen.

87

Wiederholungswörter

W

cōnstāre, cōnstō, cōnstitī	ex *m. Abl.* bestehen aus	exstinguere, exstinguō, exstīnxī, exstīnctum	auslöschen, vernichten
persuādēre, persuādeō, persuāsī, persuāsum *m. Dat.*	überreden, *(m. AcI)* überzeugen	fōns, fontis *m* *(Gen. Pl.* -ium)	die Quelle, der Ursprung
accidere, accidō, accidī	geschehen, sich ereignen		

Lernwörter

colloquī, colloquor, collocūtus sum	sich unterhalten; verhandeln, besprechen	*loquī, Kolloquium, e. colloquial*
versārī, versor, versātus sum	sich aufhalten, sich befinden, sich beschäftigen	*versiert*
in rē pūblicā versārī	politisch tätig sein	
mīrārī, mīror, mīrātus sum *m. Akk.*	bewundern, sich wundern (über)	*mīrus, i. mirare, s. mirar*
opīnārī, opīnor, opīnātus sum	glauben, meinen	*opīniō, i. opinare, s. opinar*
anima	der Atem, das Leben, die Seele	*animus, i. anima*
orīrī, orior, ortus sum	entstehen, sich erheben	*Orient*
Sōl oritur.	Die Sonne geht auf.	
verērī, **nē** *m. Konj.*	fürchten, dass	
cōnārī, cōnor, cōnātus sum	versuchen	
ratiō, ratiōnis *f*	der Grund, die Vernunft, die Überlegung; die Art und Weise; die Berechnung	*rērī, Ration, rational, rationell, e. reason, f. raison, s. razón*
eādem ratiōne	auf dieselbe Weise	
ratiōne agere	mit Vernunft (vernünftig) handeln	
morī, morior, mortuus sum	sterben	*mors, mortuus, f. mourir, s. morir*
intuērī, intueor	anschauen	*in, tuērī, Intuition*
suprēmus, a, um	der (die, das) höchste, letzte	*superī, e. supreme*
spīritus, spīritūs *m*	der Atem, die Seele	*Spiritus, e. spirit, f. esprit*
ēgredī, ēgredior, ēgressus sum	hinausgehen, verlassen	*ag-gredī*
modum ēgredī	das Maß überschreiten	

Fortsetzung →

87

proficīscī, proficīscor, profectus sum	(ab)reisen, aufbrechen
hortārī, hortor, hortātus sum	auffordern, ermahnen

F Verben: Deponentien (Infinitive, Partizipien, Gerundium)

Auch von den Deponentien werden Infinitive, Partizipien und die Formen des Gerundiums gebildet:

Infinitiv	Präsens	arbitrā-**rī**	*glauben*
	Perfekt	arbitrā-**tum esse**	*geglaubt (zu) haben*
	Futur	arbitrā-**tūrum esse**	*glauben werden*
Partizip	Präsens	arbitrā-**ns**	*einer, der glaubt*
	Perfekt	arbitrā-**tus**	*einer, der geglaubt hat*
	Futur	arbitrā-**tūrus**	*einer, der glauben wird*
Gerundium		arbitra-**nd**-ī, arbitr**and**-ō, ad arbitra-**nd**-um, arbitr**a-nd**-ō	

S Partizip Perfekt der Deponentien (Verwendung)

Das Partizip Perfekt der Deponentien bezeichnet oft die **Vorzeitigkeit**; es wird wie das PPP der aktiven Verben mit Gliedsatz, Präpositionalausdruck oder Beiordnung wiedergegeben.

	Cicero diu in Graecia **moratus** Romam rediit.
1. Gliedsatz	→ Cicero kehrte, **nachdem** **er sich** lange in Griechenland **aufgehalten hatte**, nach Rom zurück.
2. Präpositionalausdruck	→ **Nach** **seinem langen Aufenthalt** in Griechenland kehrte Cicero nach Rom zurück.
3. Beiordnung	→ Cicero **hielt sich** lange in Griechenland **auf** **und** kehrte **dann** nach Rom zurück.

Das Partizip Perfekt mancher Deponentien kann jedoch auch die **Gleichzeitigkeit** ausdrücken:

	Epicurus **ratus** omnia ex atomis constare timorem mortis vicit.
1. Gliedsatz	→ **Da** Epikur **glaubte**, dass alles aus Atomen bestehe, besiegte er die Furcht vor dem Tod.
2. Präpositionalausdruck	→ **In der Meinung**, dass alles aus Atomen bestehe, besiegte Epikur die Furcht vor dem Tod.
3. Beiordnung	→ Epikur **glaubte**, dass alles aus Atomen bestehe, **und** besiegte **deshalb** die Furcht vor dem Tod.

Beachte hierzu die folgenden Partizipien:

veritus	*aus Furcht*	ratus	*in der Meinung*
arbitrātus	*in der Meinung*	secūtus	*folgend*

Wortschatz erweitern: Wortbildungselemente nutzen (Präfixe II)

M

Du hast schon Präfixe kennengelernt, die auf Präpositionen zurückgeführt werden (z.B. ab-ire). Hier findest du eine Zusammenstellung anderer Präfixe; die unbekannten Wörter in der rechten Spalte solltest du selbst erschließen, die bekannten aus der Grundbedeutung erklären:

in-	z.B. in-certus z.B. in-iuria	Verneinung oder Gegenteil	in-fidus in-humanus in-cultus
ne-	z.B. ne-scire	Verneinung oder Gegenteil	neg-otium neg-legere
dis-	z.B. dis-cedere	Trennung	dis-currere dis-sentire dif-fundere dif-ferre
re-	z.B. re-tinere z.B. red-ire	Rückbezug oder Wiederholung	re-vocare re-ficere re-petere re-novare

88

W Wiederholungswörter

mōs, mōris *m*	die Sitte, der Brauch; *Pl.* der Charakter	accēdere, accēdō, accessī, accessum (ad *m. Akk.*)	herbeikommen, hinzukommen
māiōrēs, māiōrum *m Pl.*	die Vorfahren	vestīgium	die Fußsohle, die Spur, die Stelle

Lernwörter

opera	die Arbeit, die Mühe	*opus, Oper, Operation, i. opera*
imitārī, imitor, imitātus sum	nachahmen	*imitieren, Imitation, e. imitate, f. imiter*
ambitiō, ambitiōnis *f*	der Ehrgeiz	*Ambition, e./f. ambition*
persequī, persequor, persecūtus sum	verfolgen; erstreben	*per, sequī, i. perseguire, s. perseguir*
rēctus, a, um	gerade, recht, richtig	*regere, rēctē*
nāscī, nāscor, nātus sum	entstehen, geboren werden	*nātūra, nātiō*
Antīquō genere nātus est.	Er stammt aus einem alten Geschlecht.	
Scelus ab invidiā nātum est.	Das Verbrechen entstand aus Neid.	
contentus, a, um	zufrieden	*f. content, i./s. contento*
pār, paris	gleich, ebenbürtig	*Paar, i. pari, s. par*
prīvātus, a, um	persönlich, privat; *Subst.* die Privatperson	*e. private, i. privato, s. privado*
praecipere, praecipiō, praecēpī, praeceptum *m. Dat.*	(be)lehren, vorschreiben	*capere*
vacuus, a, um (ā *m. Abl.*)	leer, frei (von)	
ūtī, ūtor, ūsus sum *m. Abl.*	benutzen, gebrauchen	*ūsus, e. use, f. user, s. usar*
Ulixes dolō ūtitur.	Odysseus wendet eine List an.	
Mārcō ūtor amīcō.	Ich habe Markus als Freund.	
ultrō *Adv.*	freiwillig, noch dazu	
pūblicus, a, um	öffentlich, staatlich	*rēs pūblica, Publikum, e./f. public*
plērīque, plēraeque, plēraque	die meisten, sehr viele	
voluptātem capere ē / ex *m. Abl.*	Freude haben an	
prōgredī, prōgredior, prōgressus sum	vorrücken, weitergehen	*ag-gredī, progressiv, e. progress*

nd-Formen: Gerundiv(um)

	Infinitiv	Gerundiv(um)
a-Konjugation	vocā-re	voca-**nd-us, a, um**
e-Konjugation	monē-re	mone-**nd-us, a, um**
i-Konjugation	audī-re	audi-**e-nd-us, a, um**
kons. Konjugation (i-Erweiterung)	ag-e-re cape-re	ag-**e-nd-us, a, um** capi-**e-nd-us, a, um**

Das Gerundivum wird ebenso wie das Gerundium mit **-nd-** gebildet. Es kommt auch bei Deponentien vor (z.B. verendus, a, um; aggrediendus, a, um). Es wird wie die Adjektive der a- und o-Deklination dekliniert.

nd-Formen: Attributives Gerundiv(um)

→ Erscheinungsform und Übersetzung

Das attributive Gerundivum ist ein zu Verben gebildetes Adjektiv (Verbaladjektiv). Es stimmt nach der KNG-Regel mit einem Bezugswort überein. Nominativ und Dativ sind sehr selten.

→ Genitiv

Tibi tempus libri legendi est.
Du hast Zeit zum Lesen des Buches.

Epicuri sequendi cupidus sum.
Ich bin begierig darauf, Epikur zu folgen.

Epicuri sequendi causā otium quaero.
Um Epikur zu folgen, suche ich Ruhe.

→ Akkusativ

Hic locus ad librum legendum idoneus non est.
Dieser Platz ist nicht geeignet, um ein Buch zu lesen.
Dieser Platz ist zur Lektüre eines Buches nicht geeignet.

Causis agendis magnam auctoritatem consequar.

Durch das Führen von Prozessen werde ich großes Ansehen erlangen.

In causis agendis multa iam didici.

Beim Führen von Prozessen habe ich schon vieles gelernt.

→ **Ablativ**

Wie die Beispiele zeigen, drückt das Gerundivum einen Vorgang aus.
Eine wörtliche Übersetzung ist nicht möglich. Bei der Wiedergabe im Deutschen verwendet man meist Substantive oder Infinitivkonstruktionen.

Häufig kannst du für die Übersetzung nach folgendem Schema vorgehen:
Die Gerundivform wird im Deutschen zu einem Substantiv, von dem dann das lateinische Bezugswort als Genitivattribut abhängt.

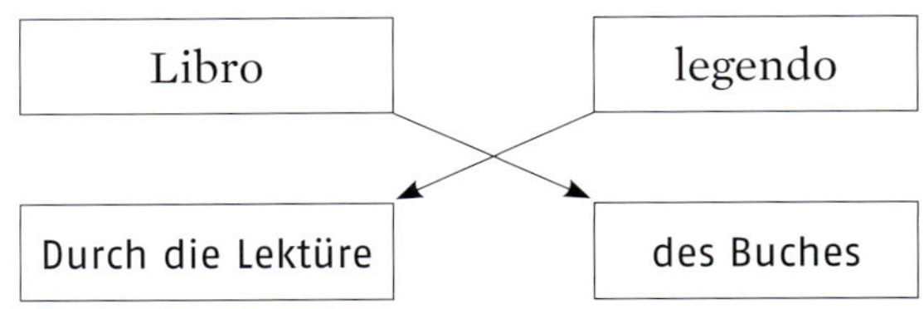

liber legendus

ein Buch, das gelesen werden muss / soll
ein lesenswertes Buch

dolor non ferendus

ein unerträglicher Schmerz

Ein attributives Gerundivum im **Nominativ** kann durch Adjektive auf *-wert* oder *-lich* wiedergegeben werden. Hier wird deutlich, dass das attributive Gerundivum passive Bedeutung hat.

→ **Attributives Gerundivum als satzwertige Konstruktion**

Aussagesatz	→ Librum lego: Ich lese das Buch:	Multa disco. Ich lerne (dadurch) viel.
Gerundium	→ Librum legendo	multa disco.
attributives Gerundivum	→ Libro legendo Durch die Lektüre des Buches	multa disco. lerne ich viel.

Man kann ein **attributives Gerundivum mit Bezugswort** (hier: libro legendo) ebenso wie ein **erweitertes Gerundium** (hier: librum legendo) als einen eigenständigen Aussagesatz verstehen, der als satzwertige Konstruktion in einen anderen Satz „eingebettet" wurde.

89

Wiederholungswörter

W

ingenium	die Begabung, das Talent, der Verstand	magistrātus, magistrātūs *m*	das Amt, der Beamte
studium	die Beschäftigung, das Engagement, das Interesse	condiciō, condiciōnis *f*	die Bedingung, die Lage

Lernwörter

manifestus, a, um	offenkundig; überführt	*manus, Manifest*
ingredī, ingredior, ingressus sum	betreten; beginnen	*aggredī, prōgredī, Ingredienz*
scīlicet *Adv.*	freilich, natürlich	*scīre, licet*
vidērī, videor, vīsus sum	scheinen, gelten (als)	*vidēre, Vision*
īnstruere, īnstruō, īnstrūxī, īnstrūctum	aufstellen, ausrüsten; unterrichten	*Instruktion, Instrument, e. instruct*
cōnfitērī, cōnfiteor, cōnfessus sum	(ein)gestehen	*fatērī, Konfession, e. confess*
cōnsuēscere, cōnsuēscō, cōnsuēvī, cōnsuētum *m. Inf.*	sich daran gewöhnen	
Equus pārēre cōnsuēscit.	Das Pferd gewöhnt sich daran zu gehorchen.	
remittere, remittō, remīsī, remissum	zurückschicken; nachlassen, vermindern	*mittere, Remittende*
āctiō, āctiōnis *f*	die Tätigkeit; die Gerichtsverhandlung; die Rede	*agere, Aktion, Reaktion, e./f. action, i. azione, s. acción*
onus, oneris *n*	die Last	*i. onere*
suscipere, suscipiō, suscēpī, susceptum	auf sich nehmen, sich (einer Sache) annehmen, unternehmen	*sub, capere*
īdem ac / atque	derselbe wie	
Idem dīcitis ac amīcī.	Ihr sagt dasselbe wie die Freunde.	
cor, cordis *n*	das Herz	*f. cœur, i. cuore*
cordī esse	am Herzen liegen	
agitāre, agitō	betreiben; überlegen	*agere, āctiō, Agitation*
adoptāre, adoptō	adoptieren, in seine Familie aufnehmen	

S1 nd-Formen: Prädikatives Gerundiv(um) (1)

→ **Gerundivum bei esse (persönliche Konstruktion)**

Hic liber Senecae legendus est.

Dieses Buch von Seneca *muss* gelesen werden (ist zu lesen).

Isti libri legendi non sunt.

Diese Bücher da *dürfen nicht* gelesen werden.

Multi putant libros Senecae legendos esse.

Viele meinen, dass man die Bücher Senecas lesen *muss (soll)*.

Bei Formen von esse steht das prädikative Gerundivum als **Prädikatsnomen**.

Das prädikative Gerundivum bezeichnet bei Formen von esse eine Handlung, die ausgeführt werden muss (soll) bzw. nicht ausgeführt werden darf (soll). Es tritt häufig auch im AcI auf.
Die nd-Formen **transitiver Verben** stehen dabei mit ihrem Bezugswort in KNG-Kongruenz, d.h. sie werden **„persönlich"** konstruiert.

S2 Dativus auctoris

Hic liber Senecae *tibi* legendus est.

Dieses Buch von Seneca muss *von dir* gelesen werden (ist *von dir* zu lesen).

Du musst dieses Buch von Seneca lesen.

Beim prädikativen Gerundivum mit Formen von esse steht die Person, von der die Handlung ausgeführt werden muss (soll), im **Dativus auctoris** (Dativ des Urhebers).
Im Deutschen ist die Wiedergabe im Aktiv oft eleganter.

Sprachenvergleich

Tibi venie**nd**um **est**.	Tibi venie**nd**um **non est**.
You **must** come.	You **must not** come.
Du **musst** kommen.	Du **darfst nicht** kommen.

90

Wiederholungswörter

W

pōstulāre, pōstulō	fordern	trādere, trādō, trādidī, trāditum	übergeben, überliefern
neque ... neque	weder ... noch	ōrdō, ōrdinis *m*	die Ordnung, die Reihe, der Stand
colere, colō, coluī, cultum	bewirtschaften, pflegen; verehren	differre, differō, distulī, dīlātum *(ā m. Abl.)*	aufschieben; sich unterscheiden (von)

Lernwörter

potentia	die Macht	*posse, potēns, potestās, Potenz*
iūstitia	die Gerechtigkeit	*iūs, Justiz*
īnstituere, īnstituō, īnstituī, īnstitūtum	beginnen, einrichten, unterrichten	*in, statuere, Institut, Institution*
prōrsus *Adv.*	überhaupt, völlig	
prōspicere, prōspiciō, prōspexī, prōspectum	achtgeben, dafür sorgen, (vorher)sehen	*prō, speciēs, aspicere, Prospekt*
mortem prōspicere	den Tod vorhersehen	
salūtī patris prōspicere	für das Wohl des Vaters sorgen	
pater familiās	der Hausherr, das Familienoberhaupt	*pater, familia*
iniūstus, a, um	ungerecht	*iūstus, iūstitia, iūs*
ōrdō senātōrum	der Senatorenstand	
nōbilitās, nōbilitātis *f*	der Adel, die vornehme Abstammung	*Nobilität, f. noblesse*
aetās, aetātis *f*	das Lebensalter, die Zeit, das Zeitalter	*i. età, s. edad*
iūstus, a, um	gerecht	*iūstitia, iūs, Justiz, e. just*
-ve	oder	
subicere, subiciō, subiēcī, subiectum	darunterlegen; unterwerfen	*sub, Subjekt*
parcere hostibus subiectīs	die unterworfenen Feinde schonen	
rēs familiāris *f*	das (Privat-)Vermögen, der Besitz	*rēs, familiāris, familia*
ēicere, ēiciō, ēiēcī, ēiectum	hinauswerfen, vertreiben	*„Eject"*
plūris esse	teurer sein	*plūs*
neque vērō	aber nicht	
prūdentia	die Klugheit	

S1 nd-Formen: Prädikatives Gerundiv(um) (2)

→ **Gerundivum bei esse (unpersönliche Konstruktion)**

Parend*um* est.

Man muss gehorchen.
(*Es* muss gehorcht werden.)

Legibus parend*um* est.

Man muss den Gesetzen gehorchen.
(Den Gesetzen muss gehorcht werden.)

Scimus legibus parend*um* esse.

Wir wissen, dass *man* den Gesetzen gehorchen muss.

Das prädikative Gerundivum **intransitiver Verben** steht im Neutrum Singular, d.h. es wird **„unpersönlich"** konstruiert. In der Regel passt eine Übersetzung mit *man*.

S2 nd-Formen: Prädikatives Gerundiv(um) (3)

→ **Gerundivum bei Vollverben**

Amico librum *legendum do.*

Ich gebe dem Freund das Buch *zum Lesen.*

Bei manchen Vollverben (z.B. dare, trādere, mittere, cūrāre) drückt das prädikative Gerundivum den **Zweck** aus. Es wird übersetzt mit *zum, zur, zu.*

Bei Vollverben steht das prädikative Gerundivum als **Prädikativum**.

Wortbildung

con-**icere**
e-**icere**
ob-**icere**
sub-**icere**

Das Grundwort zu diesen vier Komposita heißt iácere, iacio, ieci.
Versuche die Bedeutung dieses Verbs zu erschließen, indem du die Bedeutungen der Komposita vergleichst.
Was bedeutet dann ad-icere?

91

Wiederholungswörter

W

mōs, mōris *m*	die Sitte, der Brauch; *Pl.* der Charakter	cōnstat	es ist bekannt, es steht fest
dubitāre, dubitō	zweifeln; zögern *(m. Inf.)*	dēferre, dēferō, dētulī, dēlātum	hinbringen, melden, übertragen
referre, referō, rettulī, relātum	(zurück)bringen, berichten	īnstāre, īnstō, īnstitī	bevorstehen, hart zusetzen
flāgitium	die Schandtat, die Gemeinheit	dēficere, dēficiō, dēfēcī, dēfectum	abnehmen, ermatten, abfallen (von)

Lernwörter

Trāiānus	Trajan *(röm. Kaiser 98–117 n. Chr.)*	
admittere, admittō, admīsī, admissum	hinzuziehen, zulassen	*ad, mittere, e. admit*
interesse, intersum, interfuī *(m. Dat.)*	dazwischen sein; teilnehmen (an)	*inter, esse, Interesse, interessant*
iūdicium	das Gericht, das Urteil	*iūs, iūstus, iūdex, iūdicāre*
pūnīre, pūniō	bestrafen	
tametsī *Subj.*	obwohl, wenn auch	*tam, etsī, sī*
adeō *Adv.*	so sehr	
accendere, accendō, accendī, accēnsum	anfeuern, anzünden	*incendere, i. accendere*
īrā accēnsus	zornentbrannt, zornerfüllt	
quīcumque, quaecumque, quodcumque	jeder, der; wer auch immer	*quī, quae, quod*
licentia	die Freiheit, die Willkür	*licet, Lizenz, e. license*
reliquus, a, um	übrig, künftig	*relinquere, reliquiae*
nimius, a, um	übermäßig, zu groß	
ārdēre, ārdeō, ārsī, ārsūrum	brennen	*i. ardere, s. arder*
quisquis, quidquid (quicquid) *subst.*	jeder, der; wer auch immer	*quis, Quisquilie*
quippe *Adv.*	freilich, zumal	
quārē	weshalb, wodurch; *relativer Satzanschluss:* deshalb	

F Verallgemeinernde Relativpronomina: quisquis, quicumque

→ **quisquis, quidquid** *jeder, der; wer auch immer*

Quisquis es, iustitia tibi colenda est.

Wer auch immer du bist, du musst die Gerechtigkeit pflegen.

Das verallgemeinernde Relativpronomen quisquis, quid-quid wird zumeist substantivisch verwendet. Es kommt fast nur im Nominativ vor.

→ **quīcumque, quaecumque, quodcumque** *jeder, der; wer auch immer*

Quicumque saluti hominum prospicit, iuste agit.

Wer auch immer (jeder, der) für das Wohl der Menschen sorgt, handelt gerecht.

Quaecumque agis, iustitia tibi colenda est.

Was auch immer (alles, was) du tust, du musst die Gerechtigkeit pflegen.

Das verallgemeinernde Relativpronomen quicumque wird adjektivisch und substantivisch verwendet.

An die Deklinationsformen des Relativpronomens qui, quae, quod wird -cumque angefügt.

S Genitivus partitivus

Multitudo *nominum* in libello scripta erat.

Eine Menge *Namen* war in dem kleinen Buch aufgeschrieben.

Der **Genitivus partitivus** (Genitiv des geteilten Ganzen) (hier: nominum) bezeichnet die Gesamtheit, von der ein bestimmter Teil (hier: multitudo) genannt wird.

Der Genitivus partitivus steht hauptsächlich bei:

- **Maß- und Mengenangaben** (z.B. numerus, vis, copia, pars, multum)
- **bestimmten Pronomina** (z.B. nemo, quis).

Er hat die Satzgliedfunktion des Attributs.

Beachte die folgenden Wendungen:

multum temporis	viel Zeit
tantum ingenii	so viel (an) Begabung
nihil novi	nichts Neues
quid consilii?	welcher Plan?
quis vestrum?	wer von euch?
nemo nostrum	keiner von uns
ubi terrarum?	wo auf der Welt?

Wiederholungswörter

W

pōscere, pōscō, popōscī	fordern, verlangen	impellere, impellō, impulī, impulsum	antreiben, veranlassen
vehere, vehō, vēxī, vectum	fahren, tragen, ziehen		

Lernwörter

quaesere, quaesō	bitten	*quaerere*
agere, agō, ēgī, āctum	handeln, treiben, verhandeln	*agieren*
hiems, hiemis *f*	der Winter; das Unwetter	
ancora	der Anker	*e. anchor, f. ancre, i. ancora*
aequor, aequoris *n*	die Ebene, die Fläche, das Meer	*aequus*
vehī, vehor, vectus sum	sich fortbewegen, fahren	*vehere, Vehikel, Vektor*
(In) nave vehor.	Ich fahre mit (auf) dem Schiff.	
prius *Adv.*	früher, zuerst	*prior, prīmus, prīmum, prīmō*
suspīciō, suspīciōnis *f*	der Verdacht, die Vermutung	*suspicārī, e. suspicion*
tempestās, tempestātis *f*	der Sturm, das (schlechte) Wetter; die Zeit	*tempus, e. tempest*
aestus, aestūs *m*	die Hitze, die Flut	*aestās*
repente *Adv.*	plötzlich, unerwartet	*s. de repente*
adventus, adventūs *m*	die Ankunft	*ad, venīre, Advent*
flūctus, flūctūs *m*	die Flut, die Strömung	*fluvius, Fluktuation*
rīpa	das Ufer	*Revier, Riviera*
avāritia	der Geiz, die Habsucht	*i. avarizia*
minus *Adv.*	weniger, nicht sehr	*minor, minus*

Konjunktiv im Hauptsatz: Potentialis

S

Hoc nemo credat / crediderit.

Das *dürfte (könnte)* keiner glauben.
Das glaubt *wohl* keiner.

Der **Konjunktiv Präsens** bzw. **Perfekt** kann im Hauptsatz dazu dienen, eine Aussage als möglich zu kennzeichnen oder in ihrer Gültigkeit abzuschwächen. Beide Tempora drücken den **Potentialis der Gegenwart** aus. Zur Wiedergabe im Deutschen eignen sich Formulierungen mit *könnte, dürfte* oder *wohl*.
Der Potentialis steht in Aussage- oder Fragesätzen.

93

W Wiederholungswörter

vetus, veteris	alt	iūdex, iūdicis m	der Richter
solvere, solvō, solvī, solūtum	lösen, auflösen; bezahlen	opīniō, opīniōnis *f*	die Meinung, der (gute) Ruf
cōnfirmāre, cōnfirmō	bekräftigen, ermutigen, stärken	fallere, fallō, fefellī	täuschen, betrügen

Lernwörter

amplus, a, um	bedeutend, groß, weit	*f. ample, s. amplio*
fierī, fīō, factus sum	gemacht werden; geschehen, werden	*facere, factum*
fenestra	das Fenster	*f. fenêtre, i. fenestra*
sūmptus, sūmptūs *m*	der Aufwand, die Kosten	*sūmere*
modo *Adv.*	eben (noch); nur	*modus, modo ... modo*
īgnārus, a, um *(m. Gen.)* īgnārus perīculōrum	ohne Kenntnis, unwissend ohne Kenntnis der Gefahren	*Ignoranz*
collum	der Hals	*Collier, f. col, i. collo*
medicus	der Arzt	*Medizin*
īrāscī, īrāscor *(m. Dat.)*	in Zorn geraten, zornig sein (gegen / über)	*īra*
an *(im indir. Fragesatz)* Nesciō, an nūntius vēnerit.	ob nicht *(nach Ausdrücken des Nichtwissens und Zweifelns)* Ich weiß nicht, ob nicht eine Nachricht gekommen ist.	
ob *Präp. m. Akk.* quam ob rem	wegen; für; gegen(über) weshalb; deshalb	
īnfēstus, a, um	feindlich, feindselig	
repetere, repetō, repetīvī, repetītum verba repetere	(zurück)verlangen, wiederholen Wörter wiederholen	*petere, repetieren, e. repeat, f. répéter, s. repetir*
uterque, utraque, utrumque *(Gen.* **utrīusque**, *Dat.* **utrīque**) Uterque cōnsul adest.	beide, jeder *(von zweien)* Beide Konsuln **sind** anwesend.	
impetrāre, impetrō	erreichen, durchsetzen	*s. impetrar*
laus, laudis *f*	das Lob, der Ruhm	*laudare, Laudatio*

Verben: fieri

Inf. Präsens	**fierī** *gemacht werden; geschehen, werden*

	Indikativ		Konjunktiv	
Präsens	Singular	Plural	Singular	Plural
1. Person	fī-**ō**	fī-**mus**	fī-**a-m**	fī-**ā-mus**
2. Person	fī-**s**	fī-**tis**	fī-**ā-s**	fī-**ā-tis**
3. Person	fi-**t**	fī-**u-nt**	fī-**a-t**	fī-**a-nt**
Imperfekt	Singular	Plural	Singular	Plural
1. Person	fī-**ēba-m**	fī-**ēbā-mus**	fi-**e-re-m**	fi-**e-rē-mus**
2. Person	fī-**ēbā-s**	fī-**ēbā-tis**	fi-**e-rē-s**	fi-**e-rē-tis**
3. Person	fī-**ēba-t**	fī-**ēba-nt**	fi-**e-re-t**	fi-**e-re-nt**
Futur I	Singular	Plural		
1. Person	fī-**a-m**	fī-**ē-mus**		
2. Person	fī-**ē-s**	fī-**ē-tis**		
3. Person	fī-**e-t**	fī-**e-nt**		

Die Formen des Präsensstammes entsprechen im Allgemeinen denen der i-Konjugation.

Gutes Deutsch für fieri

Um lateinische Texte in gutes Deutsch zu übersetzen, musst du oft über die gelernten Grundbedeutungen hinausgehen. Versuche dies bei der Übersetzung von fieri in den folgenden Sätzen.

Clamor **fit**.
Saepe **fit**, ut rideamus.
Amicus consul **fit**.
Monumenta **fiunt**.

Quo **facto** redibimus.
Pons **fit**.
Insidiae mihi **fiunt**.

Quid de me **fiet**?
Proelium **fiebat**.
Ita **fit**, ut rem intellegam.

S1 Verwendung von fieri

Mercator iniuriam *fieri* videt.

Der Kaufmann sieht, dass ein Unrecht *geschieht (begangen wird).*

fieri vertritt im Präsensstamm das fehlende Passiv von facere.

Profecto iniuria *facta est.*

In der Tat geschah ein Unrecht *(wurde ... begangen).*

Die Formen des Perfektstammes werden mit dem PPP von facere gebildet (factus, a, um).

Beachte: Die Komposita von facere bilden das Passiv in der Regel nicht mit Formen von fieri, sondern regulär (z.B. efficitur).

Factum est, ut sceleratus iniuriam committeret.

Es geschah, dass der Verbrecher ein Unrecht beging.

Nach unpersönlichen Formen von fieri leitet ut (mit Konjunktiv) einen Gliedsatz ein, der erläutert, was geschieht.

Solche unpersönlichen Formulierungen sind zum Beispiel:

fit	es geschieht
factum est	es geschah
fierī potest	es kann geschehen, es ist möglich

S2 Konjunktiv im Hauptsatz: Deliberativ

Quid faciam?

Was *soll* ich tun?

In Fragesätzen dient der Konjunktiv (meist 1. Pers.) zum Ausdruck der Überlegung oder Unentschlossenheit. Der **Konjunktiv Präsens** drückt den **Deliberativ der Gegenwart** aus.
Zur Wiedergabe im Deutschen eignet sich die Umschreibung mit *sollen*.

94

Wiederholungswörter

W

vīs *f* (*Akk.* vim, *Abl.* vī)	die Gewalt, die Kraft, die Menge	unde?	woher?
ambō, ambae, ambō	beide (zusammen)	manifestus, a, um	offenkundig; überführt

Lernwörter

sīve / seu	oder, oder wenn	*sī, -ve*
sīve ... sīve	sei es (dass) ... sei es (dass); entweder ... oder	
caedēs, caedis *f* (*Gen. Pl.* **-ium**)	der Mord, das Blutbad	*caedere, Genozid, Suizid, Insektizid*
excipere, excipiō, excēpī, exceptum	aufnehmen; eine Ausnahme machen	*ex, capere, e. except*
continēre, contineō, continuī	festhalten, enthalten	*tenēre, Kontinent, Container, e. contain*
frūstrā *Adv.*	vergeblich	*frustriert*
hinc *Adv.*	von hier, hierauf	*hīc*
contrōversia	der Streit	*contrā, vertere, Kontroverse, kontrovers*
requīrere, requīro, requīsīvī, requīsītum	aufsuchen, sich erkundigen, verlangen	*quaerere, Requisiten, requirieren*
fierī *m. Gen.*	Eigentum (von jdm.) werden	
Domus mercātōris fit.	Das Haus wird Eigentum des Kaufmanns.	
mercēs, mercēdis *f*	der Lohn	*mercātor, „merci“*
dīvidere, dīvidō, dīvīsī, dīvīsum	teilen, trennen	*dividieren, Division, Individuum*
iūris cōnsultus	der Rechtsgelehrte	*iūs, cōnsulere*

Komposita

tenere	**capere**	**tendere**	**quaerere**
con-**tinere**	ac-**cipere**	con-**tendere**	re-**quirere**
ob-**tinere**	ex-**cipere**	os-**tendere**	vgl. quaesere
per-**tinere**	in-**cipere**		
re-**tinere**	prae-**cipere**		
sus-**tinere**	sus-**cipere**		

Stellt aus der Auflistung die Komposita zusammen, bei denen sich eurer Meinung nach die Herleitung der Bedeutung aus Präfix und Verbum simplex nicht „lohnt“. Tauscht eure Ergebnisse aus und erklärt ggf. Unterschiede.

S Verschränkter Relativsatz

→ **Erscheinungsform**

Vidi mercatorem, quem sceleratum esse scio.

Ich sah den Kaufmann, von dem ich weiß, dass er ein Verbrecher ist.

Im Lateinischen gibt es Relativsätze, die mit einem AcI verschmolzen („verschränkt") sind. Dabei richtet sich das Relativpronomen nach der untergeordneten Konstruktion (AcI).

Da man die verschränkten Relativsätze im Deutschen nicht wörtlich wiedergeben kann, muss man bei der Übersetzung freiere Formulierungen wählen.

→ **Übersetzungsmöglichkeiten**

Vidi mercatorem,

Ich sah den Kaufmann,

	quem sceleratum esse scio.
mit *von* und **Relativsatz**:	→ von dem ich weiß, dass er ein Verbrecher ist.
mit **Parenthese** (Einschub):	→ der – wie ich weiß – ein Verbrecher ist.
mit **Adverb**:	→ der bekanntlich ein Verbrecher ist.
mit **Präpositionalausdruck**:	→ der nach meinem Wissen ein Verbrecher ist.

Wenn diese Konstruktion Schwierigkeiten bereitet, kannst du vor dem Relativsatz zunächst einen Strichpunkt einfügen und wie bei einem relativen Satzanschluss übersetzen:

Vidi mercatorem; quem sceleratum esse scio.

Ich sah den Kaufmann; ich weiß, dass er / dieser ein Verbrecher ist.

Wenn du auf diese Weise den Sinn erfasst hast, kannst du den Relativsatz in der Übersetzung wieder unterordnen und eine der oben genannten Übersetzungsmöglichkeiten wählen.

95

Wiederholungswörter

W

pergere, pergō, perrēxī	aufbrechen, weitermachen	sermō, sermōnis *m*	das Gespräch, die Sprache, das Gerede
colligere, colligō, collēgī, collēctum	sammeln	querī, queror, questus sum *(m. Akk.)*	klagen, sich beklagen über
dīvīnus, a, um	göttlich	cōgitāre, cōgitō	denken, beabsichtigen

Lernwörter

cōnsuēvisse, cōnsuēvī *Perf.*	gewohnt sein	*cōnsuēscere*
Hoc fierī cōnsuēvit.	Das geschieht gewöhnlich.	
littera	der Buchstabe; *Pl.* der Brief; Literatur, Wissenschaft	
nō(vi)sse, nōvī *Perf.*	kennen, wissen	*nōscere, e. know*
ōdisse, ōdī *Perf.*	hassen	*odium, s. odiar*
meminisse, meminī *Perf.*	*(m. Gen. / Akk.)* sich erinnern an; *(m. AcI)* daran denken	*memor, memoria, memorāre*
Avī / avum meminī.	Ich erinnere mich an den Großvater.	
Meministīne mē esse amīcum tuum?	Denkst du daran, dass ich dein Freund bin?	
frūctus, frūctūs *m*	die Frucht, der Nutzen, der Ertrag	*fruī, frūmentum, e./f. fruit, i. frutto, s. fruto*
frūctum capere	Nutzen ziehen	
vīvus, a, um	lebend, lebendig	*vīvere*
quis est, quī *m. Konj.*	wen gibt es, der …	
ūnusquisque nostrum	ein jeder von uns	*ūnus, quisque*
sunt, quī *m. Konj.*	es gibt Leute, die …	
ūniversus, a, um	gesamt; *Pl.* alle zusammen	*ūnus, Universität, Universum*
imāgō, imāginis *f*	das Bild, das Abbild	*imitārī, Image, e./f. image*
simulācrum	das Bild, der Schatten *(eines Toten)*	*simul*
quippe quī (quippe cum) *m. Konj.*	da ja	*quippe*
dīgnus, quī *m. Konj.*	würdig, zu …	*i. degno, s. digno*
Dīgnus es, quī laudēris.	Du bist würdig, gelobt zu werden. Du verdienst es, gelobt zu werden.	

S1 Verben: Perfektopräsentien

nōvī	ich kenne / weiß (ich habe kennengelernt / erkannt)
cognōvī	ich kenne / weiß (ich habe kennengelernt / erkannt)
cōnsuēvī	ich bin gewohnt (ich habe mich daran gewöhnt)
meminī	ich erinnere mich / denke an
ōdī	ich hasse

Die aktiven Perfektformen einiger Verben können einen Zustand oder ein Ergebnis ausdrücken und somit präsentische Bedeutung bekommen.

Carolus multos libros colligere consueverat.

Karl war es gewohnt, viele Bücher zu sammeln.

Karl sammelte gewöhnlich viele Bücher.

Die Verben odisse und meminisse bilden ausschließlich Formen des Perfektstamms in präsentischer Bedeutung.

Bei diesen Verben „verschieben sich" auch die anderen Tempora; so werden die Formen des Plusquamperfekts (hier: consueverat) mit Präteritum wiedergegeben, die Formen des Futur II mit Futur I.

Magister libros auctorum antiquorum cognovit.

Discipuli bibliothecam cognoscunt.

Konjunktiv im Relativsatz

Wenn in einem lateinischen Relativsatz der Konjunktiv steht, kann dieser einen adverbialen **Nebensinn** ausdrücken.

→ **kausaler Nebensinn**

Carolus, *qui* (cum) libros auctorum veterum *diligeret*, viros doctos ad se vocavit.

Weil Karl die Bücher alter Schriftsteller *schätzte*, rief er gelehrte Männer zu sich.

→ **finaler Nebensinn**

Carolus servum misit, *qui* (ut) viros doctos ad cenam *vocaret*.

Karl schickte einen Diener, der gelehrte Männer zum Essen rufen *sollte* (*damit* er gelehrte Männer zum Essen rief).

→ **konsekutiver Nebensinn**

Carolus non *is* / *talis* erat, *qui* (ut) turba ac clamore hominum *delectaretur*.

Karl war nicht *so*, *dass* er durch die Menge und das Geschrei der Menschen erfreut wurde.

Karl war *kein Mann*, *der* durch die Menge und das Geschrei der Menschen erfreut wurde.

Opera auctorum veterum *digna* sunt, *quae legantur*.

Die Werke der alten Schriftsteller sind es *wert*, *gelesen zu werden*.

Ein Relativsatz mit konsekutivem Nebensinn kann im übergeordneten Satz durch ein „Signalwort" (z.B. is, talis) vorbereitet werden oder von bestimmten Adjektiven (z.B. dignus, idoneus) abhängen.
Hierzu zählt auch der Konjunktiv nach Ausdrücken wie:

sunt, qui ...	es gibt Leute, die ...
nemo est, qui ...	es gibt keinen, der ...
quis est, qui ...	wen gibt es, der ... ?

Der konsekutive Nebensinn wird im Deutschen oft nicht ausgedrückt.

96

W Wiederholungswörter

ēgregius, a, um	ausgezeichnet, hervorragend	auctōritās, auctōritātis *f*	das Ansehen, der Einfluss, die Macht
dēbēre, dēbeō, dēbuī, dēbitum	müssen, sollen, schulden	efficere, efficiō, effēcī, effectum	bewirken, herstellen
ūsuī esse	von Nutzen sein, nützlich sein	ūtī, ūtor, ūsus sum *m. Abl.*	benutzen, gebrauchen
antīquus, a, um	alt, altertümlich	virtūs, virtūtis *f*	die Tapferkeit, die Tüchtigkeit, die Leistung

Lernwörter

superior, superius *(Gen.* **superiōris***)*	der frühere, der weiter oben gelegene	*superī, superbus, superāre, suprēmus, f. supérieur*
plērumque *Adv.*	meistens	*plērīque*
Platō, Platōnis *m*	Plato *(griech. Philosoph, 427–348 v. Chr., Schüler des Sokrates)*	
docēre, doceō, docuī, doctum	lehren, unterrichten	*dozieren, Dozent*
prīstinus, a, um	früher	
multō *Adv.*	(um) viel	*multus, a, um*
multō magis	(um) viel mehr	
succēdere, succēdō, successī, successum	(nach)folgen, nachrücken	*sub, cēdere, sukzessiv, e. succeed*
nītī, nītor, nīxus sum *(m. Abl.)* **(ad / in** *m. Akk.)*	sich stützen auf; streben (nach)	*renitent*
mēnsā nītī	sich auf den Tisch stützen	
vīribus nīxus	auf Kräfte gestützt	
ad glōriam nītī	nach Ruhm streben	
praesertim (cum)	besonders (da / weil)	
quantō ... tantō *(m. Kompar.)*	je ... desto	*tantus ... quantus*
quantō altius ... tantō melius	je höher ... desto besser	

Satzanalyse

Wenn du mit der Übersetzung eines – vielleicht auf den ersten Blick unübersichtlichen – lateinischen Satzes nicht zurechtkommst, empfiehlt es sich, diesen Satz grammatikalisch zu analysieren. Dazu musst du:

1. den **Hauptsatz** suchen
2. **Gliedsätze** (als Subjekt, Objekt oder Adverbiale) und **Relativsätze** abgrenzen
3. **satzwertige Konstruktionen** (AcI, Participium coniunctum, Ablativus absolutus, nd-Formen) erkennen

Die folgenden Beispielsätze aus den letzten Lektionen verdeutlichen das Vorgehen:

→ **95 T, Z. 5–7**

Hauptsatz	Nebensatz 1	Nebensatz 2
Memini **sermonum** nostrorum,	**quibus** questus es de **eis**,	**qui** ... neglegant.
	Relativsatz: Attribut zu sermonum	Relativsatz: Attribut zu eis

→ **91 T, Z. 5f.**

Hauptsatz	Nebensatz 1	Nebensatz 2
Maxime ... dubito,	num nomen ipsum puniatur,	tametsi nulla flagitia animadversa sint.
	indirekter Fragesatz: Objekt zu dubito	konzessiver Gliedsatz: Adverbiale zu puniatur

Die Nebensätze 2 sind abhängig von den Nebensätzen 1.

96

→ 94 T, Z. 7f.

Hauptsatz	Nebensatz 1
Nam alius servus ... ei occurrit contenditque ↓ *se scire,*	quis vidulum in fluctibus perdidisset.
AcI: Objekt zu contendit	indirekter Fragesatz: Objekt zu scire

Satzwertige Konstruktionen (hier: *se scire*) solltest du besonders markieren *(hier kursiv)*.

→ XXXII T, Z. 12–14

Hauptsatz	Nebensatz 1	Nebensatz 2	
	Quia effici non potuit,		kausaler Gliedsatz: Adverbiale zu constituit
		ut omnes libri proderentur,	abhängiger Aussagesatz: Subjekt zu effici
Iustinianus constituit ↓ *ea* ... deligenda esse,	*quae* ... viderentur.		
AcI: Objekt zu constituit	*Relativsatz:* Attribut zu ea		

Dieses Beispiel zeigt, dass ein Satzgefüge nicht immer mit dem Hauptsatz beginnt.

Genau hinsehen: auf die Wortform und den Kontext

Parentes liberos libenter laudant.
Liberi libenter parentes laudentur!
Liberi cenam parantes laudantur.

Patres liberos parēre cupiunt.
Partes urbis videre cupio.
Pares sumus hostium copiis.

Cenam parare cupio.
Gloriam párere cupio.
Magistro parēre nolo.
Magistro parcere nolo.

Portam patēre video.
Dolorem fortiter pátere!

97

Wiederholungswörter

W

quaerere, quaerō, quaesīvī, quaesītum	erwerben wollen, suchen, fragen	persuādēre, persuādeō, persuāsī, persuāsum *m. Dat.*	überreden, überzeugen *(m. AcI)*
occupātus, a, um *(in m. Abl.)*	beschäftigt (mit)	contendere, contendō, contendī	sich anstrengen, kämpfen; eilen; behaupten
vertere, vertō, vertī	drehen, wenden		

Lernwörter

audēre, audeō, ausus sum	wagen	*audācia, f. oser*
solēre, soleō, solitus sum Catō hoc dīcere solēbat.	gewohnt sein, gewöhnlich etw. tun Cato sagte gewöhnlich dies.	*i. solere, s. soler*
cōnfīdere, cōnfīdō, cōnfīsus sum *(m. Dat. / Abl.)* cōnfīsus suīs vīribus	vertrauen im Vertrauen auf seine Kräfte	*fidēs, fidūcia*
crēber, crēbra, crēbrum crēbrō *Adv.*	häufig, zahlreich häufig	
revertī, revertor, revertī, reversum	zurückkehren	*vertere*
perspicere, perspiciō, perspexī, perspectum	durchschauen, genau betrachten, sehen, erkennen	*Perspektive*
perpetuus, a, um in perpetuum perpetuō *Adv.*	dauerhaft, ewig für immer ununterbrochen	*Perpetuum mobile*
stēlla	der Stern, das Sternbild, der Planet	*i. stella*
celeritās, celeritātis *f*	die Schnelligkeit	*celer, Akzeleration*
vulgō *Adv.*	allgemein, gewöhnlich	
quōmodo	wie? auf welche Weise?	*quī, modus*
gaudēre, gaudeō, **gāvīsus sum**	sich freuen	
reperīre, reperiō, repperī, repertum	(wieder)finden	*Repertoire*
fingere, fingō, fīnxī, fictum statuam fingere causās fingere	gestalten, sich (etw.) ausdenken eine Statue gestalten (erschaffen) sich Gründe ausdenken	*fingieren, Fiktion, e. science fiction*
currus, currūs *m*	der Wagen	*currere*
nauta *m*	der Seemann	*nāvis*

F Verben: Semideponentien

Präsensstamm: Aktiv		Perfektstamm: Passiv	
solet	*er (sie) ist gewohnt*	solitus, a est	*er (sie) war gewohnt*
gaudet	*er (sie) freut sich*	gāvīsus, a est	*er (sie) hat sich gefreut*
audet	*er (sie) wagt*	ausus, a est	*er (sie) hat gewagt*
cōnfīdit	*er (sie) vertraut*	cōnfīsus, a est	*er (sie) hat vertraut*

Einige wenige Verben bilden nur im Perfektstamm passive Formen mit aktiver Bedeutung. Deshalb heißen sie Semideponentien („Halbdeponentien").

Präsensstamm: Passiv		Perfektstamm: Aktiv	
revertitur	*er (sie) kehrt zurück*	revertit	*er (sie) ist zurückgekehrt*

revertī ist das einzige Verb, das umgekehrt im Präsensstamm passive Formen mit aktiver Bedeutung bildet; im Perfektstamm bildet es aktive Formen.

S Nominativ mit Infinitiv (NcI)

→ **Erscheinungsform**

Wie im Englischen können auch im Lateinischen einige Verben im Passiv persönlich konstruiert werden. Im Deutschen ist dies nur selten möglich (z.B. *ich werde gezwungen, etwas zu tun*).

Copernicus auctores antiquos coluisse dicitur.

Man sagt, dass Kopernikus die antiken Autoren verehrt hat.

Da die persönlichen Passivformen durch einen Nominativ (hier: Copernicus) und durch einen Infinitiv (hier: coluisse) ergänzt werden, spricht man von einem **NcI (Nominativus cum Infinitivo)**.

Wie der AcI ist auch der NcI eine satzwertige Konstruktion. Er hat die Satzgliedfunktion des Subjekts.

→ **Übersetzung**

Copernicus auctores antiquos coluisse dicitur.

Man sagt, dass Kopernikus die antiken Autoren verehrt hat.
Kopernikus hat – wie man sagt – die antiken Autoren verehrt.
Kopernikus soll die antiken Autoren verehrt haben.

Die Wiedergabe im Deutschen wird meist freier gestaltet. Neben einem dass-Satz sind auch andere Übersetzungen möglich.

Der NcI findet sich vor allem nach Formen der 3. Person im Passiv, z.B.:

traditur	man überliefert, dass er (sie, es) ...
putatur	man glaubt, dass er (sie, es) ...
dicitur	man sagt, dass er (sie, es) ..., er (sie, es) soll ...
videtur	er (sie, es) scheint ...

Wortschatz erfassen: Deutsche Bedeutungen verstehen

M

1. Sicher hast du schon die Erfahrung gemacht, dass du die eine oder andere Bedeutung eines lateinischen Wortes nicht recht verstehst, weil du sie selbst nicht verwendest.
Hier ein paar Beispiele aus den letzten Wortschätzen: ebenbürtig (par), Willkür (licentia), Habsucht (avaritia), wagen (audere).
In solchen Fällen sind kleine Kontexte im sog. Mischlatein sinnvoll, die ihr gemeinsam zur Wiederholung erstellen könnt. Beispiel:

Diesem Feind ist keiner von uns (par) ①.
Er ist unberechenbar, seine (licentia) ②
kann jeden treffen. Ich (audeo) ③ es nicht,
ihn vorschnell anzugreifen. Denn (soleo) ④,
überlegt zu handeln.

2. Auch Vokabeln mit mehreren unterschiedlichen Bedeutungen sind im Kontext oft schwer zu erfassen, z.B. actio (89 W), anima oder ratio (87 W). Um die unterschiedlichen Bedeutungen verstehen und anwenden zu können, kannst du dir Übersichtsskizzen in sog. Minikontexten anlegen. Die grau gedruckten Wendungen im Wortschatz und die Verwendung der Vokabel im Lektionstext helfen dir dabei. Beispiel:

ratione agere
eadem **ratione**

rationem eius rei afferre
ad **rationem** vocare

eius rei **ratio** nulla est
ratio belli gerendi

a Erschließe in diesen Minikontexten je eine treffende Bedeutung von ratio (die Bedeutungen sind z.T. mehrfach möglich).

b Stellt zu Vokabeln mit unterschiedlichen Bedeutungen selbst Minikontexte zusammen. Legt sie euch gegenseitig vor und überprüft sie auf ihre Eignung hin, die jeweilige Vokabel in ihren Bedeutungen zu erfassen.

Grammatisches Register

Tabellarium

1. Substantive

a-Dekl.	Singular	Plural
Nominativ	serv-a	serv-ae
Genitiv	serv-ae	serv-ārum
Dativ	serv-ae	serv-īs
Akkusativ	serv-am	serv-ās
Ablativ	serv-ā	serv-īs

o-Dekl.	Singular	Plural	Singular	Plural
Nominativ	serv-us	serv-ī	dōn-um	dōn-a
Genitiv	serv-ī	serv-ōrum	dōn-ī	dōn-ōrum
Dativ	serv-ō	serv-īs	dōn-ō	dōn-īs
Akkusativ	serv-um	serv-ōs	dōn-um	dōn-a
Ablativ	serv-ō	serv-īs	dōn-ō	dōn-īs

3. Dekl.	Singular	Plural	Singular	Plural
Nominativ	senātor	senātōr-ēs	nōmen	nōmin-a
Genitiv	senātōr-is	senātōr-um	nōmin-is	nōmin-um
Dativ	senātōr-ī	senātōr-ibus	nōmin-ī	nōmin-ibus
Akkusativ	senātōr-em	senātōr-ēs	nōmen	nōmin-a
Ablativ	senātōr-e	senātōr-ibus	nōmin-e	nōmin-ibus

u-Dekl.	Singular	Plural
Nominativ	met-us	met-ūs
Genitiv	met-ūs	met-uum
Dativ	met-uī	met-ibus
Akkusativ	met-um	met-ūs
Ablativ	met-ū	met-ibus

e-Dekl.	Singular	Plural
Nominativ	r-ēs	r-ēs
Genitiv	r-eī	r-ērum
Dativ	r-eī	r-ēbus
Akkusativ	r-em	r-ēs
Ablativ	r-ē	r-ēbus

2. Adjektive

a-/o-Dekl.	*Singular* m	f	n	*Plural* m	f	n
Nominativ	magn-**us**	magn-**a**	magn-**um**	magn-**ī**	magn-**ae**	magn-**a**
Genitiv	magn-**ī**	magn-**ae**	magn-**ī**	magn-**ōrum**	magn-**ārum**	magn-**ōrum**
Dativ	magn-**ō**	magn-**ae**	magn-**ō**	magn-**īs**	magn-**īs**	magn-**īs**
Akkusativ	magn-**um**	magn-**am**	magn-**um**	magn-**ōs**	magn-**ās**	magn-**a**
Ablativ	magn-**ō**	magn-**ā**	magn-**ō**	magn-**īs**	magn-**īs**	magn-**īs**

dreiendige

3. Dekl.	m	f	n	m	f	n
Nominativ	ācer	ācr-**is**	ācr-**e**	ācr-**ēs**	ācr-**ēs**	ācr-**ia**
Genitiv	ācr-**is**	ācr-**is**	ācr-**is**	ācr-**ium**	ācr-**ium**	ācr-**ium**
Dativ	ācr-**ī**	ācr-**ī**	ācr-**ī**	ācr-**ibus**	ācr-**ibus**	ācr-**ibus**
Akkusativ	ācr-**em**	ācr-**em**	ācr-**e**	ācr-**ēs**	ācr-**ēs**	ācr-**ia**
Ablativ	ācr-**ī**	ācr-**ī**	ācr-**ī**	ācr-**ibus**	ācr-**ibus**	ācr-**ibus**

zweiendige

Nominativ	fort-**is**	fort-**is**	fort-**e**	fort-**ēs**	fort-**ēs**	fort-**ia**
Genitiv	fort-**is**	fort-**is**	fort-**is**	fort-**ium**	fort-**ium**	fort-**ium**
Dativ	fort-**ī**	fort-**ī**	fort-**ī**	fort-**ibus**	fort-**ibus**	fort-**ibus**
Akkusativ	fort-**em**	fort-**em**	fort-**e**	fort-**ēs**	fort-**ēs**	fort-**ia**
Ablativ	fort-**ī**	fort-**ī**	fort-**ī**	fort-**ibus**	fort-**ibus**	fort-**ibus**

einendige

Nominativ	sapiēns	sapiēns	sapiēns	sapient-**ēs**	sapient-**ēs**	sapient-**ia**
Genitiv	sapient-**is**	sapient-**is**	sapient-**is**	sapient-**ium**	sapient-**ium**	sapient-**ium**
Dativ	sapient-**ī**	sapient-**ī**	sapient-**ī**	sapient-**ibus**	sapient-**ibus**	sapient-**ibus**
Akkusativ	sapient-**em**	sapient-**em**	sapiēns	sapient-**ēs**	sapient-**ēs**	sapient-**ia**
Ablativ	sapient-**ī**	sapient-**ī**	sapient-**ī**	sapient-**ibus**	sapient-**ibus**	sapient-**ibus**

Komparativ

Nominativ	longi**or**	longi**or**	longi**us**	longi**ōr-ēs**	longi**ōr-ēs**	longi**ōr-a**
Genitiv	longi**ōr-is**	longi**ōr-is**	longi**ōr-is**	longi**ōr-um**	longi**ōr-um**	longi**ōr-um**
Dativ	longi**ōr-ī**	longi**ōr-ī**	longi**ōr-ī**	longi**ōr-ibus**	longi**ōr-ibus**	longi**ōr-ibus**
Akkusativ	longi**ōr-em**	longi**ōr-em**	longi**us**	longi**ōr-ēs**	longi**ōr-ēs**	longi**ōr-a**
Ablativ	longi**ōr-e**	longi**ōr-e**	longi**ōr-e**	longi**ōr-ibus**	longi**ōr-ibus**	longi**ōr-ibus**

3. Pronomina

Personalpronomen

	Singular			Plural		
	1. Person	*2. Person*	*3. Person (refl.)*	*1. Person*	*2. Person*	*3. Person (refl.)*
Nominativ	**ego**	**tū**	–	**nōs**	**vōs**	–
Dativ	**mihi**	**tibi**	**sibi**	**nōbīs**	**vōbīs**	**sibi**
Akkusativ	**mē**	**tē**	**sē**	**nōs**	**vōs**	**sē**
Ablativ	**mēcum** **sine mē**	**tēcum** **sine tē**	**ā sē** **sēcum**	**nōbīscum** **sine nōbīs**	**vōbīscum** **sine vōbīs**	**ā sē** **sēcum**

Demonstrativpronomen is *dieser*

	m	*f*	*n*	*m*	*f*	*n*
Nominativ	**is**	**ea**	**id**	**eī / iī**	**eae**	**ea**
Genitiv	**eius**	**eius**	**eius**	**eōrum**	**eārum**	**eōrum**
Dativ	**eī**	**eī**	**eī**	**eīs / iīs**	**eīs / iīs**	**eīs / iīs**
Akkusativ	**eum**	**eam**	**id**	**eōs**	**eās**	**ea**
Ablativ	**eō**	**eā**	**eō**	**eīs / iīs**	**eīs / iīs**	**eīs / iīs**

Demonstrativpronomen iste *dieser (da)*

Nominativ	ist**e**	ist**a**	ist**ud**	ist**ī**	ist**ae**	ist**a**
Genitiv	ist**īus**	ist**īus**	ist**īus**	ist**ōrum**	ist**ārum**	ist**ōrum**
Dativ	ist**ī**	ist**ī**	ist**ī**	ist**īs**	ist**īs**	ist**īs**
Akkusativ	ist**um**	ist**am**	ist**ud**	ist**ōs**	ist**ās**	ist**a**
Ablativ	ist**ō**	ist**ā**	ist**ō**	ist**īs**	ist**īs**	ist**īs**

Demonstrativpronomen hic *dieser*

Nominativ	h**ic**	h**aec**	h**oc**	h**ī**	h**ae**	h**aec**
Genitiv	h**uius**	h**uius**	h**uius**	h**ōrum**	h**ārum**	h**ōrum**
Dativ	h**uic**	h**uic**	h**uic**	h**īs**	h**īs**	h**īs**
Akkusativ	h**unc**	h**anc**	h**oc**	h**ōs**	h**ās**	h**aec**
Ablativ	h**ōc**	h**āc**	h**ōc**	h**īs**	h**īs**	h**īs**

Demonstrativpronomen ille *jener*

Nominativ	ill**e**	ill**a**	ill**ud**	ill**ī**	ill**ae**	ill**a**
Genitiv	ill**īus**	ill**īus**	ill**īus**	ill**ōrum**	ill**ārum**	ill**ōrum**
Dativ	ill**ī**	ill**ī**	ill**ī**	ill**īs**	ill**īs**	ill**īs**
Akkusativ	ill**um**	ill**am**	ill**ud**	ill**ōs**	ill**ās**	ill**a**
Ablativ	ill**ō**	ill**ā**	ill**ō**	ill**īs**	ill**īs**	ill**īs**

Pronomen ipse *(er) selbst*

	Singular			Plural		
	m	*f*	*n*	*m*	*f*	*n*
Nominativ	ipse	ipsa	ipsum	ipsī	ipsae	ipsa
Genitiv	ipsīus	ipsīus	ipsīus	ipsōrum	ipsārum	ipsōrum
Dativ	ipsī	ipsī	ipsī	ipsīs	ipsīs	ipsīs
Akkusativ	ipsum	ipsam	ipsum	ipsōs	ipsās	ipsa
Ablativ	ipsō	ipsā	ipsō	ipsīs	ipsīs	ipsīs

Pronomen īdem *derselbe*

Nominativ	īdem	éadem	idem	eīdem / iīdem	eaedem	éadem
Genitiv	eiusdem	eiusdem	eiusdem	eōrundem	eārundem	eōrundem
Dativ	eīdem	eīdem	eīdem	eīsdem / iīsdem / īsdem		
Akkusativ	eundem	eandem	idem	eōsdem	eāsdem	éadem
Ablativ	eōdem	eādem	eōdem	eīsdem / iīsdem / īsdem		

Relativ- und Interrogativpronomen quī *der; welcher*

Nominativ	quī	quae	quod	quī	quae	quae
Genitiv	cuius	cuius	cuius	quōrum	quārum	quōrum
Dativ	cui	cui	cui	quibus	quibus	quibus
Akkusativ	quem	quam	quod	quōs	quās	quae
Ablativ	quō	quā	quō	quibus	quibus	quibus

Interrogativpronomen quis *wer?*

Nominativ	quis	quis	quid
Genitiv	cuius	cuius	cuius
Dativ	cui	cui	cui
Akkusativ	quem	quem	quid
Ablativ	ā quō / quōcum		quō

Indefinitpronomen aliquis *(subst.) irgendjemand*

Nominativ	ali**quis**	ali**quid**
Genitiv	ali**cuius**	ali**cuius rēi**
Dativ	ali**cui**	ali**cui rēi**
Akkusativ	ali**quem**	ali**quid**
Ablativ	ali**quō**	ali**quā rē**

Indefinitpronomen aliquī *(adj.) irgendein*

Nominativ	ali**quī**	ali**qua**	ali**quod**	ali**quī**	ali**quae**	ali**qua**
Genitiv	ali**cuius**	ali**cuius**	ali**cuius**	ali**quōrum**	ali**quārum**	ali**quōrum**
Dativ	ali**cui**	ali**cui**	ali**cui**	ali**quibus**	ali**quibus**	ali**quibus**
Akkusativ	ali**quem**	ali**quam**	ali**quod**	ali**quōs**	ali**quās**	ali**qua**
Ablativ	ali**quō**	ali**quā**	ali**quō**	ali**quibus**	ali**quibus**	ali**quibus**

Indefinitpronomen quīdam *(subst.) ein gewisser, (irgend)einer*

Nominativ	**quī**dam	**quae**dam	**quid**dam	**quī**dam	**quae**dam	**quae**dam
Genitiv	**cuius**dam	**cuius**dam	**cuius**dam	**quōrun**dam	**quārun**dam	**quōrun**dam
Dativ	**cui**dam	**cui**dam	**cui**dam	**quibus**dam	**quibus**dam	**quibus**dam
Akkusativ	**quen**dam	**quan**dam	**quid**dam	**quōs**dam	**quās**dam	**quae**dam
Ablativ	**quō**dam	**quā**dam	**quō**dam	**quibus**dam	**quibus**dam	**quibus**dam

Indefinitpronomen quīdam *(adj.) ein gewisser, (irgend)ein*

Nominativ	**quī**dam	**quae**dam	**quod**dam	**quī**dam	**quae**dam	**quae**dam
Genitiv	**cuius**dam	**cuius**dam	**cuius**dam	**quōrun**dam	**quārun**dam	**quōrun**dam
Dativ	**cui**dam	**cui**dam	**cui**dam	**quibus**dam	**quibus**dam	**quibus**dam
Akkusativ	**quen**dam	**quan**dam	**quod**dam	**quōs**dam	**quās**dam	**quae**dam
Ablativ	**quō**dam	**quā**dam	**quō**dam	**quibus**dam	**quibus**dam	**quibus**dam

Indefinitpronomen quisque *jeder*

Nominativ	**quis**que	**quis**que	**quid**que
Genitiv	**cuius**que	**cuius**que	**cuius**que
Dativ	**cui**que	**cui**que	**cui**que
Akkusativ	**quem**que	**quem**que	**quid**que
Ablativ	**quō**que	**quō**que	**quō**que

Verallgemeinerndes Relativpronomen quīcumque *jeder, der; wer auch immer*

Nominativ	**quī**-cumque	**quae**-cumque	**quod**-cumque

(vgl. Relativpronomen quī)

Verallgemeinerndes Relativpronomen quisquis *jeder, der; wer auch immer*

Nominativ	**quīs**quis	**quid**quid

4. Verben: Indikativ Aktiv

Präsensstamm

	ā-Konjugation		ē-Konjugation		ī-Konjugation	
Inf. Präsens	rogā-re		monē-re		audī-re	
PPA	rogāns, roga-ntis		monē-ns, monē-ntis		audi-ē-ns, audi-e-ntis	
Präsens	Singular	Plural	Singular	Plural	Singular	Plural
1. Person	rog-ō	rogā-mus	mone-ō	monē-mus	audi-ō	audī-mus
2. Person	rogā-s	rogā-tis	monē-s	monē-tis	audī-s	audī-tis
3. Person	roga-t	rogā-nt	mone-t	monē-nt	audi-t	audi-u-nt
Imperfekt	Singular	Plural	Singular	Plural	Singular	Plural
1. Person	rogā-ba-m	rogā-bā-mus	monē-ba-m	monē-bā-mus	audi-ēba-m	audi-ēbā-mus
2. Person	rogā-bā-s	rogā-bā-tis	monē-bā-s	monē-bā-tis	audi-ēbā-s	audi-ēbā-tis
3. Person	rogā-ba-t	rogā-ba-nt	monē-ba-t	monē-ba-nt	audi-ēba-t	audi-ēba-nt
Futur I	Singular	Plural	Singular	Plural	Singular	Plural
1. Person	rogā-b-ō	rogā-bi-mus	monē-b-ō	monē-bi-mus	audi-a-m	audi-ē-mus
2. Person	rogā-bi-s	rogā-bi-tis	monē-bi-s	monē-bi-tis	audi-ē-s	audi-ē-tis
3. Person	rogā-bi-t	rogā-bu-nt	monē-bi-t	monē-bu-nt	audi-e-t	audi-e-nt
Imperativ	rogā	rogā-te	monē	monē-te	audī	audī-te

Perfektstamm

Inf. Perfekt	rogāv-isse		monu-isse		audīv-isse	
Perfekt	Singular	Plural	Singular	Plural	Singular	Plural
1. Person	rogāv-ī	rogāv-imus	monu-ī	monu-imus	audīv-ī	audīv-imus
2. Person	rogāv-istī	rogāv-istis	monu-istī	monu-istis	audīv-istī	audīv-istis
3. Person	rogāv-it	rogāv-ērunt	monu-it	monu-ērunt	audīv-it	audīv-ērunt
Plusqperf.	Singular	Plural	Singular	Plural	Singular	Plural
1. Person	rogāv-eram	rogāv-erāmus	monu-eram	monu-erāmus	audīv-eram	audīv-erāmus
2. Person	rogāv-erās	rogāv-erātis	monu-erās	monu-erātis	audīv-erās	audīv-erātis
3. Person	rogāv-erat	rogāv-erant	monu-erat	monu-erant	audīv-erat	audīv-erant
Futur II	Singular	Plural	Singular	Plural	Singular	Plural
1. Person	rogāv-erō	rogāv-erimus	monu-erō	monu-erimus	audīv-erō	audīv-erimus
2. Person	rogāv-eris	rogāv-eritis	monu-eris	monu-eritis	audīv-eris	audīv-eritis
3. Person	rogāv-erit	rogāv-erint	monu-erit	monu-erint	audīv-erit	audīv-erint

Präsensstamm

	konsonantische Konjugation		*(i-Erweiterung)*		*Hilfsverb*	
Inf. Präsens	ag-**e-re**		cape-**re**		es-**se**	
PPA	ag-**ē-ns**, ag-**e-ntis**		capi-**ē-ns**, capi-**e-ntis**			
Präsens	*Singular*	*Plural*	*Singular*	*Plural*	*Singular*	*Plural*
1. Person	ag-**ō**	ag-**i-mus**	capi-**ō**	capi-**mus**	su-**m**	su-**mus**
2. Person	ag-**i-s**	ag-**i-tis**	capi-**s**	capi-**tis**	es	es-**tis**
3. Person	ag-**i-t**	ag-**u-nt**	capi-**t**	capi-**u-nt**	es-**t**	s-**u-nt**
Imperfekt	*Singular*	*Plural*	*Singular*	*Plural*	*Singular*	*Plural*
1. Person	ag-**ēba-m**	ag-**ēbā-mus**	capi-**ēba-m**	capi-**ēbā-mus**	er-**a-m**	er-**ā-mus**
2. Person	ag-**ēbā-s**	ag-**ēbā-tis**	capi-**ēbā-s**	capi-**ēbā-tis**	er-**ā-s**	er-**ā-tis**
3. Person	ag-**ēba-t**	ag-**ēba-nt**	capi-**ēba-t**	capi-**ēba-nt**	er-**a-t**	er-**a-nt**
Futur I	*Singular*	*Plural*	*Singular*	*Plural*	*Singular*	*Plural*
1. Person	ag-**a-m**	ag-**ē-mus**	capi-**a-m**	capi-**ē-mus**	er-**ō**	er-**i-mus**
2. Person	ag-**ē-s**	ag-**ē-tis**	capi-**ē-s**	capi-**ē-tis**	er-**i-s**	er-**i-tis**
3. Person	ag-**e-t**	ag-**e-nt**	capi-**e-t**	capi-**e-nt**	er-**i-t**	er-**u-nt**
Imperativ	ag-**e**	ag-**i-te**	cape	cap-**i-te**	es	es-**te**

Perfektstamm

Inf. Perfekt	ēg-**isse**		cēp-**isse**		fu-**isse**	
Perfekt	*Singular*	*Plural*	*Singular*	*Plural*	*Singular*	*Plural*
1. Person	ēg-**ī**	ēg-**imus**	cēp-**ī**	cēp-**imus**	fu-**ī**	fu-**imus**
2. Person	ēg-**istī**	ēg-**istis**	cēp-**istī**	cēp-**istis**	fu-**istī**	fu-**istis**
3. Person	ēg-**it**	ēg-**ērunt**	cēp-**it**	cēp-**ērunt**	fu-**it**	fu-**ērunt**
Plusqperf.	*Singular*	*Plural*	*Singular*	*Plural*	*Singular*	*Plural*
1. Person	ēg-**eram**	ēg-**erāmus**	cēp-**eram**	cēp-**erāmus**	fu-**eram**	fu-**erāmus**
2. Person	ēg-**erās**	ēg-**erātis**	cēp-**erās**	cēp-**erātis**	fu-**erās**	fu-**erātis**
3. Person	ēg-**erat**	ēg-**erant**	cēp-**erat**	cēp-**erant**	fu-**erat**	fu-**erant**
Futur II	*Singular*	*Plural*	*Singular*	*Plural*	*Singular*	*Plural*
1. Person	ēg-**erō**	ēg-**erimus**	cēp-**erō**	cēp-**erimus**	fu-**erō**	fu-**erimus**
2. Person	ēg-**eris**	ēg-**eritis**	cēp-**eris**	cēp-**eritis**	fu-**eris**	fu-**eritis**
3. Person	ēg-**erit**	ēg-**erint**	cēp-**erit**	cēp-**erint**	fu-**erit**	fu-**erint**

5. Verben: Indikativ Passiv

Präsensstamm

	ā-Konjugation		*ē-Konjugation*		*ī-Konjugation*	
Inf. Präsens	roga-**rī**		mone-**rī**		audī-**rī**	
Gerundiv	roga-**ndus, a, um**		mone-**ndus, a, um**		audi-**e-ndus, a, um**	
Präsens	*Singular*	*Plural*	*Singular*	*Plural*	*Singular*	*Plural*
1. Person	rog-**or**	rogā-**mur**	mone-**or**	monē-**mur**	audi-**or**	audi-**mur**
2. Person	rogā-**ris**	rogā-**minī**	monē-**ris**	monē-**minī**	audī-**ris**	audī-**minī**
3. Person	rogā-**tur**	rogā-**ntur**	monē-**tur**	monē-**ntur**	audī-**tur**	audi-**u-ntur**
Imperfekt	*Singular*	*Plural*	*Singular*	*Plural*	*Singular*	*Plural*
1. Person	rogā-**ba-r**	rogā-**bā-mur**	monē-**ba-r**	monē-**bā-mur**	audi-**ēba-r**	audi-**ēbā-mur**
2. Person	rogā-**bā-ris**	rogā-**bā-minī**	monē-**bā-ris**	monē-**bā-minī**	audi-**ēbā-ris**	audi-**ēbā-minī**
3. Person	rogā-**bā-tur**	rogā-**ba-ntur**	monē-**bā-tur**	monē-**ba-ntur**	audi-**ēbā-tur**	audi-**ēba-ntur**
Futur I	*Singular*	*Plural*	*Singular*	*Plural*	*Singular*	*Plural*
1. Person	rogā-**b-or**	rogā-**bi-mur**	monē-**b-or**	monē-**bi-mur**	audi-**a-r**	audi-**ē-mur**
2. Person	rogā-**be-ris**	rogā-**bi-minī**	monē-**be-ris**	monē-**bi-minī**	audi-**ē-ris**	audi-**ē-minī**
3. Person	rogā-**bi-tur**	rogā-**bu-ntur**	monē-**bi-tur**	monē-**bu-ntur**	audi-**ē-tur**	audi-**e-ntur**

Perfektstamm

Inf. Perfekt	rogā-**tum esse**		moni-**tum esse**		audī-**tum esse**	
PPP	rogā-**tus, a, um**		moni-**tus, a, um**		audī-**tus, a, um**	
Perfekt	*Singular*	*Plural*	*Singular*	*Plural*	*Singular*	*Plural*
1. Person	rogā-**tus sum**	rogā-**tī sumus**	moni-**tus sum**	moni-**tī sumus**	audī-**tus sum**	audī-**tī sumus**
2. Person	rogā-**tus es**	rogā-**tī estis**	moni-**tus es**	moni-**tī estis**	audī-**tus es**	audī-**tī estis**
3. Person	rogā-**tus est**	rogā-**tī sunt**	moni-**tus est**	moni-**tī sunt**	audī-**tus est**	audī-**tī sunt**
Plusqpf.	*Singular*	*Plural*	*Singular*	*Plural*	*Singular*	*Plural*
1. Person	rogā-**tus eram**	rogā-**tī erāmus**	moni-**tus eram**	moni-**tī erāmus**	audī-**tus eram**	audī-**tī erāmus**
2. Person	rogā-**tus erās**	rogā-**tī erātis**	moni-**tus erās**	moni-**tī erātis**	audī-**tus erās**	audī-**tī erātis**
3. Person	rogā-**tus erat**	rogā-**tī erant**	moni-**tus erat**	moni-**tī erant**	audī-**tus erat**	audī-**tī erant**
Futur II	*Singular*	*Plural*	*Singular*	*Plural*	*Singular*	*Plural*
1. Person	rogā-**tus erō**	rogā-**tī erimus**	moni-**tus erō**	moni-**tī erimus**	audī-**tus erō**	audī-**tī erimus**
2. Person	rogā-**tus eris**	rogā-**tī eritis**	moni-**tus eris**	moni-**tī eritis**	audī-**tus eris**	audī-**tī eritis**
3. Person	rogā-**tus erit**	rogā-**tī erunt**	moni-**tus erit**	moni-**tī erunt**	audī-**tus erit**	audī-**tī erunt**

Präsensstamm

	konsonantische Konjugation		*(i-Erweiterung)*	
Inf. Präsens	ag-ī		cap-ī	
Gerundiv	ag-e-ndus, a, um		capi-e-ndus, a, um	

Präsens	*Singular*	*Plural*	*Singular*	*Plural*
1. Person	ag-or	ag-i-mur	capi-or	capi-mur
2. Person	ag-e-ris	ag-i-minī	cape-ris	capi-minī
3. Person	ag-i-tur	ag-u-ntur	capi-tur	capi-u-ntur

Imperfekt	*Singular*	*Plural*	*Singular*	*Plural*
1. Person	ag-ēba-r	ag-ēbā-mur	capi-ēba-r	capi-ēbā-mur
2. Person	ag-ēbā-ris	ag-ēbā-minī	capi-ēbā-ris	capi-ēbā-minī
3. Person	ag-ēbā-tur	ag-ēba-ntur	capi-ēbā-tur	capi-ēba-ntur

Futur I	*Singular*	*Plural*	*Singular*	*Plural*
1. Person	ag-a-r	ag-ē-mur	capi-a-r	capi-ē-mur
2. Person	ag-ē-ris	ag-ē-minī	capi-ē-ris	capi-ē-minī
3. Person	ag-ē-tur	ag-e-ntur	capi-ē-tur	capi-e-ntur

Perfektstamm

Inf. Perfekt	ā-c-tum esse		cap-tum esse	
PPP	āc-tus, a, um		cap-tus, a, um	

Perfekt	*Singular*	*Plural*	*Singular*	*Plural*
1. Person	āc-tus sum	āc-tī sumus	cap-tus sum	cap-tī sumus
2. Person	āc-tus es	āc-tī estis	cap-tus es	cap-tī estis
3. Person	āc-tus est	āc-tī sunt	cap-tus est	cap-tī sunt

Plusqpf.	*Singular*	*Plural*	*Singular*	*Plural*
1. Person	āc-tus eram	āc-tī erāmus	cap-tus eram	cap-tī erāmus
2. Person	āc-tus erās	āc-tī erātis	cap-tus erās	cap-tī erātis
3. Person	āc-tus erat	āc-tī erant	cap-tus erat	cap-tī erant

Futur II	*Singular*	*Plural*	*Singular*	*Plural*
1. Person	āc-tus erō	āc-tī erimus	cap-tus erō	cap-tī erimus
2. Person	āc-tus eris	āc-tī eritis	cap-tus eris	cap-tī eritis
3. Person	āc-tus erit	āc-tī erunt	cap-tus erit	cap-tī erunt

6. Verben: Konjunktiv Aktiv

	ā-Konjugation		*ē-Konjugation*		*ī-Konjugation*	
Präsens	*Singular*	*Plural*	*Singular*	*Plural*	*Singular*	*Plural*
1. Person	rog-e-m	rog-ē-mus	mone-a-m	mone-ā-mus	audi-a-m	audi-ā-mus
2. Person	rog-ē-s	rog-ē-tis	mone-ā-s	mone-ā-tis	audi-ā-s	audi-ā-tis
3. Person	rog-e-t	rog-e-nt	mone-a-t	mone-a-nt	audi-a-t	audi-a-nt
Imperfekt	*Singular*	*Plural*	*Singular*	*Plural*	*Singular*	*Plural*
1. Person	rogā-re-m	rogā-rē-mus	monē-re-m	monē-rē-mus	audī-re-m	audī-rē-mus
2. Person	rogā-rē-s	rogā-rē-tis	monē-rē-s	monē-rē-tis	audī-rē-s	audī-rē-tis
3. Person	rogā-re-t	rogā-re-nt	monē-re-t	monē-re-nt	audī-re-t	audī-re-nt
Perfekt	*Singular*	*Plural*	*Singular*	*Plural*	*Singular*	*Plural*
1. Person	rogāv-eri-m	rogāv-eri-mus	monu-eri-m	monu-eri-mus	audīv-eri-m	audīv-eri-mus
2. Person	rogāv-eri-s	rogāv-eri-tis	monu-eri-s	monu-eri-tis	audīv-eri-s	audīv-eri-tis
3. Person	rogāv-eri-t	rogāv-eri-nt	monu-eri-t	monu-eri-nt	audīv-eri-t	audīv-eri-nt
Plusqpf.	*Singular*	*Plural*	*Singular*	*Plural*	*Singular*	*Plural*
1. Person	rogāv-isse-m	rogāv-issē-mus	monu-isse-m	monu-issē-mus	audīv-isse-m	audīv-issē-mus
2. Person	rogāv-issē-s	rogāv-issē-tis	monu-issē-s	monu-issē-tis	audīv-issē-s	audīv-issē-tis
3. Person	rogāv-isse-t	rogāv-isse-nt	monu-isse-t	monu-isse-nt	audīv-isse-t	audīv-isse-nt

7. Verben: Konjunktiv Passiv

Präsens	*Singular*	*Plural*	*Singular*	*Plural*	*Singular*	*Plural*
1. Person	rog-e-r	rog-ē-mur	mone-a-r	mone-ā-mur	audi-a-r	audi-ā-mur
2. Person	rog-ē-ris	rog-ē-minī	mone-ā-ris	mone-ā-minī	audi-ā-ris	audi-ā-minī
3. Person	rog-ē-tur	rog-e-ntur	mone-ā-tur	mone-a-ntur	audi-ā-tur	audi-a-ntur
Imperfekt	*Singular*	*Plural*	*Singular*	*Plural*	*Singular*	*Plural*
1. Person	rogā-re-r	rogā-rē-mur	monē-re-r	monē-rē-mur	audī-re-r	audī-rē-mur
2. Person	rogā-rē-ris	rogā-rē-minī	monē-rē-ris	monē-rē-minī	audī-rē-ris	audī-rē-minī
3. Person	rogā-rē-tur	rogā-re-ntur	monē-rē-tur	monē-re-ntur	audī-rē-tur	audī-re-ntur
Perfekt	*Singular*	*Plural*	*Singular*	*Plural*	*Singular*	*Plural*
1. Person	rogā-tus sim	rogā-tī sīmus	moni-tus sim	moni-tī sīmus	audī-tus sim	audī-tī sīmus
2. Person	rogā-tus sīs	rogā-tī sītis	moni-tus sīs	moni-tī sītis	audī-tus sīs	audī-tī sītis
3. Person	rogā-tus sit	rogā-tī sint	moni-tus sit	moni-tī sint	audī-tus sit	audī-tī sint
Plusqpf.	*Singular*	*Plural*	*Singular*	*Plural*	*Singular*	*Plural*
1. Person	rogā-tus essem	rogā-tī essemus	moni-tus essem	moni-tī essēmus	audī-tus essem	audī-tī essēmus
2. Person	rogā-tus essēs	rogā-tī essētis	moni-tus essēs	moni-tī essētis	audī-tus essēs	audī-tī essētis
3. Person	rogā-tus esset	rogā-tī essent	moni-tus esset	moni-tī essent	audī-tus esset	audī-tī essent

	Konsonantische Konjugation		*(i-Erweiterung)*		*Hilfsverb*	
Präsens	*Singular*	*Plural*	*Singular*	*Plural*	*Singular*	*Plural*
1. Person	ag-**a-m**	ag-**ā-mus**	capi-**a-m**	capi-**ā-mus**	s-**i-m**	s-**ī-mus**
2. Person	ag-**ā-s**	ag-**ā-tis**	capi-**ā-s**	capi-**ā-tis**	s-**ī-s**	s-**ī-tis**
3. Person	ag-**a-t**	ag-**a-nt**	capi-**a-t**	capi-**a-nt**	s-**i-t**	s-**i-nt**
Imperfekt	*Singular*	*Plural*	*Singular*	*Plural*	*Singular*	*Plural*
1. Person	ag-**e-re-m**	ag-**e-rē-mus**	cape-**re-m**	cape-**rē-mus**	es-**se-m**	es-**sē-mus**
2. Person	ag-**e-rē-s**	ag-**e-rē-tis**	cape-**rē-s**	cape-**rē-tis**	es-**sē-s**	es-**sē-tis**
3. Person	ag-**e-re-t**	ag-**e-re-nt**	cape-**re-t**	cape-**re-nt**	es-**se-t**	es-**se-nt**
Perfekt	*Singular*	*Plural*	*Singular*	*Plural*	*Singular*	*Plural*
1. Person	ēg-**eri-m**	ēg-**eri-mus**	cēp-**eri-m**	cēp-**eri-mus**	fu-**eri-m**	fu-**eri-mus**
2. Person	ēg-**eri-s**	ēg-**eri-tis**	cēp-**eri-s**	cēp-**eri-tis**	fu-**eri-s**	fu-**eri-tis**
3. Person	ēg-**eri-t**	ēg-**eri-nt**	cēp-**eri-t**	cēp-**eri-nt**	fu-**eri-t**	fu-**eri-nt**
Plusqpf.	*Singular*	*Plural*	*Singular*	*Plural*	*Singular*	*Plural*
1. Person	ēg-**isse-m**	ēg-**issē-mus**	cēp-**isse-m**	cēp-**issē-mus**	fu-**isse-m**	fu-**issē-mus**
2. Person	ēg-**issē-s**	ēg-**issē-tis**	cēp-**issē-s**	cēp-**issē-tis**	fu-**issē-s**	fu-**issē-tis**
3. Person	ēg-**isse-t**	ēg-**isse-nt**	cēp-**isse-t**	cēp-**isse-nt**	fu-**isse-t**	fu-**isse-nt**

Präsens	*Singular*	*Plural*	*Singular*	*Plural*
1. Person	ag-**a-r**	ag-**ā-mur**	capi-**a-r**	capi-**ā-mur**
2. Person	ag-**ā-ris**	ag-**ā-minī**	capi-**ā-ris**	capi-**ā-minī**
3. Person	ag-**ā-tur**	ag-**a-ntur**	capi-**ā-tur**	capi-**a-ntur**
Imperfekt	*Singular*	*Plural*	*Singular*	*Plural*
1. Person	ag-**e-re-r**	ag-**e-rē-mur**	cape-**re-r**	cape-**rē-mur**
2. Person	ag-**e-rē-ris**	ag-**e-rē-minī**	cape-**rē-ris**	cape-**rē-minī**
3. Person	ag-**e-rē-tur**	ag-**e-re-ntur**	cape-**rē-tur**	cape-**re-ntur**
Perfekt	*Singular*	*Plural*	*Singular*	*Plural*
1. Person	āc-**tus sim**	āc-**tī sīmus**	cap-**tus sim**	cap-**tī sīmus**
2. Person	āc-**tus sīs**	āc-**tī sītis**	cap-**tus sīs**	cap-**tī sītis**
3. Person	āc-**tus sit**	āc-**tī sint**	cap-**tus sit**	cap-**tī sint**
Plusqpf.	*Singular*	*Plural*	*Singular*	*Plural*
1. Person	āc-**tus essem**	āc-**tī essēmus**	cap-**tus essem**	cap-**tī essēmus**
2. Person	āc-**tus essēs**	āc-**tī essētis**	cap-**tus essēs**	cap-**tī essētis**
3. Person	āc-**tus esset**	āc-**tī essent**	cap-**tus esset**	cap-**tī essent**

8. posse

Präsensstamm

Inf. Präsens	pos-se

	Indikativ		Konjunktiv	
Präsens	Singular	Plural	Singular	Plural
1. Person	pos-sum	pos-sumus	pos-sim	pos-sīmus
2. Person	pot-es	pot-estis	pos-sīs	pos-sītis
3. Person	pot-est	pos-sunt	pos-sit	pos-sint
Imperfekt	Singular	Plural	Singular	Plural
1. Person	pot-eram	pot-erāmus	pos-se-m	pos-sē-mus
2. Person	pot-erās	pot-erātis	pos-sē-s	pos-sē-tis
3. Person	pot-erat	pot-erant	pos-se-t	pos-se-nt
Futur I	Singular	Plural		
1. Person	pot-erō	pot-erimus		
2. Person	pot-eris	pot-eritis		
3. Person	pot-erit	pot-erunt		

Perfektstamm

Inf. Perfekt	potu-isse

	Indikativ		Konjunktiv	
Perfekt	Singular	Plural	Singular	Plural
1. Person	potu-ī	potu-imus	potu-erim	potu-erimus
2. Person	potu-istī	potu-istis	potu-eris	potu-eritis
3. Person	potu-it	potu-ērunt	potu-eris	potu-erint
Plusqperf.	Singular	Plural	Singular	Plural
1. Person	potu-eram	potu-erāmus	potu-isse-m	potu-issē-mus
2. Person	potu-erās	potu-erātis	potu-issē-s	potu-issē-tis
3. Person	potu-erat	potu-erant	potu-isse-t	potu-isse-nt
Futur II	Singular	Plural		
1. Person	potu-erō	potu-erimus		
2. Person	potu-eris	potu-eritis		
3. Person	potu-erit	potu-erint		

9. velle

Präsensstamm

Inf. Präsens	vel-**le**

PPA	vol-**ē-ns**, vol-**e-ntis**

	Indikativ		*Konjunktiv*	
Präsens	*Singular*	*Plural*	*Singular*	*Plural*
1. Person	**volō**	**volumus**	vel-**im**	vel-**īmus**
2. Person	**vīs**	**vultis**	vel-**īs**	vel-**ītis**
3. Person	**vult**	**volunt**	vel-**it**	vel-**int**
Imperfekt	*Singular*	*Plural*	*Singular*	*Plural*
1. Person	vol-**ēba-m**	vol-**ēbā-mus**	vel-**le-m**	vel-**lē-mus**
2. Person	vol-**ēbā-s**	vol-**ēbā-tis**	vel-**lē-s**	vel-**lē-tis**
3. Person	vol-**ēba-t**	vol-**ēba-nt**	vel-**le-t**	vel-**le-nt**
Futur I	*Singular*	*Plural*		
1. Person	vol-**a-m**	vol-**ē-mus**		
2. Person	vol-**ē-s**	vol-**ē-tis**		
3. Person	vol-**e-t**	vol-**e-nt**		

Perfektstamm

Inf. Perfekt	volu-**isse**

	Indikativ		*Konjunktiv*	
Perfekt	*Singular*	*Plural*	*Singular*	*Plural*
1. Person	volu-**ī**	volu-**imus**	volu-**erim**	volu-**erimus**
2. Person	volu-**istī**	volu-**istis**	volu-**eris**	volu-**eritis**
3. Person	volu-**it**	volu-**ērunt**	volu-**erit**	volu-**erint**
Plusqpf.	*Singular*	*Plural*	*Singular*	*Plural*
1. Person	volu-**eram**	volu-**erāmus**	volu-**isse-m**	volu-**issē-mus**
2. Person	volu-**erās**	volu-**erātis**	volu-**issē-s**	volu-**issē-tis**
3. Person	volu-**erat**	volu-**erant**	volu-**isse-t**	volu-**isse-nt**
Futur II	*Singular*	*Plural*		
1. Person	volu-**erō**	volu-**erimus**		
2. Person	volu-**eris**	volu-**eritis**		
3. Person	volu-**erit**	volu-**erint**		

10. nolle

Präsensstamm

Inf. Präsens	nōl-**le**
PPA	nōl-**ē-ns**, nōl-**e-ntis**

	Indikativ		Konjunktiv	
Präsens	*Singular*	*Plural*	*Singular*	*Plural*
1. Person	**nolō**	**nōlumus**	nōl-**im**	nōl-**īmus**
2. Person	**nōn vīs**	**nōn vultis**	nōl-**īs**	nōl-**ītis**
3. Person	**nōn vult**	**nōlunt**	nōl-**it**	nōl-**int**
Imperfekt	*Singular*	*Plural*	*Singular*	*Plural*
1. Person	nōl-**ēba-m**	nōl-**ēbā-mus**	nōl-**le-m**	nōl-**lē-mus**
2. Person	nōl-**ēbā-s**	nōl-**ēbā-tis**	nōl-**lē-s**	nōl-**lē-tis**
3. Person	nōl-**ēba-t**	nōl-**ēba-nt**	nōl-**le-t**	nōl-**le-nt**
Futur I	*Singular*	*Plural*		
1. Person	nōl-**a-m**	nōl-**ē-mus**		
2. Person	nōl-**ē-s**	nōl-**ē-tis**		
3. Person	nōl-**e-t**	nōl-**e-nt**		

Perfektstamm

Inf. Perfekt	nōlu-**isse**

	Indikativ		Konjunktiv	
Perfekt	*Singular*	*Plural*	*Singular*	*Plural*
1. Person	nōlu-**ī**	nōlu-**imus**	nōlu-**eri-m**	nōlu-**eri-mus**
2. Person	nōlu-**istī**	nōlu-**istis**	nōlu-**eri-s**	nōlu-**eri-tis**
3. Person	nōlu-**it**	nōlu-**ērunt**	nōlu-**eri-t**	nōlu-**eri-nt**
Plusqpf.	*Singular*	*Plural*	*Singular*	*Plural*
1. Person	nōlu-**eram**	nōlu-**erāmus**	nōlu-**isse-m**	nōlu-**issē-mus**
2. Person	nōlu-**erās**	nōlu-**erātis**	nōlu-**issē-s**	nōlu-**issē-tis**
3. Person	nōlu-**erat**	nōlu-**erant**	nōlu-**isse-t**	nōlu-**isse-nt**
Futur II	*Singular*	*Plural*		
1. Person	nōlu-**erō**	nōlu-**erimus**		
2. Person	nōlu-**eris**	nōlu-**eritis**		
3. Person	nōlu-**erit**	nōlu-**erint**		

11. ferre: Aktiv

Präsensstamm

Inf. Präsens	fer-**re**
PPA	fer-**ē-ns**, fer-**e-ntis**

	Indikativ		*Konjunktiv*	
Präsens	*Singular*	*Plural*	*Singular*	*Plural*
1. Person	fer-**ō**	fer-**i-mus**	fer-**a-m**	fer-**ā-mus**
2. Person	fer-**s**	fer-**tis**	fer-**ā-s**	fer-**ā-tis**
3. Person	fer-**t**	fer-**u-nt**	fer-**a-t**	fer-**a-nt**
Imperfekt	*Singular*	*Plural*	*Singular*	*Plural*
1. Person	fer-**ēba-m**	fer-**ēbā-mus**	fer-**re-m**	fer-**rē-mus**
2. Person	fer-**ēbā-s**	fer-**ēbā-tis**	fer-**rē-s**	fer-**rē-tis**
3. Person	fer-**ēba-t**	fer-**ēba-nt**	fer-**re-t**	fer-**re-nt**
Futur I	*Singular*	*Plural*		
1. Person	fer-**a-m**	fer-**ē-mus**		
2. Person	fer-**ē-s**	fer-**ē-tis**		
3. Person	fer-**e-t**	fer-**e-nt**		
Imperativ	fer	fer-**te**		

Perfektstamm

Inf. Perfekt	tul-**isse**

	Indikativ		*Konjunktiv*	
Perfekt	*Singular*	*Plural*	*Singular*	*Plural*
1. Person	tul-**ī**	tul-**imus**	tul-**eri-m**	tul-**eri-mus**
2. Person	tul-**istī**	tul-**istis**	tul-**eri-s**	tul-**eri-tis**
3. Person	tul-**it**	tul-**ērunt**	tul-**eri-t**	tul-**eri-nt**
Plusqpf.	*Singular*	*Plural*	*Singular*	*Plural*
1. Person	tul-**eram**	tul-**erāmus**	tul-**isse-m**	tul-**issē-mus**
2. Person	tul-**erās**	tul-**erātis**	tul-**issē-s**	tul-**issē-tis**
3. Person	tul-**erat**	tul-**erant**	tul-**isse-t**	tul-**isse-nt**
Futur II	*Singular*	*Plural*		
1. Person	tul-**erō**	tul-**erimus**		
2. Person	tul-**eris**	tul-**eritis**		
3. Person	tul-**erit**	tul-**erint**		

ferre: Passiv

Präsensstamm

Inf. Präsens	fer-rī

	Indikativ		Konjunktiv	
Präsens	*Singular*	*Plural*	*Singular*	*Plural*
1. Person	fer-or	fer-i-mur	fer-a-r	fer-ā-mur
2. Person	fer-ris	fer-i-minī	fer-ā-ris	fer-ā-minī
3. Person	fer-tur	fer-u-ntur	fer-ā-tur	fer-a-ntur
Imperfekt	*Singular*	*Plural*	*Singular*	*Plural*
1. Person	fer-ēba-r	fer-ēbā-mur	fer-re-r	fer-rē-mur
2. Person	fer-ēbā-ris	fer-ēbā-minī	fer-rē-ris	fer-rē-minī
3. Person	fer-ēbā-tur	fer-ēba-ntur	fer-rē-tur	fer-re-ntur
Futur I	*Singular*	*Plural*		
1. Person	fer-a-r	fer-ē-mur		
2. Person	fer-ē-ris	fer-ē-minī		
3. Person	fer-ē-tur	fer-e-ntur		

Perfektstamm

Inf. Perfekt	lā-tum esse
PPP	lā-tus, a, um

	Indikativ		Konjunktiv	
Perfekt	*Singular*	*Plural*	*Singular*	*Plural*
1. Person	lā-tus sum	lā-tī sumus	lā-tus sim	lā-tī sīmus
2. Person	lā-tus es	lā-tī estis	lā-tus sīs	lā-tī sītis
3. Person	lā-tus est	lā-tī sunt	lā-tus sit	lā-tī sint
Plusqpf.	*Singular*	*Plural*	*Singular*	*Plural*
1. Person	lā-tus eram	lā-tī erāmus	lā-tus essem	lā-tī essēmus
2. Person	lā-tus erās	lā-tī erātis	lā-tus essēs	lā-tī essētis
3. Person	lā-tus erat	lā-tī erant	lā-tus esset	lā-tī essent
Futur II	*Singular*	*Plural*		
1. Person	lā-tus erō	lā-tī erimus		
2. Person	lā-tus eris	lā-tī eritis		
3. Person	lā-tus erit	lā-tī erunt		

12. ire

Präsensstamm

Inf. Präsens	ī-re
PPA	ī-ē-ns, e-u-ntis

	Indikativ		Konjunktiv	
Präsens	Singular	Plural	Singular	Plural
1. Person	e-ō	ī-mus	e-a-m	e-ā-mus
2. Person	ī-s	ī-tis	e-ā-s	e-ā-tis
3. Person	i-t	e-u-nt	e-a-t	e-a-nt
Imperfekt	Singular	Plural	Singular	Plural
1. Person	ī-ba-m	ī-bā-mus	ī-re-m	ī-rē-mus
2. Person	ī-bā-s	ī-bā-tis	ī-rē-s	ī-rē-tis
3. Person	ī-ba-t	ī-ba-nt	ī-re-t	ī-re-nt
Futur I	Singular	Plural		
1. Person	ī-b-ō	ī-bi-mus		
2. Person	ī-bi-s	ī-bi-tis		
3. Person	ī-bi-t	ī-bu-nt		
Imperativ	ī	ī-te		

Perfektstamm

Inf. Perfekt	īsse

	Indikativ		Konjunktiv	
Perfekt	Singular	Plural	Singular	Plural
1. Person	i-ī	i-imus	ī-erim	ī-erimus
2. Person	īstī	īstis	ī-eris	ī-eritis
3. Person	i-it	i-ērunt	ī-erit	ī-erint
Plusqpf.	Singular	Plural	Singular	Plural
1. Person	i-eram	i-erāmus	īsse-m	īssē-mus
2. Person	i-erās	i-erātis	īssē-s	īssē-tis
3. Person	i-erat	i-erant	īsse-t	īsse-nt
Futur II	Singular	Plural		
1. Person	i-erō	i-erimus		
2. Person	i-eris	i-eritis		
3. Person	i-erit	i-erint		

13. fieri

Präsensstamm

Inf. Präsens	fierī

	Indikativ		Konjunktiv	
Präsens	*Singular*	*Plural*	*Singular*	*Plural*
1. Person	fī-ō	fī-mus	fī-a-m	fī-ā-mus
2. Person	fī-s	fī-tis	fī-ā-s	fī-ā-tis
3. Person	fī-t	fī-u-nt	fī-a-t	fī-a-nt
Imperfekt	*Singular*	*Plural*	*Singular*	*Plural*
1. Person	fī-ēba-m	fī-ēbā-mus	fi-e-re-m	fi-e-rē-mus
2. Person	fī-ēbā-s	fī-ēbā-tis	fi-e-rē-s	fi-e-rē-tis
3. Person	fī-ēba-t	fī-ēba-nt	fi-e-re-t	fi-e-re-nt
Futur I	*Singular*	*Plural*		
1. Person	fī-a-m	fī-ē-mus		
2. Person	fī-ē-s	fī-ē-tis		
3. Person	fī-e-t	fī-e-nt		

Perfektstamm

Inf. Perfekt	fac-tum esse

	Indikativ		Konjunktiv	
Perfekt	*Singular*	*Plural*	*Singular*	*Plural*
1. Person	fac-tus sum	fac-tī sumus	fac-tus sim	fac-tī sīmus
2. Person	fac-tus es	fac-tī estis	fac-tus sīs	fac-tī sītis
3. Person	fac-tus est	fac-tī sunt	fac-tus sit	fac-tī sint
Plusqpf.	*Singular*	*Plural*	*Singular*	*Plural*
1. Person	fac-tus eram	fac-tī erāmus	fac-tus essem	fac-tī essēmus
2. Person	fac-tus erās	fac-tī erātis	fac-tus essēs	fac-tī essētis
3. Person	fac-tus erat	fac-tī erant	fac-tus esset	fac-tī essent
Futur II	*Singular*	*Plural*		
1. Person	fac-tus erō	fac-tī erimus		
2. Person	fac-tus eris	fac-tī eritis		
3. Person	fac-tus erit	fac-tī erint		

14. Grund- und Ordnungszahlen (bis 1000)

Zahlzeichen	Grundzahlen	Ordnungszahlen
1 = I	ūnus, a, um	prīmus, a, um
2 = II	duo, duae, duo	secundus, a, um
3 = III	trēs, trēs, tria	tertius, a, um
4 = IV	quattuor	quārtus, a, um
5 = V	quīnque	quīntus, a, um
6 = VI	sex	sextus, a, um
7 = VII	septem	septimus, a, um
8 = VIII	octō	octāvus, a, um
9 = IX	novem	nōnus, a, um
10 = X	decem	decimus, a, um
11 = XI	ūndecim	ūndecimus, a, um
12 = XII	duodecim	duodecimus, a, um
13 = XIII	trēdecim	tertius decimus, a, um
14 = XIV	quattuordecim	quārtus decimus, a, um
15 = XV	quīndecim	quīntus decimus, a, um
16 = XVI	sēdecim	sextus decimus, a, um
17 = XVII	septendecim	septimus decimus, a, um
18 = XVIII	duodēvīgintī	duodēvīcēsimus, a, um
19 = XIX	ūndēvīgintī	ūndēvīcēsimus, a, um
20 = XX	vīgintī	vīcēsimus, a, um
30 = XXX	trīgintā	trīcēsimus, a, um
40 = XL	quadrāgintā	quadragēsimus, a, um
50 = L	quīnquāgintā	quīnquāgēsimus, a, um
60 = LX	sexāgintā	sexāgēsimus, a, um
70 = LXX	septuāgintā	septuāgēsimus, a, um
80 = LXXX	octōgintā	octōgēsimus, a, um
90 = XC	nōnāgintā	nōnāgēsimus, a, um
100 = C	centum	centēsimus, a, um
200 = CC	ducentī, ae, a	ducentēsimus, a, um
300 = CCC	trecentī, ae, a	trecentēsimus, a, um
400 = CCCC (CD)	quadringentī, ae, a	quadringentēsimus, a, um
500 = D	quīngentī, ae, a	quīngentēsimus, a, um
600 = DC	sescentī, ae, a	sescentēsimus, a, um
700 = DCC	septingentī, ae, a	septingentēsimus, a, um
800 = DCCC	octingentī, ae, a	octingentēsimus, a, um
900 = CM	nōngentī, ae, a	nōngentēsimus, a, um
1000 = M	mīlle	mīllēsimus, a, um

Jahreszahlen im Lateinischen

anno ante Christum natum (a. Chr. n.) centesimo

im Jahre 100 v. Chr.

Anders als im Deutschen stehen die Ordnungszahlen im Lateinischen zur Angabe von Jahreszahlen.

Stammformen wichtiger Verben

In der folgenden Übersicht stehen diejenigen Verben oder Stammformen, die im Lehrbuch nicht vorkamen, in Klammern.

Verben der ā-Konjugation

u-Perfekt				
vetāre	**vetō**	**vetuī**	**vetitum**	verbieten

Dehnungsperfekt				
iuvāre	**iuvō**	**iūvī**	–	unterstützen, helfen; erfreuen

Reduplikationsperfekt				
dare	**dō**	**dedī**	**datum**	geben
circumdare	circumdō	circumdedī	circumdatum	umgeben
stāre	**stō**	**stetī**	–	stehen
cōnstāre	cōnstō	cōnstitī	–	bestehen aus
īnstāre	īnstō	īnstitī	–	bevorstehen, hart zusetzen
praestāre	praestō	praestitī	–	gewähren, leisten, zeigen; übertreffen
restāre	restō	restitī	–	übrig bleiben; Widerstand leisten

Verben der ē-Konjugation

v-Perfekt				
complēre	**compleō**	**complēvī**	**complētum**	anfüllen, auffüllen
dēlēre	**dēleō**	**dēlēvī**	**dēlētum**	zerstören, vernichten
flēre	**fleō**	**flēvī**	**flētum**	weinen, beweinen

u-Perfekt				
cēnsēre	**cēnseō**	**cēnsuī**	**(cēnsum)**	meinen, einschätzen; seine Stimme abgeben (für)
docēre	**doceō**	**docuī**	**doctum**	lehren, unterrichten
miscēre	**misceō**	**miscuī**	**mixtum**	mischen, verwirren, durcheinanderbringen
tenēre	**teneō**	**tenuī**	–	halten, festhalten, besitzen
continēre	contineō	continuī	contentum	festhalten, enthalten
obtinēre	obtineō	obtinuī	–	(im Besitz) haben, (besetzt) halten
pertinēre	pertineō	pertinuī	–	betreffen, gehören (zu), sich erstrecken (bis)
retinēre	retineō	retinuī	retentum	behalten, festhalten, zurückhalten
sustinēre	sustineō	sustinuī	–	ertragen, standhalten

s-Perfekt				
ārdēre	**ārdeō**	**ārsī**	**ārsūrum**	brennen
augēre	**augeō**	**auxī**	**auctum**	vergrößern, vermehren
haerēre	**haereō**	**haesī**	–	hängen, stecken bleiben

iubēre	**iubeō**	**iussī**	**iussum**	anordnen, befehlen
manēre	**maneō**	**mānsī**	–	bleiben, (er)warten
remanēre	remaneō	remānsī	–	(zurück)bleiben
persuādēre	**persuādeō**	**persuāsī**	**persuāsum**	überreden, überzeugen
rīdēre	**rīdeō**	**rīsī**	**rīsum**	lachen, auslachen
torquēre	**torqueō**	**torsī**	**tortum**	drehen; quälen

Dehnungsperfekt

cavēre	**caveō**	**cāvī**	**cautum**	sich hüten (vor), Vorsorge treffen
movēre	**moveō**	**mōvī**	**mōtum**	bewegen, beeindrucken
commovēre	commoveō	commōvī	commōtum	bewegen, veranlassen
permovēre	permoveō	permōvī	permōtum	beunruhigen; veranlassen
sedēre	**sedeō**	**sēdī**	**(sessum)**	sitzen
possidēre	possideō	possēdī	possessum	besitzen
vidēre	**videō**	**vīdī**	**vīsum**	sehen
prōvidēre	prōvideō	prōvīdī	prōvīsum	vorhersehen; sorgen für

Reduplikationsperfekt

respondēre	**respondeō**	**respondī**	**respōnsum**	antworten

Verben der ī-Konjugation

u-Perfekt

aperīre	**aperiō**	**aperuī**	**(apertum)**	aufdecken, öffnen

s-Perfekt

sentīre	**sentiō**	**sēnsī**	**(sēnsum)**	fühlen, meinen, wahrnehmen

Dehnungsperfekt

venīre	**veniō**	**vēnī**	**ventum**	kommen
convenīre	conveniō	convēnī	(conventum)	zusammenkommen, zusammenpassen, besuchen
ēvenīre	ēveniō	ēvēnī	ēventum	sich ereignen
invenīre	inveniō	invēnī	inventum	finden, erfinden
pervenīre	perveniō	pervēnī	perventum	kommen (zu / nach)

Reduplikationsperfekt

comperīre	**comperiō**	**comperī**	**compertum**	(genau) erfahren
reperīre	reperiō	repperī	repertum	(wieder)finden

Verben der konsonantischen Konjugation

v-Perfekt

arcessere	**arcessō**	**arcessīvī**	**arcessītum**	herbeirufen, holen
cernere	**cernō**	–	–	sehen, bemerken
dēcernere	dēcernō	dēcrēvī	(dēcrētum)	beschließen, entscheiden
cōnsuēscere	**cōnsuēscō**	**cōnsuēvī**	**cōnsuētum**	sich daran gewöhnen
crēscere	**crēscō**	**crēvī**	–	wachsen
nōscere	**nōscō**	**nōvī**	**(nōtum)**	erkennen, kennenlernen; *Perf.* kennen, wissen
cognōscere	cognōscō	cognōvī	cognitum	erkennen, kennenlernen; *Perf.* kennen, wissen
īgnōscere	īgnōscō	īgnōvī	īgnōtum	verzeihen
petere	**petō**	**petīvī**	**petītum**	aufsuchen, (er)streben, bitten, verlangen; angreifen
appetere	appetō	appetīvī	(appetītum)	erstreben, haben wollen; angreifen
repetere	repetō	repetīvī	repetītum	(zurück)verlangen, wiederholen
quaerere	**quaerō**	**quaesīvī**	**quaesītum**	erwerben wollen, suchen; jdn. fragen
requīrere	requīrō	requīsīvī	requīsītum	aufsuchen, sich erkundigen, verlangen
quiēscere	**quiēscō**	**quiēvī**	**quiētum**	(aus)ruhen, schlafen
sinere	**sinō**	**sīvī**	**(situm)**	(zu)lassen, erlauben
dēsinere	dēsinō	dēsiī	(dēsitum)	aufhören

u-Perfekt

alere	**alō**	**aluī**	**(altum)**	ernähren, großziehen
colere	**colō**	**coluī**	**cultum**	bewirtschaften, pflegen; verehren
cōnsulere	**cōnsulō**	**cōnsuluī**	**cōnsultum**	um Rat fragen; sorgen für; vorgehen (gegen)
dēserere	**dēserō**	**dēseruī**	**(dēsertum)**	im Stich lassen, verlassen
pōnere	**pōnō**	**posuī**	**(positum)**	(auf)stellen, (hin)legen, setzen
compōnere	compōnō	compōsuī	compositum	verfassen, ordnen, schlichten; vergleichen
dēpōnere	dēpōnō	dēposuī	dēpositum	niederlegen, aufgeben
imponere	impōnō	impōsuī	impositum	auferlegen, einsetzen

s-Perfekt

carpere	**carpō**	**carpsī**	**carptum**	pflücken, genießen; nutzen
cēdere	**cēdō**	**cessī**	–	gehen, nachgeben, weichen
accēdere	accēdō	accessī	accessum	herbeikommen, hinzukommen
concēdere	concēdō	concessī	(concessum)	erlauben, nachgeben, zugestehen
discēdere	discēdō	discessī	discessum	auseinandergehen, weggehen
incēdere	incēdō	incessī	incessum	heranrücken, eintreten; (jdn.) befallen
prōcēdere	prōcēdō	prōcessī	(prōcessum)	(vorwärts)gehen, vorrücken
succēdere	succēdō	successī	successum	(nach)folgen, nachrücken
claudere	**claudō**	**clausī**	**(clausum)**	schließen, abschließen, einschließen
dīcere	**dīcō**	**dīxī**	**dictum**	sagen, sprechen
dīvidere	**dīvidō**	**dīvīsī**	**dīvīsum**	teilen, trennen

dūcere	**dūco**	**dūxī**	**ductum**	führen, ziehen
addūcere	addūcō	addūxī	adductum	heranführen, veranlassen
dēdūcere	dēdūcō	dēdūxī	dēductum	wegführen, hinführen
ēdūcere	ēdūcō	(ēdūxī)	(ēductum)	herausführen
redūcere	redūcō	redūxī	reductum	zurückführen, zurückziehen
exstinguere	**exstinguō**	**exstīnxī**	**exstīnctum**	auslöschen, vernichten
fingere	**fingō**	**fīnxī**	**fictum**	gestalten, sich (etw.) ausdenken
flectere	**flectō**	**flexī**	**flexum**	biegen, (hin)lenken, umstimmen
gerere	**gerō**	**gessī**	**gestum**	ausführen, führen, tragen
īnstruere	**īnstruō**	**īnstrūxī**	**īnstrūctum**	aufstellen, ausrüsten; unterrichten
				eindringen, sich verbreiten, befallen
iungere	**iungō**	**iūnxī**	**iūnctum**	verbinden, vereinigen
laedere	**laedō**	**laesī**	**laesum**	beschädigen, verletzen, beleidigen
[legere	legō	lēgī	lēctum	lesen; auswählen]
dīligere	dīligō	dīlēxī	dīlēctum	hochachten, lieben
intellegere	intellegō	intellēxī	intellēctum	(be)merken, verstehen
neglegere	neglegō	neglēxī	(neglēctum)	nicht (be)achten, vernachlässigen
mittere	**mittō**	**mīsī**	**missum**	(los)lassen, schicken, werfen
admittere	admittō	admīsī	admissum	hinzuziehen, zulassen
āmittere	āmittō	āmīsī	(āmissum)	aufgeben, verlieren
committere	committō	commīsī	commissum	anvertrauen; veranstalten; zustande bringen
dīmittere	dīmittō	dīmīsī	dīmissum	aufgeben, entlassen
omittere	omittō	omīsī	omissum	aufgeben, beiseite lassen
permittere	permittō	permīsī	permissum	erlauben, überlassen
prōmittere	prōmittō	prōmīsī	(prōmissum)	versprechen
remittere	remittō	remīsī	remissum	zurückschicken; nachlassen, vermindern
nūbere	**nūbō**	**nūpsī**	**nūptum**	heiraten
premere	**premō**	**pressī**	**pressum**	(unter)drücken, bedrängen
opprimere	opprimō	oppressī	oppressum	bedrohen, niederwerfen, unterdrücken
regere	**regō**	**rēxī**	**rēctum**	beherrschen, leiten, lenken
pergere	pergō	perrēxī	–	aufbrechen; weitermachen
surgere	surgō	surrēxī	–	aufrichten; sich erheben, aufstehen
scrībere	**scrībō**	**scrīpsī**	**scrīptum**	schreiben, beschreiben
cōnscrībere	cōnscrībō	cōnscrīpsī	(cōnscrīptum)	aufschreiben, verfassen
sūmere	**sūmō**	**sūmpsī**	**sūmptum**	nehmen
cōnsūmere	cōnsūmō	cōnsūmpsī	cōnsūmptum	verbrauchen, verwenden
tegere	**tegō**	**tēxī**	**(tēctum)**	bedecken, schützen, verbergen
trahere	**trahō**	**trāxī**	**tractum**	schleppen, ziehen
vehere	**vehō**	**vēxī**	**vēctum**	fahren, tragen, ziehen
vīvere	**vīvō**	**vīxī**	–	leben

Dehnungsperfekt

agere	**agō**	**ēgī**	**āctum**	handeln, treiben, verhandeln
cōgere	cōgō	coēgī	coāctum	(ver)sammeln; zwingen
exigere	exigō	exēgī	exāctum	(ein)fordern, vollenden
cōnsīdere	**cōnsīdō**	**cōnsēdī**	**cōnsessum**	sich setzen, sich niederlassen
emere	**emō**	**ēmī**	**ēmptum**	kaufen
frangere	**frangō**	**frēgī**	**(frāctum)**	zerbrechen *(trans.)*
fundere	**fundō**	**fūdī**	**fūsum**	(aus)gießen, zerstreuen
legere	**legō**	**lēgī**	**lēctum**	lesen; auswählen
colligere	colligō	collēgī	collēctum	sammeln
dēligere	dēligō	dēlēgī	dēlēctum	(aus)wählen
relinquere	**relinquō**	**relīquī**	**relictum**	verlassen, zurücklassen
rumpere	**rumpō**	**rūpī**	**ruptum**	zerbrechen
corrumpere	corrumpō	corrūpī	corruptum	bestechen, verderben, verleiten
vincere	**vincō**	**vīcī**	**victum**	(be)siegen, übertreffen

Reduplikationsperfekt

cadere	**cadō**	**cecidī**	–	fallen
accidere	accidō	accidī	–	geschehen, sich ereignen
occidere	occidō	occidī	–	(zu Boden) fallen, umkommen, untergehen
caedere	**caedō**	**cecīdī**	**(caesum)**	fällen, töten
occīdere	occīdō	occīdī	occīsum	niederschlagen, töten
currere	**currō**	**cucurrī**	**(cursum)**	laufen, eilen
occurrere	occurrō	occurrī	–	begegnen, entgegentreten
[dare	dō	dedī	datum	geben]
addere	addō	addidī	(additum)	hinzufügen
condere	condō	condidī	conditum	verwahren, verbergen; erbauen, gründen
crēdere	crēdō	crēdidī	(crēditum)	glauben, anvertrauen
ēdere	ēdō	ēdidī	ēditum	herausgeben, bekannt machen, veranstalten
perdere	perdō	perdidī	perditum	verlieren, verschwenden, zugrunde richten
prōdere	prōdō	prōdidī	prōditum	verraten; überliefern
reddere	reddō	reddidī	redditum	zurückgeben, etw. zukommen lassen
trādere	trādō	trādidī	trāditum	übergeben, überliefern
vēndere	vēndō	vēndidī	vēnditum	verkaufen
discere	**discō**	**didicī**	–	lernen, erfahren
fallere	**fallō**	**fefellī**	–	täuschen, betrügen
parcere	**parcō**	**pepercī**	–	schonen, verschonen

pellere	**pellō**	**pepulī**	**(pulsum)**	stoßen, schlagen, (ver)treiben
expellere	expellō	expulī	(expulsum)	vertreiben, verbannen
impellere	impellō	impulī	impulsum	antreiben, veranlassen
repellere	repellō	reppulī	(repulsum)	zurückstoßen, abweisen, vertreiben
pōscere	**pōscō**	**popōscī**	–	fordern, verlangen
[sistere]				stellen, sich hinstellen
cōnsistere	cōnsistō	cōnstitī	–	stehen bleiben, haltmachen, sich aufstellen
resistere	resistō	restitī	–	stehen bleiben; Widerstand leisten
tangere	**tangō**	**tetigī**	**tāctum**	berühren
attingere	attingō	attigī	attāctum	berühren
contingere	contingō	contigī	contāctum	berühren; gelingen
tendere	**tendō**	**tetendī**	**tentum**	(aus)strecken, spannen, sich anstrengen
contendere	contendō	contendī	–	sich anstrengen, kämpfen; eilen; behaupten
ostendere	ostendō	ostendī	–	zeigen, erklären
tollere	**tollō**	**sustulī**	**sublātum**	aufheben, in die Höhe heben, wegnehmen

Perfekt ohne Stammveränderung

bibere	**bibō**	**bibī**	–	trinken
[candēre]				glühen, schimmern
accendere	accendō	accendī	accēnsum	anfeuern, anzünden
incendere	incendō	incendī	incēnsum	entflammen, in Brand stecken
dēfendere	**dēfendō**	**dēfendī**	**dēfēnsum**	abwehren, verteidigen
metuere	**metuō**	**metuī**	–	(sich) fürchten
prehendere	**prehendō**	**prehendī**	**prehēnsum**	ergreifen, nehmen
comprehendere	comprehendō	comprehendī	comprehēnsum	begreifen, ergreifen, festnehmen
reprehendere	reprehendō	reprehendī	reprehēnsum	schimpfen, kritisieren
ruere	**ruō**	**ruī**	**(ruitūrus)**	stürzen, eilen, stürmen
[scandere]				steigen
dēscendere	dēscendō	dēscendī	–	herabsteigen
solvere	**solvō**	**solvī**	**solūtum**	lösen, auflösen; bezahlen
statuere	**statuō**	**statuī**	**statūtum**	aufstellen, beschließen, festsetzen
cōnstituere	cōnstituō	cōnstituī	cōnstitūtum	festsetzen, beschließen
īnstituere	īnstituō	īnstituī	īnstitūtum	beginnen, einrichten, unterrichten
restituere	restituō	restituī	restitūtum	wiederherstellen
tribuere	**tribuō**	**tribuī**	**tribūtum**	schenken, zuteilen
vertere	**vertō**	**vertī**	**(versum)**	drehen, wenden
animadvertere	animadvertō	animadvertī	animadversum	bemerken; vorgehen (gegen)
āvertere	āvertō	āvertī	(āversum)	abwenden, vertreiben
convertere	convertō	convertī	conversum	verändern, (um)wenden
vīsere	**vīsō**	**vīsī**	**vīsum**	besichtigen, besuchen
volvere	**volvō**	**volvī**	**volūtum**	rollen, wälzen; überlegen

Verben der konsonantischen Konjugation (mit i-Erweiterung)

v-Perfekt

cupere	**cupiō**	**cupīvī**	**(cupītum)**	wünschen, verlangen
sapere	**sapiō**	**sapīvī**	–	Verstand haben, Geschmack haben

u-Perfekt

rapere	**rapiō**	**rapuī**	**raptum**	wegführen, rauben, wegreißen
corripere	corripiō	corripuī	correptum	ergreifen, gewaltsam an sich reißen

s-Perfekt

aspicere	**aspiciō**	**aspexī**	**aspectum**	erblicken, ansehen
cōnspicere	cōnspiciō	cōnspexī	(cōnspectum)	erblicken
perspicere	perspiciō	perspexī	perspectum	durchschauen, genau betrachten, sehen, erkennen
prōspicere	prōspiciō	prōspexī	prōspectum	achtgeben, sorgen für, (vorher)sehen
respicere	respiciō	respexī	respectum	zurückblicken, berücksichtigen

Dehnungsperfekt

capere	**capiō**	**cēpī**	**captum**	fassen, nehmen, fangen, erobern
accipere	accipiō	accēpī	acceptum	erhalten, erfahren, annehmen
excipere	excipiō	excēpī	exceptum	aufnehmen; eine Ausnahme machen
incipere	incipiō	coepī (incēpī)	inceptum	anfangen, beginnen
praecipere	praecipiō	praecēpī	praeceptum	(be)lehren, vorschreiben
recipere	recipiō	recēpī	receptum	zurücknehmen, aufnehmen, wiederbekommen
suscipere	suscipiō	suscēpī	susceptum	auf sich nehmen, sich *(einer Sache)* annehmen, unternehmen
facere	**faciō**	**fēcī**	**factum**	machen, tun, handeln
afficere	afficiō	affēcī	affectum	versehen mit etwas
cōnficere	cōnficiō	cōnfēcī	cōnfectum	fertig machen, beenden
deficere	dēficiō	dēfēcī	dēfectum	abnehmen, ermatten, abfallen (von)
efficere	efficiō	effēcī	effectum	bewirken, herstellen
interficere	interficiō	interfēcī	interfectum	töten, vernichten
patefacere	patefaciō	patefēcī	(patefactum)	aufdecken, öffnen
perficere	perficiō	perfēcī	perfectum	erreichen, fertigstellen, vollenden
fugere	**fugiō**	**fūgī**	–	fliehen (vor), meiden
effugere	effugiō	effūgī	–	entfliehen, entkommen
[iacere]				werfen, schleudern
conicere	coniciō	coniēcī	(coniectum)	zusammen)werfen, folgern, vermuten
ēicere	ēiciō	ēiēcī	ēiectum	hinauswerfen, vertreiben
obicere	obiciō	obiēcī	obiectum	darbieten, vorwerfen
subicere	subiciō	subiēcī	subiectum	darunterlegen; unterwerfen

Reduplikationsperfekt

parere	**pariō**	**peperī**	**partum**	zur Welt bringen, gebären; schaffen

Deponentien der a-Konjugation			
arbitrārī	**arbitror**	**arbitrātus sum**	glauben, meinen
cōnārī	**cōnor**	**cōnātus sum**	versuchen
hortārī	**hortor**	**hortātus sum**	auffordern, ermahnen
imitārī	**imitor**	**imitātus sum**	nachahmen
mīrārī	**mīror**	**mīrātus sum**	*m. Akk.* bewundern, sich wundern (über)
morārī	**moror**	**morātus sum**	(sich) aufhalten
opīnārī	**opīnor**	**opīnātus sum**	glauben, meinen
precārī	**precor**	**precātus sum**	bitten
suspicārī	**suspicor**	**suspicātus sum**	vermuten
versārī	**versor**	**versātus sum**	sich aufhalten, sich befinden, sich beschäftigen

Deponentien der e-Konjugation			
fatērī	**fateor**	**fassus sum**	bekennen, gestehen
cōnfitērī	cōnfiteor	cōnfessus sum	(ein)gestehen
pollicērī	**polliceor**	**pollicitus sum**	versprechen
rērī	**reor**	**ratus sum**	meinen
tuērī	**tueor**	–	betrachten, schützen, (milit.) sichern
intuērī	intueor	–	anschauen
verērī	**vereor**	**veritus sum**	fürchten, sich scheuen; verehren
vidērī	**videor**	**vīsus sum**	scheinen, gelten (als)

Deponentien der i-Konjugation			
experīrī	**experior**	**expertus sum**	erfahren, versuchen
mōlīrī	**mōlior**	**mōlītus sum**	(an)treiben; planen, unternehmen
orīrī	**orior**	**ortus sum**	entstehen, sich erheben

Deponentien der kons. Konjugation			
fruī	**fruor**	–	*m. Abl.* genießen, sich an etwas erfreuen
īrāscī	**īrāscor**	**(īrātus sum)**	in Zorn geraten, zornig sein (gegen / über)
loquī	**loquor**	**locūtus sum**	reden, sprechen
colloquī	colloquor	collocūtus sum	sich unterhalten; verhandeln, besprechen
nāscī	**nāscor**	**nātus sum**	entstehen, geboren werden
nītī	**nītor**	**nīxus sum**	*m. Abl.* sich stützen auf; streben (nach)
proficīscī	**proficīscor**	**profectus sum**	(ab)reisen, aufbrechen
querī	**queror**	**questus sum**	klagen, sich beklagen über
sequī	**sequor**	**secūtus sum**	*m. Akk.* folgen, begleiten
cōnsequī	cōnsequor	cōnsecūtus sum	erreichen, nachfolgen
persequī	persequor	persecūtus sum	verfolgen; erstreben
ūtī	**ūtor**	**ūsus sum**	*m. Abl.* benutzen, gebrauchen
vehī	**vehor**	**vectus sum**	sich fortbewegen, fahren

Deponentien der kons. Konjugation (mit i-Erweiterung)			
[gradī]			gehen, schreiten
aggredī	aggredior	aggressus sum	angreifen, herangehen
ēgredī	ēgredior	ēgressus sum	hinausgehen, verlassen
ingredī	ingredior	ingressus sum	betreten; beginnen
prōgredī	prōgredior	prōgressus sum	vorrücken, weitergehen
morī	**morior**	**mortuus sum**	sterben
patī	**patior**	**passus sum**	(er)leiden, ertragen, zulassen

Semideponentien				
audēre	**audeō**	**ausus sum**	wagen	
cōnfīdere	**cōnfīdō**	**cōnfīsus sum**	*(m. Dat. / Abl.)* vertrauen	
gaudēre	**gaudeō**	**gāvīsus sum**	sich freuen	
revertī	**revertor**	**revertī**	**reversum**	zurückkehren
solēre	**soleō**	**solitus sum**	gewohnt sein, gewöhnlich etw. tun	

Perfektopräsentien		
cōnsuēvisse	**cōnsuēvī**	gewohnt sein
meminisse	**meminī**	sich erinnern an; daran denken
nō(vi)sse	**nōvī**	kennen, wissen
cognōvisse	cognōvī	kennen, wissen
ōdisse	**ōdī**	hassen

Weitere Verben

esse	**sum**	**fuī**	**futūrus**	sein, sich befinden
abesse	absum	āfuī	–	entfernt sein, abwesend sein, fehlen
adesse	adsum	adfuī	–	da sein, helfen
dēesse	dēsum	dēfuī	–	abwesend sein, fehlen
interesse	intersum	interfuī	–	dazwischen sein; *m. Dat.* teilnehmen (an)
posse	possum	potuī	–	können
praeesse	praesum	praefuī	–	leiten, an der Spitze stehen, kommandieren
superesse	supersum	superfuī	–	überleben; übrig sein

ferre	**ferō**	**tulī**	**latum**	bringen, tragen; ertragen
afferre	afferō	attulī	allātum	bringen, herbeibringen, mitbringen; melden
auferre	auferō	abstulī	ablātum	rauben, wegbringen
cōnferre	cōnferō	contulī	collātum	vergleichen, zusammentragen
dēferre	dēferō	dētulī	dēlātum	hinbringen, melden, übertragen
differre	differō	distulī	dīlātum	aufschieben; sich unterscheiden (von)
efferre	efferō	extulī	ēlātum	herausheben, hervorbringen
īnferre	īnferō	intulī	īllātum	hineintragen, zufügen
offerre	offerō	obtulī	oblātum	anbieten, entgegenbringen
perferre	perferō	pertulī	perlātum	(über)bringen, ertragen
praeferre	praeferō	praetulī	praelātum	vorziehen
prōferre	prōferō	prōtulī	prōlātum	(hervor)holen, zur Sprache bringen
referre	referō	rettulī	relātum	(zurück)bringen, berichten

īre	**eō**	**iī**	**itum**	gehen
abīre	abeō	abiī	(abitum)	weggehen
adīre	adeō	adiī	(aditum)	herantreten (an), bitten, aufsuchen
exīre	exeō	exiī	(exitum)	herausgehen, hinausgehen
inīre	ineō	iniī	(initum)	hineingehen (in), beginnen
perīre	pereō	periī	(peritum)	umkommen, zugrunde gehen
praeterīre	praetereō	praeteriī	(praeteritum)	übergehen, vorbeigehen (an)
redīre	redeō	rediī	(reditum)	zurückgehen, zurückkehren
subīre	subeō	subiī	(subitum)	auf sich nehmen; herangehen
trānsīre	trānseō	trānsiī	(trānsitum)	durchqueren, hinübergehen, überschreiten

velle	**volō**	**voluī**	–	wollen
nōlle	nōlō	nōluī	–	nicht wollen
mālle	mālō	māluī	–	lieber wollen

fierī	**fīō**	**factus sum**	–	gemacht werden; geschehen, werden

Lateinisch-deutsches Register

A

ā / ab *Präp. m. Abl.* von, von … her **16**
ā basilicā von der Markthalle (her) **16**
ā iuventūte von Jugend an **40**
ab oppidō von der Stadt (her) **16**
abesse, absum, āfuī *(ā m. Abl.)* entfernt sein, abwesend sein, fehlen **68**
Augustō absente in Abwesenheit von Augustus **65**
nōn multum abest, quīn es fehlt nicht viel, dass **68**
abīre, abeō, abiī weggehen **37**
ac / atque und, und auch; *im Vergleich:* wie, als **47. 89**
accēdere, accēdō, accessī, accessum *(ad m. Akk.)* herbeikommen, hinzukommen **80**
ad rem pūblicam accēdere sich politisch betätigen **80**
accendere, accendō, accendī, accēnsum anfeuern, anzünden **91**
īrā accēnsus zornentbrannt, zornerfüllt **91**
accidere, accidō, accidī geschehen, sich ereignen **49**
accipere, accipiō, accēpī, acceptum erhalten, erfahren, annehmen **34. 57**
accūsāre, accūsō anklagen, beschuldigen **33**
ācer, ācris, ācre energisch, heftig, scharf **32**
ācerbus, a, um bitter, grausam, rücksichtslos **57**
āctiō, āctiōnis *f* Tätigkeit; Gerichtsverhandlung; Rede **89**
ad *Präp. m. Akk.* zu, bei, nach, an **12**
ad portam esse beim Tor sein **12**
ad portam venīre zum Tor kommen **12**
ad rem pūblicam accēdere sich politisch betätigen **80**
addere, addō, addidī hinzufügen **43**
addūcere, addūcō, addūxī, adductum heranführen, veranlassen **23. 55**
adeō *Adv.* so sehr **91**
adesse, adsum, adfuī da sein, helfen **18**
amīcō adesse dem Freund helfen **18**
adhūc *Adv.* bis jetzt, noch **3**
adīre, adeō, adiī *m. Akk.* herantreten (an), bitten, aufsuchen **37**
aditus, aditūs *m* Zugang, Eingang **81**
admittere, admittō, admīsī, admissum hinzuziehen, zulassen **91**
adoptāre adoptieren, in seine Familie aufnehmen **89**
adulēscēns, adulēscentis *m (Gen. Pl.* **-ium***)* jung; *Subst.* junger Mann **77**
adventus, adventūs *m* Ankunft **92**
adversus *Präp. m. Akk.* gegen **59**
adversus cōnsulēs gegen die Konsuln **59**
aedificāre, aedificō bauen **11**
aedificium Gebäude **11**
aedis, aedis *f (Gen. Pl.* **-ium***)* Tempel, *Pl.* Haus **77**
Aenēās, Aenēae *m* Äneas *(Trojaner und Stammvater der Römer)* **30**
Aeolus Äolus *(Gott der Winde)* **6**
aequor, aequoris *n* Ebene, Fläche, Meer **92**
aequus, a, um eben, gleich, gerecht **75**
āēr, āeris *m* Luft **55**
aes, aeris *n* Erz, Geld **69**
aes aliēnum Schulden **69**
aestās, aestātis *f* Sommer **23**
aestimāre, aestimō einschätzen, beurteilen; *m. dopp. Akk.* halten für **56**
aestus, aestūs *m* Hitze, Flut **92**
aetās, aetātis *f* Lebensalter, Zeit, Zeitalter **90**
aeternus, a, um ewig **60**
Aetna Ätna *(Vulkan auf Sizilien)* **10**
afferre, afferō, attulī, allātum bringen, herbeibringen, mitbringen; melden **70**
afficere, afficiō, affēcī, affectum *m. Abl.* versehen mit etw. **79**
poenā afficere bestrafen **79**
suppliciō afficere hinrichten lassen **79**
ager, agrī *m* Acker, Feld, Gebiet **15**
agere, agō, ēgī, āctum handeln, treiben, verhandeln **27. 92**
causās agere Prozesse führen **86**
ratiōne agere mit Vernunft (vernünftig) handeln **87**
vītam agere ein Leben führen, leben **36**
aggredī, aggredior, aggressus sum angreifen, herangehen **86**
agitāre, agitō betreiben; überlegen **89**
agmen, agminis *n* Heer, Zug, Marsch **44**
āiō *(3. Pers. Sg.* **ait**, *3. Pers. Pl.* **āiunt***)* behaupte(te) ich, sag(t)e ich **72**
alere, alō, aluī ernähren, großziehen **42**
Alexander, Alexandrī Alexander der Große *(König von Makedonien)* **38**
aliēnus, a, um fremd **66**
aes aliēnum Schulden **69**
aliquī, aliqua, aliquod *adj.* (irgend)ein **71**
aliquis, aliquid *subst.* (irgend)jemand **71**
aliter *Adv.* anders; sonst **61**
alius, alia, aliud ein anderer **29**
alius … alius der eine … der andere **48**
Alpēs, Alpium *f Pl.* die Alpen **44**
alter, altera, alterum *(Gen.* **alterīus**, *Dat.* **alterī***)* der eine / der andere *(von zweien)* **86**
alter … alter der eine … der andere **86**
altus, a, um hoch, tief **25**
amāre, amō lieben **8**
ambitiō, ambitiōnis *f* der Ehrgeiz **88**
ambō, ambae, ambō beide (zusammen) **53**
amīca Freundin **2**
amīcitia Freundschaft **43**
amīcus Freund **4**
amīcō adesse dem Freund helfen **18**
amīcīs carēre keine Freunde haben, ohne Freunde sein **28**
āmittere, āmittō, āmīsī aufgeben, verlieren **23. 27**
vītam āmittere sein Leben verlieren **23**
amor, amōris *m* Liebe **19**
amōre capī von Liebe ergriffen werden **54**
amphitheātrum Amphitheater **22**

amplus, a, um bedeutend, groß, weit **93**
Amūlius Amulius *(König von Alba, Bruder des Numitor)* **33**
an *(im Fragesatz)* oder (etwa) **24**
an *(im indir. Fragesatz)* ob nicht **93**
Nesciō, an nūntius vēnerit. Ich weiß nicht, ob nicht eine Nachricht gekommen ist. **93**
ancora Anker **92**
anima Atem, Leben, Seele **87**
animadvertere, animadvertō, animadvertī, animadversum *m. AcI / Akk.* bemerken;
in *m. Akk.* vorgehen gegen **29. 54. 61**
animadvertere in senātum gegen den Senat vorgehen **61**
animal, animālis *n (Abl. Sg.* **-ī***, Nom. / Akk. Pl.* **-ia***, Gen. Pl.* **-ium***)* Lebewesen, Tier **51**
animus Geist, Mut, Gesinnung **19**
bonō animō esse guten Mutes sein, zuversichtlich sein **73**
in animō habēre im Sinn haben, vorhaben **19**
annus Jahr **22**
eō annō in diesem Jahr **28**
proximō annō im nächsten / letzten Jahr **84**
ante *Präp. m. Akk.* vor **12**
ante cēnam vor dem Essen **12**
ante vīllam vor dem Landhaus **12**
ante *Adv.* vorher **40**
anteā *Adv.* vorher, früher **24**
Antigona Antigone *(Tochter des Ödipus)* **61**
antīquus, a, um alt, altertümlich **15**
aperīre, aperiō, aperuī aufdecken, öffnen **36**
apertus, a, um offen, offenkundig **43**
Apollō, Apollinis *m* Apollo *(Gott der Künste)* **56**
appellāre, appellō anrufen, anreden; *m. dopp. Akk.* nennen **56**
appetere, appetō, appetīvī erstreben, haben wollen; angreifen **36**
apud *Präp. m. Akk.* bei **18**
apud amīcōs bei Freunden **18**
aqua Wasser **6**
āra Altar **43**
arbitrārī, arbitror, arbitrātus sum glauben, meinen **85**
arbor, arboris *f* Baum **39**
arcessere, arcessō, arcessīvī, arcessītum herbeirufen, holen **35. 47**
ārdēre, ārdeō, ārsī, ārsūrum brennen **91**
arēna Sand, Kampfplatz **38**
argentum Silber, Geld **45**
Aristotelēs, Aristotelis *m* Aristoteles *(griech. Philosoph, 384–322 v. Chr.)* **39**
arma, armōrum *n Pl.* Gerät, Waffen **26**
ars, artis *f (Gen. Pl.* **-ium***)* Kunst, Fertigkeit, Eigenschaft **68**
artificium das Kunstwerk; die Kunstfertigkeit **72**
arx, arcis *f* Burg **42**
asper, aspera, asperum rau; streng **70**
aspicere, aspiciō, aspexī, aspectum erblicken, ansehen **17. 33. 54**
at aber, dagegen, jedoch **54**
Athēnae, Athēnārum *f Pl.* Athen **40**
atque / ac und, und auch; *im Vergleich:* wie, als **47. 89**
attingere, attingō, attigī, attāctum berühren **76**
auctor, auctōris *m* Anführer, Gründer, Schriftsteller, Verfasser **39**
Augustō auctōre auf Veranlassung des Augustus **65**
auctōritās, auctōritātis *f* Ansehen, Einfluss, Macht **48**
audācia Frechheit, Kühnheit **31**
audēre, audeō, ausus sum wagen **97**
audīre, audiō hören **10**
auferre, auferō, abstulī, ablātum wegbringen, rauben **84**
augēre, augeō, auxī, auctum vergrößern, vermehren **3. 28. 64**
Augīās *m* Augias *(mythischer König)* **27**
Augustō absente in Abwesenheit von Augustus **65**
Augustō auctōre auf Veranlassung des Augustus **65**
Augustus Augustus *(erster röm. Kaiser 27 v. Chr.–14 n. Chr.)* **63**
aureus, a, um golden, aus Gold **46**
auris, auris *f (Gen. Pl.* **-ium***)* Ohr **60**
aurum Gold **67**
aut oder **44**
aut ... aut entweder ... oder **81**
autem *(nachgestellt)* aber, andererseits **15**
Puerī autem tacent. Die Jungen aber schweigen. **15**
auxilium Hilfe **15**
auxiliō gaudēre sich über die Hilfe freuen **28**
auxiliō venīre zu Hilfe kommen **42**
avāritia Geiz, Habsucht **92**
Aventīnus der Aventin *(Hügel Roms)* **34**
āvertere, āvertō, āvertī abwenden, vertreiben **42**
avus Großvater **1**

B

barbarus, a, um ausländisch, unzivilisiert; *Subst.* Barbar **40**
basilica Markthalle, Gerichtshalle **12**
beātus, a, um glücklich, reich **36**
bellum Krieg **29**
bellum gerere Krieg führen **29**
bene *Adv.* gut **4**
beneficium Wohltat **11**
bēstia (wildes) Tier **21**
bibere, bibō, bibī trinken **16. 32**
bibliothēca die Bibliothek **84**
bonus, a, um gut, tüchtig **14**
bonō animō esse guten Mutes sein, zuversichtlich sein **73**
brevī (tempore) nach kurzer Zeit, bald (darauf) **58**
brevis, e kurz **58**

C

cadere, cadō, cecidī fallen **26. 28**
caedere, caedō, cecīdī fällen, töten **31**
caedēs, caedis *f (Gen. Pl.* **-ium***)* Mord, Blutbad **94**
caelum Himmel **21**
Caesar, Caesaris *m* Gajus Julius Cäsar *(röm. Politiker, Feldherr und Schriftsteller, 100–44 v. Chr.)* **51**
Caesare invītō gegen den Willen Cäsars **65**
calamitās, calamitātis *f* Schaden, Unglück **54**
callidus, a, um schlau, geschickt **75**
Campānia Kampanien *(Landschaft südlich von Rom)* **16**
campus Feld, freier Platz **1**
cantāre, cantō singen, dichten **50**
capere, capiō, cēpī, captum fassen, nehmen, fangen; erobern **17. 27. 48**
  amōre capī von Liebe ergriffen werden **54**
  Carpe diem! Genieße den Tag! Nutze den Tag (die Zeit)! **82**
  cōnsilium capere einen Plan (Entschluss) fassen **27**
  frūctum capere Nutzen ziehen **95**
  voluptātem capere ē / ex Freude haben an **88**
Capitōlium das Kapitol *(bedeutendster Hügel Roms)* **11**
captīvus Kriegsgefangener **9**
caput, capitis *n* Kopf; Hauptstadt **51**
  Caput mihi dolet. Der Kopf tut mir weh. **51**
  Rōma caput imperiī est. Rom ist die Hauptstadt des Reiches. **51**
carēre, careō *m. Abl.* frei sein von, ohne (etwas) sein, nicht haben **28**
  amīcīs carēre keine Freunde haben, ohne Freunde sein **28**
carmen, carminis *n* Gedicht, Lied **50**
carpere, carpō, carpsī, carptum pflücken, genießen; nutzen **82**
  Carpe diem! Genieße den Tag! Nutze den Tag (die Zeit)! **82**
carrus Wagen, Karren **16**
Carthāgō, Carthāginis *f* Karthago *(Stadt in Nordafrika)* **30**
cārus, a, um lieb, teuer, wertvoll **20**
castra, castrōrum *n Pl.* Lager **26**
cāsus, cāsūs *m* Fall, Zufall **71**
  cāsus cīvitātis der Untergang des Staates **71**
  cāsū ēvenīre sich zufällig ereignen **71**
causa Sache, Ursache, Grund; Prozess **53**
  causās agere Prozesse führen **86**
causā *(nachgestellt) m. Gen.* wegen **76**
  glōriae causā wegen des Ruhms **76**
cavēre, caveō, cāvī, cautum *(m. Akk.)* sich hüten (vor), Vorsorge treffen **76**
  Cavē īram! Hüte dich vor Zorn! **76**
  Cavē, (nē) cadās! Hüte dich zu fallen! **76**
cēdere, cēdō, cessī gehen, nachgeben, weichen **29**
celer, celeris, celere schnell **32**
celeritās, celeritātis *f* Schnelligkeit **97**
cēna Mahlzeit, Essen **8**
cēnāre, cēnō essen **9**
cēnsēre, cēnseō, cēnsuī *m. Akk.* meinen, einschätzen; seine Stimme abgeben (für) **40**
  Linguam nostram pulchram esse cēnseō. Ich meine, dass unsere Sprache schön ist. **40**
  Senātōrēs pācem cēnsent. Die Senatoren stimmen für den Frieden. **40**
centum *indekl.* hundert **46**
Cerberus Zerberus *(der dreiköpfige Höllenhund)* **28**
cernere, cernō sehen, bemerken **71**
certē / certō *Adv.* gewiss, sicherlich **29**
certus, a, um sicher, bestimmt **49**
cessāre, cessō zögern, rasten **64**
cēterī, ae, a die übrigen **21**
cēterum *Adv.* übrigens, im Übrigen **79**
Chrīstiānus, a, um christlich; *Subst.* Christ **80**
cibus Nahrung, Speise, Futter **6**
circiter *Adv.* ungefähr **46**
circum *Präp. m. Akk.* rings um, um … herum **31**
  circum mūrōs um die Mauern (herum) **31**
circúmdare, circumdō, circumdedī, circumdatum umgeben **59**
cīvis, cīvis *m (Gen. Pl.* **-ium***)* Bürger **30**
cīvitās, cīvitātis *f* Gemeinde, Staat; Bürgerrecht **20. 67**
clādēs, clādis *f (Gen. Pl.* **-ium***)* Niederlage, Unglück, Unheil **73**
clāmāre, clāmō laut rufen, schreien **13**
clāmor, clāmōris *m* Geschrei, Lärm **19**
clārus, a, um klar, hell, berühmt **15**
classis, classis *f* Abteilung, Flotte **42**
claudere, claudō, clausī schließen, abschließen, einschließen **38**
Cleopatra Kleopatra *(Königin von Ägypten)* **53**
clēmentia Milde, Nachsicht **9**
cōgere, cōgō, coēgī, coāctum (ver)sammeln; zwingen **39. 75**
  nūllō cōgente ohne Zwang **64**
cōgitāre, cōgitō denken, beabsichtigen **30**
cognōscere, cognōscō, cognōvī, cognitum erkennen, kennenlernen; *Perf.* kennen, wissen **39. 63. 95**
  Tē cognōvī. Ich habe dich kennengelernt. Ich kenne dich. **39**
cohors, cohortis *f* Kohorte *(ca. 600 Mann)* **51**
colere, colō, coluī, cultum bewirtschaften, pflegen; verehren **64**
  agrōs colere die Felder bewirtschaften **64**
  deōs colere die Götter verehren **64**
colligere, colligō, collēgī, collēctum sammeln **79**
collocāre, collocō aufstellen, unterbringen **38**
colloquī, colloquor, collocūtus sum sich unterhalten; verhandeln, besprechen **87**
collum Hals **93**
comes, comitis *m/f* Begleiter(in), Gefährte, Gefährtin **32**

excipere, excipiō, excēpī, exceptum aufnehmen; eine Ausnahme machen **94**
excitāre, excitō erregen, ermuntern, wecken **55**
exemplum Beispiel, Vorbild **83**
exercēre, exerceō üben, trainieren; quälen **22**
exercitus, exercitūs *m* Heer **52**
exigere, exigō, exēgī, exāctum (ein)fordern, vollenden **69**
exilium Exil, Verbannung **76**
exīre, exeō, exiī herausgehen, hinausgehen **37**
exīstimāre, exīstimō meinen, einschätzen **21**
expellere, expellō, expulī vertreiben, verbannen **44**
experīrī, experior, expertus sum erfahren, versuchen **86**
exspectāre, exspectō warten (auf), erwarten **10**
exstinguere, exstinguō, exstīnxī, exstīnctum auslöschen, vernichten **67**
extrā *Präp. m. Akk.* außerhalb (von) **72**

F

fābula Erzählung, Geschichte, Theaterstück **27**
facere, faciō, fēcī, factum machen, tun, handeln; *m. dopp. Akk.* jdn. zu etw. machen **17. 27. 48. 56**
  sacrum facere ein Opfer bringen, opfern **17**
facile *Adv.* leicht **78**
facilis, e leicht (zu tun) **62**
facinus, facinoris *n* Handlung; Untat **61**
factum Handlung, Tat, Tatsache **26**
fallere, fallō, fefellī täuschen, betrügen **40**
falsus, a, um falsch **60**
fāma (guter / schlechter) Ruf, Gerücht **60**
famēs, famis *f* Hunger **80**
familia Familie **1**
familiāris, e freundschaftlich, vertraut; *Subst.* Freund **80**
  rēs familiāris *f* (Privat-)Vermögen, Besitz **90**
fatērī, fateor, fassus sum bekennen, gestehen **85**
fātum Schicksal, Götterspruch **72**
Faustulus Faustulus *(Hirte, der Romulus und Remus entdeckte)* **32**
fēlīx, fēlīcis erfolgreich, glückbringend, glücklich **38**
fēmina Frau **62**
fenestra das Fenster **93**
ferē *Adv.* fast, beinahe; ungefähr **86**
ferre, ferō, tulī, lātum bringen, tragen; ertragen **70**
ferrum Eisen; Waffe **31**
ferus, a, um wild **77**
fidēs, fideī *f* Glaube, Treue, Vertrauen, Zuverlässigkeit **41**
  fidem dare sein Wort geben **41**
  fidem servāre die Treue / sein Wort halten **41**
fīdūcia Vertrauen **65**
  fīdūcia suī Selbstvertrauen **65**
fierī, fīō, factus sum gemacht werden; geschehen, werden; *m. Gen.* Eigentum (von jdm.) werden **93. 94**
  Domus mercātōris fit. Das Haus wird Eigentum des Kaufmanns. **94**
fīlia Tochter **7**
fīlius Sohn **9**
fingere, fingō, fīnxī, fictum gestalten, sich (etw.) ausdenken **97**
  statuam fingere eine Statue gestalten (erschaffen) **97**
  causās fingere sich Gründe ausdenken **97**
fīnis, fīnis *m (Gen. Pl.* **-ium***)* Ende, Grenze, Ziel, Zweck; *Pl.* Gebiet **30**
flāgitium Schandtat, Gemeinheit **65**
flectere, flectō, flexī, flexum biegen, (hin)lenken, umstimmen **57**
flēre, fleō, flēvī weinen, beweinen **5. 25**
flūctus, flūctūs *m* Flut, Strömung **92**
fluvius Fluss **6**
fōns, fontis *m (Gen. Pl.* **-ium***)* Quelle, Ursprung **23**
fōrma Form, Gestalt, Schönheit **62**
fortis, e kräftig, tapfer **33**
fortūna Schicksal, Glück **35**
forum Forum, Marktplatz **11**
frangere, frangō, frēgī zerbrechen *(trans.)* **41**
frāter, frātris *m* Bruder **20**
frequēns, frequentis häufig, zahlreich **60**
frūctus, frūctūs *m* Frucht, Nutzen, Ertrag **95**
  frūctum capere Nutzen ziehen **95**
fruī, fruor *m. Abl.* genießen, sich an etwas erfreuen **86**
frūmentum Getreide **11**
frūstrā *Adv.* vergeblich **94**
fuga Flucht **25**
fugere, fugiō, fūgī *m. Akk.* fliehen (vor), meiden **51**
  perīculum fugere vor der Gefahr fliehen, die Gefahr meiden **51**
fundere, fundō, fūdī, fūsum (aus)gießen, zerstreuen **50**
fūr, fūris *m* Dieb **19**
furor, furōris *m* Wahnsinn, Wut **59**
fūrtum Diebstahl, Hinterlist **84**
  fūrtum committere einen Diebstahl begehen **84**

G

Gallia Gallien **66**
Gallō mortuō nach dem Tod des Gallus **65**
Gallus, a, um gallisch; *Subst.* Gallier **42**
gaudēre, gaudeō, gāvīsus sum sich freuen; *m. Abl.* sich freuen über **4. 28. 97**
  auxiliō gaudēre sich über die Hilfe freuen **28**
gaudium Freude **74**
gemitus, gemitūs *m* Seufzen, Traurigkeit **52**
gēns, gentis *f (Gen. Pl.* **-ium***)* Familienverband, Stamm, Volk **47**
genus, generis *n* Abstammung, Art, Geschlecht **50**
gerere, gerō, gessī, gestum ausführen, führen, tragen **29. 61**
  bellum gerere Krieg führen **29**
  rēs gestae *f Pl.* Taten **64**
Germānia Germanien **68**
Germānus, a, um germanisch; *Subst.* Germane **51**
gladiātor, gladiātōris *m* Gladiator **22**

gladius Schwert 5
glōria Ruhm, Ehre 35
Graecia Griechenland 47
Graecus, a, um griechisch; *Subst.* Grieche 18
grandis, e alt; bedeutend, groß 83
grātia Dank 6
grātiam habēre danken, dankbar sein 6
grātus, a, um dankbar, willkommen, beliebt 82
gravis, e schwer 54

H

habēre, habeō haben, halten 6
grātiam habēre danken, dankbar sein 6
in animō habēre im Sinn haben, vorhaben 19
habitāre, habitō wohnen, bewohnen 10
haerēre, haereō, haesī hängen, stecken bleiben 42
Hamilcar, Hamilcaris *m* Hamilkar *(Vater Hannibals)* 43
Hannibal, Hannibalis *m* Hannibal *(karthagischer Feldherr, 247–183 v. Chr.)* 43
haud nicht 83
Herculēs, Herculis *m* Herkules *(sagenhafter Held)* 27
Herc(u)le! Beim Herkules! 85
herī *Adv.* gestern 20
hīc *Adv.* hier 3
hic, haec, hoc dieser, diese, dieses (hier); folgender 40
Hunc mīlitem laudō. Diesen Soldaten (hier) lobe ich. 40
Mīles haec dīxit. Der Soldat sagte Folgendes. 40
hiems, hiemis *f* Winter; Unwetter 92
hinc *Adv.* von hier, hierauf 94
hodiē *Adv.* heute 11
homō, hominis *m* Mensch 23
honestus, a, um ehrenhaft, angesehen 29
honor, honōris *m* Ehre, Ehrenamt 18
in honōre esse in Ehren stehen, angesehen sein 18
hōra Stunde 14
eā hōrā in dieser Stunde 28
multās hōrās viele Stunden lang 23
hortārī, hortor, hortātus sum auffordern, ermahnen 87
hostia Opfertier, Schlachtopfer 50
hostis, hostis *m (Gen. Pl. -ium)* Feind (Landesfeind) 35
hostibus īnstāre den Feinden hart zusetzen 65
hūc *Adv.* hierher 47
hūmānitās, hūmānitātis *f* Menschlichkeit, Menschenfreundlichkeit; Bildung 66
hūmānus, a, um menschlich; gebildet 72

I

iacēre, iaceō liegen 26
iam *Adv.* schon, bereits; nun 4
nōn iam nicht mehr 4
Iāsōn, Iāsonis *m* Jason *(Anführer der Argonauten)* 76
ibī *Adv.* dort 3
Īcarus Ikarus *(Sohn des Dädalus)* 55
īdem, eadem, idem derselbe, der gleiche 42
eādem ratiōne auf dieselbe Weise 87
īdem ac / atque derselbe wie 89
Idem dīcitis ac amīcī. Ihr sagt dasselbe wie die Freunde. 89
īdem ... quī derselbe ... wie 42
Idem sentiō quod tū. Ich meine dasselbe wie du. 42
idōneus, a, um geeignet, passend 34
igitur *Adv.* also, folglich 52
īgnārus, a, um *(m. Gen.)* ohne Kenntnis, unwissend 93
īgnārus perīculōrum ohne Kenntnis der Gefahren 93
ignis, ignis *m* Feuer 82
īgnōscere, īgnōscō, īgnōvī, īgnōtum verzeihen 40. 85
īgnōtus, a, um unbekannt 45
ille, illa, illud jener, jene, jenes; der (dort); jener berühmte 40
Ille vir est servus. Jener Mann (der Mann dort) ist ein Sklave. 40
Vōcem illīus audiō. Ich höre seine Stimme (die Stimme von jenem). 40
illīc *Adv.* dort 79
illūc *Adv.* dahin, dorthin 79
imāgō, imāginis *f* Bild, Abbild 95
imitārī, imitor, imitātus sum nachahmen 88
immō *Adv.* im Gegenteil, ja sogar 58
immortālis, e unsterblich 43
impedīre, impediō hindern, verhindern 46
impedīre, nē *m. Konj.* (ver)hindern, dass 68
impellere, impellō, impulī, impulsum antreiben, veranlassen 61
imperāre, imperō befehlen, herrschen (über) 9
populīs imperāre über (die) Völker herrschen 9
imperātor, imperātōris *m* Befehlshaber, Feldherr, Kaiser 18
imperium Befehl, Herrschaft, Reich 14
impetrāre, impetrō erreichen, durchsetzen 93
impetus, impetūs *m* Angriff, Schwung 64
impius, a, um gottlos, gewissenlos 61
impōnere, impōnō, imposuī, impositum auferlegen, einsetzen 76
cīvibus lēgem impōnere den Bürgern ein Gesetz auferlegen 76
imprīmīs *Adv.* besonders, vor allem 71
improbus, a, um schlecht, unanständig 69
in *Präp. m. Abl.* in, an, auf, bei *(wo?)* 12
in aquā im Wasser 12
in *Präp. m. Akk.* in (... hinein), nach *(wohin?)*; gegen 12. 56
in aquam ins Wasser 12
in animō habēre im Sinn haben, vorhaben 19
in honōre esse in Ehren stehen, angesehen sein 18
in vincula dare fesseln, gefangen nehmen 58
inānis, e leer, wertlos 35
incēdere, incēdō, incessī, incessum heranrücken, eintreten; (jdn.) befallen 85
In hostēs incēdimus. Wir rücken gegen die Feinde vor. 85

Magna cūra incessit. Große Sorge kam auf (trat ein). 85
Metus mē incēdit. Furcht befällt mich. 85
incendere, incendō, incendī, incēnsum entflammen, in Brand stecken 83
incendium Brand, Feuer 80
incertus, a, um ungewiss, unsicher 69
incipere, incipiō, coepī (incēpī), inceptum anfangen, beginnen 64
incolumis, e unverletzt, wohlbehalten 84
incrēdibilis, e unglaublich 77
inde *Adv.* von dort; darauf; deshalb 69
indicāre, indicō anzeigen, melden 12
indīgnus, a, um *(m. Abl.)* unwürdig *(einer Sache)* 77
honōre indīgnus der Ehre unwürdig 77
īnfēlīx, īnfēlīcis unglücklich 65
īnferī, īnferōrum *m Pl.* die Bewohner der Unterwelt, Unterwelt 58
īnferre, īnferō, intulī, illātum hineintragen, zufügen 70
īnfēstus, a, um feindlich, feindselig 93
ingenium Begabung, Talent, Verstand 11
ingēns, ingentis gewaltig, ungeheuer 45
ingredī, ingredior, ingressus sum betreten; beginnen 89
inīquus, a, um ungerecht, ungleich 75
inīre, ineō, iniī hineingehen (in), beginnen 37
vēre ineunte zu Beginn des Frühlings 64
initium Anfang, Eingang 74
iniūria Unrecht, Beleidigung; Rechtsverletzung 9
fūrem iniūriae damnāre einen Dieb wegen eines Unrechts verurteilen 46
iniūriā dolēre über ein Unrecht traurig sein 28
iniūstus, a, um ungerecht 90
inquam *(3. Pers. Sg.* **inquit***)* sag(t)e ich 81
īnsidiae, īnsidiārum *f Pl.* Falle, Attentat, Hinterlist 44
īnstāre, īnstō, īnstitī bevorstehen, hart zusetzen; drohen 65
hostibus īnstāre den Feinden hart zusetzen 65
Perīculum īnstat. Eine Gefahr steht bevor. 65
īnstituere, īnstituō, īnstituī, īnstitūtum beginnen, einrichten, unterrichten 90
īnstruere, īnstruō, īnstrūxī, īnstrūctum aufstellen, ausrüsten; unterrichten 89
īnsula Insel; Wohnblock 7
intellegere, intellegō, intellēxī, intellēctum (be)merken, verstehen 66
inter *Präp. m. Akk.* unter, während, zwischen 39
intereā *Adv.* inzwischen, unterdessen 72
interesse, intersum, interfuī *(m. Dat.)* dazwischen sein; teilnehmen (an) 91
interest *(m. Gen.)* es ist wichtig (für jdn.) 73
Omnium interest tē valēre. Es ist für alle wichtig, dass du gesund bist. 73
interficere, interficiō, interfēcī, interfectum töten, vernichten 22. 27. 49
interrogāre, interrogō fragen 39
intrā *Präp. m. Akk.* innerhalb (von) 42
intrāre, intrō betreten, eintreten 8
intuērī, intueor anschauen 87
intus *Adv.* im Inneren, innen 63
invenīre, inveniō, invēnī, inventum finden, erfinden 13. 27. 48
invidia Neid 82
invītus, a, um ungern, gegen den Willen 60
Caesare invītō gegen den Willen Cäsars 65
Iphīgenia Iphigenie *(Tochter des Agamemnon, Schwester des Orest)* 77
ipse, ipsa, ipsum *(Gen.* **ipsīus**, *Dat.* **ipsī***)* (er, sie, es) selbst; persönlich; gerade; sogar *(hervorhebend)* 56
īra Zorn, Wut 46
īrā accēnsus zornentbrannt, zornerfüllt 91
īrāscī, īrāscor *(m. Dat.)* in Zorn geraten, zornig sein (gegen / über) 93
īre, eō, iī, itum gehen 37
is, ea, id dieser, diese, dieses; er, sie, es 26
eā hōrā in dieser Stunde 28
iste, ista, istud *(Gen.* **istīus**, *Dat.* **istī***)* dieser, diese, dieses (da) 60
istīc *Adv.* da, dort 81
ita *Adv.* so 13
Italia Italien 31
itaque deshalb 5
item *Adv.* ebenso, gleichfalls 67
iter, itineris *n* Reise, Marsch, Weg 44
iterum *Adv.* wiederum, zum zweiten Mal 5
iterum atque iterum *Adv.* immer wieder 65
iubēre, iubeō, iussī, iussum *m. Akk.* anordnen, befehlen 57
Servum labōrāre iubeō. Ich befehle dem Sklaven zu arbeiten. 57
iūcundus, a, um angenehm, erfreulich 82
Iūdaeus, a, um jüdisch; *Subst.* Jude 78
iūdex, iūdicis *m* Richter 46
iūdicāre, iūdicō urteilen, beurteilen 72
iūdicium Gericht, Urteil 91
iungere, iungō, iūnxī, iūnctum verbinden, vereinigen 77
Iūnō, Iūnōnis *f* Juno *(Ehefrau des Jupiter)* 50
Iuppiter, Iovis *m* Jupiter *(höchster Gott der Römer)* 21
iūrāre, iūrō schwören 43
iūris cōnsultus Rechtsgelehrter 94
iūs, iūris *n* Recht 77
iūstitia Gerechtigkeit 90
iūstus, a, um gerecht 90
iuvāre, iuvō, iūvī *m. Akk.* unterstützen, helfen; erfreuen 53
iuvenis, iuvenis *m* junger Mann; *Adj.* jung 32
iuventūs, iuventūtis *f* Jugend 40
ā iuventūte von Jugend an 40

L

labor, labōris *m* Arbeit, Anstrengung **27**
labōrāre, labōrō arbeiten, sich anstrengen; *m. Abl.* leiden an, in Not / Sorge sein wegen **8. 28**
dolōribus labōrāre an Schmerzen leiden **28**
lacrima Träne **7**
laedere, laedō, laesī, laesum beschädigen, verletzen, beleidigen **48**
laetitia Freude **7**
laetus, a, um froh; fruchtbar **52**
Lāocoōn, Lāocoontis *m* Laokoon *(trojanischer Priester)* **29**
latēre, lateō verborgen sein **5**
Latīnī, Latīnōrum *m Pl.* die Latiner *(Volksstamm in Italien)* **31**
Latīnus Latinus *(König der Latiner)* **31**
Lātōna Latona *(röm. Göttin)* **56**
lātus, a, um breit, ausgedehnt **55**
laudāre, laudō loben **8**
laus, laudis *f* Lob, Ruhm **93**
lēgātiō, lēgātiōnis *f* Gesandtschaft **79**
lēgātus Gesandter, Bevollmächtigter **40**
legere, legō, lēgī, lēctum lesen; auswählen **62**
legiō, legiōnis *f* Legion *(ca. 5000–6000 Mann)* **51**
leō, leōnis *m* Löwe **23**
levis, e leicht, leichtsinnig **78**
lēx, lēgis *f* Gesetz, Bedingung **36**
libellus kleines Buch, Heft **39**
libenter *Adv.* gerne **8**
liber, librī *m* Buch **62**
līber, lībera, līberum (ā) *m. Abl.* frei, frei von **15. 28**
līber (ā) timōre frei von Angst **28**
līber ab omnī mūnere frei von jeder Aufgabe (Verpflichtung) **65**
līberāre, līberō befreien, freilassen **13**
līberī, līberōrum *m Pl.* Kinder **26**
lībertās, lībertātis *f* Freiheit **20**
libet, libuit es gefällt **75**
licentia Freiheit, Willkür **91**
licet es ist erlaubt, es ist möglich **18**
limes, limitis *m* Grenze; Limes **79**
lingua Sprache, Rede **3**
littera Buchstabe; *Pl.* Brief; Literatur, Wissenschaft **95**
lītus, lītoris *n* Küste, Strand **54**
Līvius Titus Livius *(röm. Geschichtsschreiber)* **34**
locāre, locō aufstellen, setzen; vermieten **68**
moenia locāre Stadtmauern errichten **68**
domum locāre ein Haus vermieten **68**
locus Ort, Platz, Stelle **33**
longus, a, um lang, weit **50**
loquī, loquor, locūtus sum reden, sprechen **86**
lūdus Spiel; Schule **10**
lūx, lūcis *f* Licht, Tageslicht **25**
prīmā lūce bei Tagesanbruch **28**
luxuria Luxus, Prunk **62**

M

Macedonēs, Macedonum *m Pl.* die Makedonen **39**
magis mehr **17**
multō magis (um) viel mehr **96**
magis ... quam mehr ... als **17**
magister, magistrī *m* Lehrer, Meister **15**
magistrātus, magistrātūs *m* Amt, Beamter **69**
magnitūdō, magnitūdinis *f* Größe **23**
magnus, a, um groß, bedeutend **14**
magnā vōce mit lauter Stimme **25**
māior, māius *(Gen.* **māiōris***)* größer **74**
māiōrēs, māiōrum *m Pl.* Vorfahren **78**
mālle, mālō, māluī lieber wollen **19. 25**
malum Leid, Böses, Unglück **40**
malus, a, um schlecht, schlimm **24**
manēre, maneō, mānsī bleiben, (er)warten **12. 27**
manifestus, a, um offenkundig; überführt **89**
manus, manūs *f* Hand; Schar (von Bewaffneten) **52**
Mārcus Antōnius Marcus Antonius *(röm. Politiker und Feldherr um 85–30 v. Chr.)* **62**
Mārcus Aurēlius Mark Aurel *(röm. Kaiser 161–180 n. Chr.)* **81**
mare, maris *n (Abl. Sg.* **-ī***, Nom. / Akk. Pl.* **-ia***, Gen. Pl.* **-ium***)* Meer **51**
marītus Ehemann **30**
Mārs, Mārtis *m* Mars *(röm. Kriegsgott)* **58**
māter, mātris *f* Mutter **20**
Maxentius Maxentius *(röm. Kaiser 306–312 n. Chr.)* **83**
maximē *Adv.* am meisten, besonders **34**
maximus, a, um der größte, sehr groß **39**
mē *Akk.* mich **13**
meā rēfert es ist wichtig für mich **75**
mēcum mit mir **13**
Mēdēa Medea *(mythische Zauberin)* **76**
medicus Arzt **93**
medius, a, um der mittlere, in der Mitte (von) **53**
mediā in turbā mitten in der Menge **53**
melior, melius *(Gen.* **meliōris***)* besser **74**
membrum Glied, (Körper-)Teil **81**
membra ōrātiōnis die Teile einer Rede **81**
meminisse, meminī *Perf. (m. Gen. / Akk.)* sich erinnern an; *(m. AcI)* daran denken **95**
Avī / avum meminī. Ich erinnere mich an den Großvater. **95**
Meministīne mē esse amīcum tuum? Denkst du daran, dass ich dein Freund bin? **95**
memor, memoris *m. Gen.* in Erinnerung an **79**
Memor perīculī sum. Ich erinnere mich an die Gefahr. Ich denke an die Gefahr. **79**
memorāre, memorō erwähnen, sagen **85**
memoria Erinnerung, Gedächtnis; Zeit **62**
memoriā patrum zur Zeit der Väter, früher **62**
memoriā tenēre im Gedächtnis behalten **62**
mēns, mentis *f (Gen. Pl.* **-ium***)* Geist, Sinn, Verstand; Meinung **67**

mēnsa (Ess-)Tisch **8**
mercātor, mercātōris *m* Kaufmann, Händler **18**
mercēs, mercēdis *f* Lohn **94**
Mercurius Merkur *(Götterbote)* **21**
merīdiēs der Mittag; der Süden **71**
metuere, metuō, metuī (sich) fürchten **60**
metus, metūs *m* Angst **52**
meus, a, um mein **14**
meā rēfert es ist wichtig für mich **75**
mihi *Dat.* mir **13**
mīles, mīlitis *m* Soldat **32**
mīlitāris, e militärisch, Kriegs- **68. 80**
mīlle *Sg. indekl.* tausend **51**
mīlia, mīlium *Pl.* tausend, Tausende **51**
Minerva Minerva *(Göttin der Weisheit)* **21**
minimē *Adv.* am wenigsten, überhaupt nicht **70**
minimus, a, um der kleinste, der geringste **72**
minor, minus *(Gen.* **minōris***)* kleiner, geringer **74**
minus *Adv.* weniger, nicht sehr **92**
mīrārī, mīror, mīrātus sum *m. Akk.* bewundern, sich wundern (über) **87**
mīrus, a, um erstaunlich, sonderbar **24**
miscēre, misceō, miscuī, mixtum mischen, verwirren, durcheinanderbringen **71**
miser, misera, miserum arm, erbärmlich, unglücklich **15**
mittere, mittō, mīsī, missum (los)lassen, schicken, werfen **16. 27. 48**
modestia Bescheidenheit, Anstand **9**
modo *Adv.* eben (noch); nur **93**
modo ... modo manchmal ... manchmal **78**
modus Art, Weise; Maß **58**
modum ēgredī das Maß überschreiten **87**
moenia, moenium *n Pl.* Mauern, Stadtmauern **51**
moenia locāre Stadtmauern errichten **68**
mōlīrī, mōlior, mōlītus sum (an)treiben; planen, unternehmen **86**
monēre, moneō, monuī, monitum mahnen, ermahnen **2. 47**
mōns, montis *m (Gen. Pl.* **-ium***)* Berg **23**
summus mōns *m* Berggipfel, die höchste Stelle des Berges **58**
mōnstrum Ungeheuer **24**
monumentum Denkmal **30**
mora Aufenthalt, Verzögerung **55**
morārī, moror, morātus sum (sich) aufhalten **85**
mōre *m. Gen.* nach Art des / eines ... **78**
mōre philosophī nach Art des / eines Philosophen **78**
morī, morior, mortuus sum sterben **87**
mors, mortis *f (Gen. Pl.* **-ium***)* Tod **22**
mortālis, e sterblich; *Subst.* Mensch **55**
mortuus, a, um gestorben, tot; *Subst.* der Tote **21**
Gallō mortuō nach dem Tod des Gallus **65**
mōs, mōris *m* Sitte, Brauch; *Pl.* Charakter **36**
mōtus, mōtūs *m* Bewegung **71**
movēre, moveō, mōvī, mōtum bewegen, beeindrucken **7. 27. 55**
mox *Adv.* bald **7**
mulier, mulieris *f* Frau **19**
multa, ōrum *n Pl.* viel(es) **38**
multa scīre viel(es) wissen **38**
multitūdō, multitūdinis *f* große Zahl, Menge **23**
multō *Adv.* (um) viel **96**
multō magis (um) viel mehr **96**
multum *Adv.* sehr, viel **34**
multum valēre großen Einfluss haben **34**
multus, a, um viel **14**
multās hōrās viele Stunden lang **23**
mūnīre, mūniō bauen, befestigen, schützen **31**
mūnītiō, mūnītiōnis *f* Bau, Befestigung **69**
mūnus, mūneris *n* Geschenk; Aufgabe **65**
līber ab omnī mūnere frei von jeder Aufgabe (Verpflichtung) **65**
mūnera mittere Geschenke schicken **65**
mūrus Mauer **1**
mūtāre, mūtō (ver)ändern, verwandeln **41**

N

nam denn, nämlich **3**
narrāre, narrō erzählen **14**
dē lūdō narrāre vom Spiel / über das Spiel erzählen **14**
nāscī, nāscor, nātus sum entstehen, geboren werden **88**
Antīquō genere nātus est. Er stammt aus einem alten Geschlecht. **88**
Scelus ab invidiā nātum est. Das Verbrechen entstand aus Neid. **88**
nātiō, nātiōnis *f* Volk, Volksstamm **23**
nātūra Natur, Wesen, Beschaffenheit **6**
nauta *m* Seemann **97**
nāvigium Schiff **46**
nāvis, nāvis *f (Abl. Sg.* **-ī***, Gen. Pl.* **-ium***)* Schiff **51**
-ne *Partikel im dir. Fragesatz (unübersetzt)* **13**
Vidēsne aedificium? Siehst du das Gebäude? **13**
-ne ... an *(Wahlfrage im Hauptsatz)* ... oder **66**
-ne ... an *(im Gliedsatz)* ob ... oder **69**
nē *Subj. m. Konj.* dass nicht; *(nach Ausdrücken des Fürchtens und Hinderns)* dass; damit nicht, um nicht zu *(m. Inf.)* **45. 59**
impedīre, nē (ver)hindern, dass **68**
perīculum est, nē es besteht die Gefahr, dass **45**
prohibēre, nē daran hindern, dass **67**
timēre, nē fürchten, dass **45**
verērī, nē fürchten, dass **87**
nē ... quidem nicht einmal **44**
nec / neque und nicht, auch nicht **3. 71**
nec ... nec weder ... noch **82**
necāre, necō töten **60**
necessārius, a, um notwendig **67**
necesse (est) (es ist) notwendig **61**
nefārius, a, um gottlos, verbrecherisch **56**
negāre, negō leugnen, verneinen, verweigern **45**

neglegere, neglegō, neglēxī nicht (be)achten, vernachlässigen **41**
negōtium Aufgabe, Geschäft; Angelegenheit **22**
nēmō, nēminis niemand **38**
nēmō nostrum niemand von uns **68**
Neptūnus Neptun *(Gott des Meeres)* **21**
neque / nec und nicht, auch nicht **3. 71**
neque tamen freilich nicht, jedoch nicht **75**
neque vērō aber nicht **90**
neque ... neque weder ... noch **3**
Nerō, Nerōnis *m* Nero *(röm. Kaiser 54–68 n. Chr.)* **80**
nescīre, nesciō nicht wissen, nicht kennen, nicht verstehen **10**
niger, nigra, nigrum schwarz, dunkel **15**
nihil nichts **10**
nihil ... nisī nichts ... außer, nichts (anderes) ... als, nur **69**
Nihil (aliud) nisī veniam ā tē petō. Ich verlange nichts (anderes) als Nachsicht von dir. Ich verlange nur Nachsicht von dir. **69**
nimis / nimium *Adv.* (all)zu, (all)zu sehr, im Übermaß **73**
nimium lībertātis zu viel Freiheit **73**
nimius, a, um übermäßig, zu groß **91**
Nioba Niobe *(Königin von Theben)* **56**
nisī *Subj.* wenn nicht **23**
nītī, nītor, nīxus sum *(m. Abl.)* sich stützen auf; *(ad / in m. Akk.)* streben (nach) **96**
mēnsā nītī sich auf den Tisch stützen, sich auf dem Tisch abstützen **96**
vīribus nīxus auf Kräfte gestützt **96**
ad glōriam nītī nach Ruhm streben **96**
nōbilis, e adelig, berühmt, vornehm **79**
nōbilitās, nōbilitātis *f* Adel, vornehme Abstammung **90**
nōbīs *Dat.* uns **13**
nōbīscum mit uns **13**
nocte nachts **28**
nocturnus, a, um nächtlich **71**
nōlle, nōlō, nōluī nicht wollen **19. 25**
nōmen, nōminis *n* Name **49**
nōmināre, nōminō nennen **63**
nōn nicht **2**
nōn iam nicht mehr **4**
nōndum *Adv.* noch nicht **25**
nōnne? (etwa) nicht? **17**
Nōnne servus es? Bist du (etwa) kein Sklave? **17**
nōnnūllī, ae, a einige, manche **63**
nōs *Nom. / Akk.* wir / uns **13**
nōscere, nōscō, nōvī erkennen, kennenlernen; *Perf.* kennen, wissen **38. 95**
nōvī *Perf.* ich kenne, ich weiß **38**
noster, nostra, nostrum unser **15**
novem *indekl.* neun **33**
nō(vi)sse, nōvī *Perf.* kennen, wissen **95**
novus, a, um neu, ungewöhnlich **14**
nox, noctis *f (Gen. Pl.* **-ium***)* Nacht **25**
nocte nachts **28**
nūbere, nūbō, nūpsī, nūptum *m. Dat.* heiraten **57**
iuvenī nūbere einen jungen Mann heiraten **57**
nūdus, a, um nackt **79**
nūllō cōgente ohne Zwang **64**
nūllus, a, um *(Gen.* **nūllīus***, Dat.* **nūllī***)* kein **49**
nūllā ratiōne ohne jeden Grund **87**
num? *(im Hauptsatz)* etwa? **42**
num *(im Gliedsatz)* ob, ob nicht **69**
nūmen, nūminis *n* Gottheit, göttlicher Wille, Macht **64**
numerus Zahl, Menge **51**
Numitor, Numitōris *m* Numitor *(König von Alba, Großvater von Romulus und Remus)* **33**
numquam *Adv.* niemals **4**
nunc *Adv.* nun, jetzt **2**
nūntiāre, nūntiō melden **21**
nūntius Bote, Nachricht **16**
nūper *Adv.* neulich, vor kurzem **40**

O

ob *Präp. m. Akk.* wegen; für; gegen(über) **93**
quam ob rem weshalb; deshalb **93**
obicere, obiciō, obiēcī, obiectum darbieten, vorwerfen **65**
comitī iniūriam obicere dem Gefährten ein Unrecht vorwerfen **65**
obsecrāre, obsecrō anflehen, bitten **58**
obtinēre, obtineō, obtinuī (in Besitz) haben, (besetzt) halten **66**
occidere, occidō, occidī (zu Boden) fallen, umkommen, untergehen **28**
occīdere, occīdō, occīdī, occīsum niederschlagen, töten **31. 61**
occultē *Adv.* heimlich, im Verborgenen **61**
occupāre, occupō besetzen, einnehmen **35**
occupātus, a, um *(in m. Abl.)* beschäftigt (mit) **82**
Magistrātūs in negōtiīs occupātī sunt. Die Beamten sind mit ihren Aufgaben beschäftigt. **82**
occurrere, occurrō, occurrī begegnen, entgegentreten **81**
Octāvius Octavius *(der spätere Kaiser Augustus)* **62**
octāvus, a, um der (die, das) achte **47**
octō *indekl.* acht **14**
oculus Auge **2**
ōdisse, ōdī *Perf.* hassen **95**
odiō esse verhasst sein **43**
Rōmānī Hannibalī odiō erant. Die Römer waren Hannibal verhasst. Die Römer wurden von Hannibal gehasst. **43**
odium Hass **43**
Oedipūs Ödipus *(sagenhafter Herrscher von Theben)* **59**
offerre, offerō, obtulī, oblātum anbieten, entgegenbringen **70**
officium Dienst, Pflicht, Pflichtgefühl **28**
officium praestāre eine Pflicht leisten, erfüllen **28**

timōre permōtus von Furcht beunruhigt, aus Furcht **84**
perniciēī esse Verderben bringen **42**
perniciēs, perniciēī *f* Verderben, Vernichtung **41**
perpetuus, a, um dauerhaft, ewig **97**
in perpetuum für immer **97**
perpetuō *Adv.* ununterbrochen **97**
Persae, Persārum *m Pl.* die Perser **40**
persequī, persequor, persecūtus sum verfolgen; erstreben **88**
perspicere, perspiciō, perspexī, perspectum durchschauen, genau betrachten, sehen, erkennen **97**
persuādēre, persuādeō, persuāsī, persuāsum *m. Dat.* überreden, überzeugen *m. AcI* **53**
senātōribus persuādēre die Senatoren überzeugen **53**
perterrēre, perterreō, perterruī, perterritum sehr erschrecken, einschüchtern **54**
pertinēre, pertineō ad *m. Akk.* betreffen, gehören (zu), sich erstrecken (bis) **52**
Id ad deōs pertinet. Das betrifft die Götter. **52**
Montēs ad castra pertinent. Die Berge erstrecken sich (reichen) bis zum Lager. **52**
perturbāre, perturbō in Verwirrung bringen **78**
pervenīre, perveniō, pervēnī, perventum ad / in *m. Akk.* kommen zu / nach **60**
in / ad forum pervenīre zum Forum kommen **60**
pēs, pedis *m* Fuß *(als Längenmaß: ca. 30 cm)* **50**
pessimus, a, um der schlechteste, der schlimmste **74**
petere, petō, petīvī, petītum aufsuchen, (er)streben, bitten, verlangen; angreifen **18. 29. 47**
Philippus Philipp II. *(König von Makedonien, Vater Alexanders des Großen)* **38**
philosophia Philosophie **84**
philosophus Philosoph **75**
pietās, pietātis *f* Pflichtgefühl, Frömmigkeit **20**
pīrāta *m* Pirat, Seeräuber **46**
pius, a, um fromm, gerecht, pflichtbewusst **17**
placēre, placeō gefallen **5**
placet *m. Dat.* es gefällt jdm., jd. beschließt **63**
mihi placet es gefällt mir, ich beschließe **63**
placidus, a, um friedlich, ruhig, sanft **60**
Platō, Platōnis *m* Plato *(griech. Philosoph, 427–348 v. Chr., Schüler des Sokrates)* **96**
plēbs, plēbis *f* (nicht adeliges, einfaches) Volk **36**
plēnus, a, um *m. Gen.* voll (von / mit) **19. 68**
plēnus timōris voller Angst **68**
plērīque, plēraeque, plēraque die meisten, sehr viele **88**
plērumque *Adv.* meistens **96**
plūrēs, plūra mehr **74**
plūrimī, ae, a die meisten, sehr viele **74**
plūrimum *Adv.* am meisten, sehr viel **81**
plūris esse teurer sein **90**
plūs, plūris mehr **62**
plūs *Adv.* mehr **62**
Plūtō, Plūtōnis *m* Pluto *(Gott der Unterwelt)* **28**
poena Strafe **46**
poenā afficere bestrafen **79**
poenam solvere Strafe bezahlen, bestraft werden **55**
Poenus, a, um punisch, karthagisch; *Subst.* Punier, Karthager **41**
poēta, poētae *m* Dichter **74**
pollicērī, polliceor, pollicitus sum versprechen **85**
Pompēiānus, a, um pompejanisch; *Subst.* Pompejaner **18**
Pompēī, Pompēiōrum *m Pl.* Pompeji *(Stadt in Kampanien)* **26**
pōnere, pōnō, posuī (auf)stellen, (hin)legen, setzen **41**
pōns, pontis *m (Gen. Pl. -ium)* Brücke **40**
populō praesente in Anwesenheit des Volkes **65**
populus Volk **6**
populīs imperāre über (die) Völker herrschen **9**
porta Tor **11**
portāre, portō bringen, tragen **8**
portus, portūs *m* Hafen **52**
pōscere, pōscō, popōscī fordern, verlangen **69**
posse, possum, potuī können **17. 25**
possidēre, possideō, possēdī, possessum besitzen **81**
post *Adv.* dann, später **80**
paulō post (ein) wenig später **26**
post *Präp. m. Akk.* hinter, nach **12**
post vīllam hinter dem Landhaus **12**
post cēnam nach dem Essen **12**
posteā *Adv.* nachher, später **26**
posterī, posterōrum *m Pl.* Nachkommen **67**
postquam *Subj. m. Perf.* nachdem, als **33**
postrēmō *Adv.* schließlich **45**
pōstulāre, pōstulō fordern **45**
potēns, potentis mächtig, stark **56**
potentia Macht **90**
potestās, potestātis *f* (Amts-)Gewalt, Macht **20**
potius *Adv.* eher, lieber **78**
praebēre, praebeō geben, hinhalten **4**
sē praebēre sich zeigen **83**
praecipere, praecipiō, praecēpī, praeceptum *m. Dat.* (be)lehren, vorschreiben **88**
praeclārus, a, um großartig **54**
praeda Beute **45**
praeesse, praesum, praefuī *m. Dat.* leiten, an der Spitze stehen, kommandieren **53**
Imperātor mīlitibus praeest. Der Feldherr steht an der Spitze der Soldaten. **53**
praefectus Statthalter, Befehlshaber, Präfekt **78**
praeferre, praeferō, praetulī, praelātum vorziehen **70**
praemium Belohnung, Lohn **20**
praesēns, praesentis anwesend, gegenwärtig **60**
populō praesente in Anwesenheit des Volkes **65**
praesertim (cum) besonders (da / weil) **96**
praesidium (Wach-)Posten, Schutztruppe **76**
praestāre, praestō, praestitī *m. Akk.* gewähren, leisten, zeigen; *m. Dat.* übertreffen **28. 67**

officium praestāre eine Pflicht leisten, erfüllen 28
amīcō praestāre den Freund übertreffen 67
praeter *Präp. m. Akk.* außer 84
praetereā *Adv.* außerdem 81
praeterīre, praetereō, praeteriī vorbeigehen (an), übergehen 49
praetor, praetōris *m* Prätor *(für die Rechtsprechung zuständiger Beamter)*; Provinzstatthalter 70
precārī, precor, precātus sum bitten 85
prehendere, prehendō, prehendī, prehēnsum ergreifen, nehmen 81
manum amīcī prehendere die Hand des Freundes ergreifen 81
premere, premō, pressī, pressum (unter)drücken, bedrängen 58
pretium Preis, Wert 12
prex, precis *f* Bitte, Gebet 50
prīmō *Adv.* zuerst 4
prīmum *Adv.* erstens, zuerst, zum ersten Mal 24
ubī (prīmum) *Subj. m. Ind.* sobald 61
prīmus, a, um der (die, das) erste 22
prīmā lūce bei Tagesanbruch 28
prīnceps, prīncipis der erste, der führende; *Subst.* Erster, führender Mann, Kaiser 63
prior, prius *(Gen. priōris)* der erste, der frühere, der vordere 74
prīstinus, a, um früher 96
prius *Adv.* früher, zuerst 92
priusquam *Subj.* bevor, eher als 55
Aderam, priusquam vēnistī. Ich war da, bevor du gekommen bist. Ich war eher da, als du gekommen bist. 55
prīvātus, a, um persönlich, privat; *Subst.* Privatperson 88
prō *Präp. m. Abl.* vor; anstelle von, für 41
probāre, probō prüfen, beweisen, für gut befinden 12
probus, a, um anständig, gut 83
prōcēdere, prōcēdō, prōcessī (vorwärts)gehen, vorrücken 44
procul *Adv.* von fern, weit weg; ā *m. Abl.* fern von 85
prōdere, prōdō, prōdidī, prōditum verraten; überliefern 67
proelium Kampf, Schlacht 41
profectō *Adv.* sicherlich, tatsächlich 6
prōferre, prōferō, prōtulī, prōlātum (hervor)holen, zur Sprache bringen 83
proficīscī, proficīscor, profectus sum (ab)reisen, aufbrechen 87
prōgredī, prōgredior, prōgressus sum vorrücken, weitergehen 88
prohibēre, prohibeō (ā) *m. Abl.* abhalten (von), hindern (an) 28
(ā) lacrimīs prohibēre von den Tränen abhalten, am Weinen hindern 28
prohibēre, nē *m. Konj.* daran hindern, dass 67
proinde *Adv.* also, daher 67
prōmittere, prōmittō, prōmīsī versprechen 40
prope *Präp. m. Akk.* nahe bei, in der Nähe von 68
properāre, properō eilen, sich beeilen 8
propter *Präp. m. Akk.* wegen 22
propter amōrem wegen der Liebe 22
prōrsus *Adv.* überhaupt, völlig 90
prōspicere, prōspiciō, prōspexī, prōspectum achtgeben, dafür sorgen, (vorher)sehen 90
mortem prōspicere den Tod vorhersehen 90
salūtī patris prōspicere für das Wohl des Vaters sorgen 90
prōtinus *Adv.* sofort 61
prōvidēre, prōvideō, prōvīdī, prōvīsum *m. Akk.* vorhersehen; *m. Dat.* sorgen für 53
perīculum prōvidēre eine Gefahr vorhersehen 53
cīvibus prōvidēre für die Bürger sorgen 53
prōvincia Provinz 9
proximus, a, um der nächste; der letzte 84
proxima via der nächstgelegene Weg 84
proximō annō im nächsten / letzten Jahr 84
prūdentia die Klugheit 90
pūblicus, a, um öffentlich, staatlich 88
rēs pūblica *f* Staat 33
pudet, puduit *m. Akk.* es beschämt (jdn.) 77
Pudet mē flēre. Es beschämt mich zu weinen. Ich schäme mich zu weinen. 77
Pudet mē huius facinoris. Ich schäme mich wegen dieser Untat. 77
pudor, pudōris *m* Scham, Schamgefühl, Anstand 84
puella Mädchen 1
puer, puerī *m* Junge, Bub 15
pūgna Kampf 9
pūgnāre, pūgnō kämpfen 9
pulcher, pulchra, pulchrum schön 15
pūnīre, pūniō bestrafen 91
putāre, putō glauben, meinen; *m. dopp. Akk.* halten für 29. 56

Q

quadrāgintā *indekl.* vierzig 51
quaerere, quaerō, quaesīvī, quaesītum erwerben wollen, suchen, fragen; **ex / dē** *m. Abl.* jdn. fragen 30. 47. 48
quaesere, quaesō bitten 92
quālis, e wie (beschaffen), was für ein(e) 70
tālis ... quālis so beschaffen ... wie (beschaffen) 73
quam als, wie; *mit Superlativ* möglichst 17. 81
Capua nōn tam pulchra est quam Rōma. Capua ist nicht so schön wie Rom. 20
magis ... quam mehr ... als 17
quam celerrimē möglichst schnell 81
Quam pulchrum est templum! Wie schön ist der Tempel! 17
quam ob rem weshalb; deshalb 93

quamquam *Subj.* obwohl **19**
quamvīs *Subj. m. Konj.* wenn auch, obwohl **67**
quandō? wann? **36**
quantō ... tantō *(m. Kompar.)* je ... desto **96**
quantō altius ... tantō melius je höher ... desto besser **96**
quantus, a, um wie groß, wie viel **73**
quārē weshalb, wodurch; *relativer Satzanschluss:* deshalb **66. 91**
quārtus, a, um der (die, das) vierte **14**
quasi *Adv.* gleichsam **68**
mōnstrum quasi gleichsam ein Ungeheuer **68**
quattuor *indekl.* vier **14**
-que *(angehängt)* und **14**
servī servaeque Sklaven und Sklavinnen **14**
quemadmodum auf welche Weise, wie **35**
querī, queror, questus sum *(m. Akk.)* klagen, sich beklagen über **86**
quī *Adv.* wie **79**
quī, quae, quod welcher, welche, welches; der, die, das **34. 66**
quis est, quī *m. Konj.* wen gibt es, der ... **95**
quia *Subj.* weil **19**
quīcumque, quaecumque, quodcumque jeder, der; wer auch immer **91**
quid? was? **2**
quīdam, quaedam, quiddam *subst.* ein gewisser, (irgend)einer; *Pl.* einige **76**
quīdam, quaedam, quoddam *adj.* ein gewisser, (irgend)ein; *Pl.* einige **76**
quidem *Adv.* freilich, gewiss, wenigstens, zwar **31**
quidnam? was denn? **66**
quiēscere, quiēscō, quiēvī, quiētum (aus)ruhen, schlafen **67**
quīn? *(im Hauptsatz)* warum nicht? *Subj. m. Konj. (in festen Wendungen)* dass **17. 68**
nōn dubitō, quīn *m. Konj.* ich zweifle nicht (daran), dass ... **68**
quīndecim *indekl.* fünfzehn **51**
quīngentī, ae, a fünfhundert **51**
quīnque *indekl.* fünf **12**
quīntus, a, um der (die, das) fünfte **27**
quippe *Adv.* freilich, zumal **91**
quippe quī (quippe cum) *m. Konj.* da ja **95**
quis? wer? **3**
quisnam? wer denn? **76**
quisque, quaeque, quodque *adj.* jeder **84**
quisque, quidque *subst.* jeder **84**
Suum cuique! Jedem das Seine! **84**
optimus quisque gerade die besten **84**
Optimus quisque hoc dīcit. Gerade die Besten sagen das. **84**
quisquis, quidquid (quicquid) *subst.* jeder, der; wer auch immer **91**
quō? wo?, wohin? **37**
quod *Subj.* weil; dass **19**
quōmodo wie? auf welche Weise? **97**
quondam *Adv.* einmal, einst; manchmal **71**
quoniam *Subj. m. Ind.* da ja, da nun **69**
quoque *(nachgestellt)* auch **45**
Ego quoque gaudeō. Auch ich freue mich. **45**
quot? wie viel(e)? **49**
Quot senātōrēs adsunt? Wie viele Senatoren sind da? **49**
tot ... quot so viele ... wie (viele) **73**
quotiēns wie oft, sooft **80**
Quotiēns venīs, gaudeō. Sooft du kommst, freue ich mich **80**

R

rapere, rapiō, rapuī, raptum wegführen, rauben, wegreißen **49**
rārō *Adv.* selten **82**
ratiō, ratiōnis *f* Grund, Vernunft, Überlegung; Art und Weise; Berechnung **87**
nūllā ratiōne ohne jeden Grund **87**
eādem ratiōne auf dieselbe Weise **87**
ratiōne agere mit Vernunft (vernünftig) handeln **87**
recēns, recentis frisch, neu **70**
recipere, recipiō, recēpī, receptum zurücknehmen, aufnehmen, wiederbekommen **72**
sē recipere sich zurückziehen **82**
Cōpiae in castra sē recēpērunt. Die Truppen haben sich ins Lager zurückgezogen. **82**
recitāre, recitō vortragen, vorlesen **63**
rēctē *Adv.* richtig, zu Recht **4**
rēctus, a, um gerade, recht, richtig **88**
reddere, reddō, reddidī, redditum zurückgeben, etw. zukommen lassen; *m. dopp. Akk.* jdn. zu etw. machen **56**
redīre, redeō, rediī zurückgehen, zurückkehren **37**
redūcere, redūcō, redūxī, reductum zurückführen, zurückziehen **57**
referre, referō, rettulī, relātum (zurück)bringen, berichten **70**
rēfert *(m. Gen.)* es ist wichtig (für jdn.) **75**
omnium rēfert es ist für alle wichtig **75**
meā rēfert es ist wichtig für mich **75**
regere, regō, rēxī, rēctum beherrschen, leiten, lenken **58**
regiō, regiōnis *f* Gebiet, Gegend, Richtung **23**
rēgius, a, um königlich **72**
(domus) rēgia königliches Haus, (Königs-)Palast **72**
rēgnum (Königs-)Herrschaft, Reich **72**
religiō, religiōnis *f* Glaube, Aberglaube, (Gottes-)Verehrung, Frömmigkeit, Gewissenhaftigkeit **61**
relinquere, relinquō, relīquī, relictum verlassen, zurücklassen **16. 27. 50**
reliquiae, reliquiārum *f Pl.* Überbleibsel, Überrest, Ruine **26**
reliquus, a, um übrig, künftig **91**

remanēre, remaneō, remānsī (zurück)bleiben **46**
remittere, remittō, remīsī, remissum zurückschicken; nachlassen, vermindern **89**
repellere, repellō, reppulī zurückstoßen, abweisen, vertreiben **32**
repente *Adv.* plötzlich, unerwartet **92**
reperīre, reperiō, repperī, repertum (wieder)finden **97**
repetere, repetō, repetīvī, repetītum (zurück)verlangen, wiederholen **93**
verba repetere Wörter wiederholen **93**
reprehendere, reprehendō, reprehendī, reprehēnsum schimpfen, kritisieren **48**
requīrere, requīrō, requīsīvī, requīsītum aufsuchen, sich erkundigen, verlangen **94**
rērī, reor, ratus sum meinen **85**
rēs, reī *f* Angelegenheit, Ding, Sache **41**
quam ob rem weshalb; deshalb **93**
rēs adversae *f Pl.* Unglück **53**
rēs familiāris *f* (Privat-)Vermögen, Besitz **90**
rēs futūrae *f Pl.* Zukunft **53**
rēs gestae *f Pl.* Taten **64**
rēs pūblica Staat **41**
ad rem pūblicam accēdere sich politisch betätigen **80**
in rē pūblicā versārī politisch tätig sein **87**
rēs secundae *f Pl.* Glück **53**
resistere, resistō, restitī stehenbleiben; Widerstand leisten **36**
respicere, respiciō, respexī, respectum zurückblicken, berücksichtigen **57**
respondēre, respondeō, respondī, respōnsum antworten **3. 34. 59**
respōnsum Antwort, Bescheid **73**
restāre, restō, restitī übrig bleiben; Widerstand leisten **79**
Hoc dīcere restat. Das bleibt (noch) zu sagen übrig. **79**
restituere, restituō, restituī, restitūtum wiederherstellen **61**
retinēre, retineō, retinuī, retentum zurückhalten, festhalten, behalten **55**
revertī, revertor, revertī, reversum zurückkehren **97**
rēx, rēgis *m* König **27**
rīdēre, rīdeō, rīsī, rīsum lachen, auslachen **2. 34. 48**
rīpa Ufer **92**
rogāre, rogō fragen, bitten **8**
Rōma Rom **7**
Rōmae in Rom *(wo?)* **83**
Rōmam nach Rom *(wohin?)* **79**
Rōmānus, a, um römisch; *Subst.* Römer, Einwohner Roms **9. 14**
Rōmulus / Remus Romulus / Remus *(Zwillingsbrüder und sagenhafte Gründer Roms)* **32**
ruere, ruō, ruī stürzen, eilen, stürmen **38**
rumpere, rumpō, rūpī, ruptum zerbrechen **79**
rūrī *Adv.* auf dem Land **64**
rūs, rūris *n* Feld, Land *(im Gegensatz zu Stadt)*, Landgut **64**

S

sacer, sacra, sacrum *m. Gen.* heilig, geweiht (jdm.) **42**
sacerdōs, sacerdōtis *m/f* Priester(in) **50**
sacrum Opfer, Heiligtum **17**
sacrum facere ein Opfer bringen, opfern **17**
saeculum Jahrhundert, Menschenalter, Zeit, Zeitalter **66**
saepe *Adv.* oft **4**
saevus, a, um schrecklich, wild, wütend **38**
salūs, salūtis *f* Gesundheit, Rettung, Gruß, Glück **25**
dē salūte dēspērāre die Hoffnung auf Rettung aufgeben **31**
salūtāre, salūtō (be)grüßen **20**
salūtem dīcere *(m. Dat.)* (jdn.) grüßen, begrüßen **74**
Simus Agathō salūtem dīcit. Simus grüßt Agathus. **74**
salvē! salvēte! sei(d) gegrüßt!, grüß dich / euch! **20**
sānctus, a, um ehrwürdig, heilig **50**
sanguis, sanguinis *m* Blut **50**
sapere, sapiō, sapīvī Verstand haben, Geschmack haben **71**
sapiēns, sapientis klug, weise **38**
satis *Adv.* genug **80**
satis cibōrum genug Speisen **80**
Sāturnus Saturn *(Gott der Saat und der Zeit)* **11**
saxum Fels, Stein **58**
scelerātus, a, um verbrecherisch, schändlich; *Subst.* Verbrecher **5. 60**
scelus, sceleris *n* Verbrechen; Schurke **49**
scīlicet *Adv.* freilich, natürlich **89**
scīre, sciō wissen, kennen, verstehen **10**
scrībere, scrībō, scrīpsī, scrīptum schreiben, beschreiben **16. 34. 73**
sē *Akk. / Abl.* sich **19**
sēcum mit sich, bei sich **30**
secundum *Präp. m. Akk.* in Übereinstimmung mit, gemäß **82**
secundum nātūram vīvere naturgemäß leben **82**
secundus, a, um der (die, das) zweite; günstig **27**
rēs secundae *f Pl.* Glück **53**
sed aber, sondern **3**
sedēre, sedeō, sēdī sitzen **3. 27**
sēdēs, sēdis *f* Platz, Sitz, Wohnsitz **72**
semper *Adv.* immer **4**
senātor, senātōris *m* Senator **18**
ōrdō senātōrum Senatorenstand **90**
senātus, senātūs *m* Senat, Senatsversammlung **52**
senex, senis *m* Greis, alter Mann **41**
sēnsus, sēnsūs *m* Gefühl, Sinn, Verstand **86**
sententia Meinung, Satz, Sinn, Antrag (im Senat) **48**
sentīre, sentiō, sēnsī fühlen, meinen, wahrnehmen **29**
septem *indekl.* sieben **12**
septimus, a, um der (die, das) siebte **27**
sequī, sequor, secūtus sum *m. Akk.* folgen, begleiten **86**

sermō, sermōnis *m* Gespräch, Sprache, Gerede **75**
serva Sklavin, Dienerin **1**
servāre, servō bewahren, retten; beobachten **15**
fidem servāre die Treue / sein Wort halten **41**
servāre ā *m. Abl.* bewahren vor, retten vor **28**
servīre, serviō dienen, Sklave sein **47**
servitūs, servitūtis *f* Sklaverei **20**
servus Sklave, Diener **1**
seu / sīve oder, oder wenn **94**
sex *indekl.* sechs **12**
sextus, a, um der (die, das) sechste **27**
sī *Subj.* wenn, falls **19**
sibi *Dat.* (für) sich **30**
sīc *Adv.* so **4**
Sicilia Sizilien *(Insel im Mittelmeer)* **10**
sīdus, sīderis *n* Stern, Sternbild **71**
sīgnum Merkmal, Zeichen; Statue **32**
silentium Schweigen **42**
silva Wald **1**
simul *Adv.* gleichzeitig, zugleich **57**
simulācrum Bild, Schatten *(eines Toten)* **95**
sine *Präp. m. Abl.* ohne **12**
sine amīcō ohne den Freund **12**
sine mē ohne mich **13**
sinere, sinō, sīvī (zu)lassen, erlauben **62**
Līberōs vīnum bibere nōn sinimus. Wir lassen nicht zu (erlauben nicht), dass die Kinder Wein trinken. **62**
singulus, a, um je ein, jeder einzelne **45**
Sīsyphus Sisyphus *(König von Korinth)* **58**
sīve / seu oder, oder wenn **94**
sīve … sīve sei es (dass) … sei es (dass); entweder … oder **94**
socius Gefährte, Verbündeter **47**
Sōcratēs, Sōcratis *m* Sokrates *(griech. Philosoph, 469–399 v. Chr.)* **75**
sōl, sōlis *m* Sonne **23**
Sōl oritur. Die Sonne geht auf. **87**
Sōl, Sōlis *m* Sol *(der Sonnengott, die Sonne)* **46**
sōlācium Trost, Trostmittel **74**
sōlāciō esse Trost bringen **74**
solēre, soleō, solitus sum gewohnt sein, gewöhnlich etw. tun **97**
Catō hoc dīcere solēbat. Cato sagte gewöhnlich dies. **97**
sollicitāre, sollicitō aufhetzen, beunruhigen, erregen **63**
Solō, Solōnis *m* Solon *(athenischer Gesetzgeber im 6. Jh. v. Chr.)* **72**
sōlum *Adv.* nur **21**
sōlus, a, um *(Gen.* **sōlīus**, *Dat.* **sōlī***)* allein, einzig **77**
solvere, solvō, solvī, solūtum lösen, auflösen; bezahlen **55**
poenam solvere Strafe bezahlen, bestraft werden **55**
somnus Schlaf **55**
sonus Ton, Klang, Geräusch **5**
soror, sorōris *f* Schwester **19**
sors, sortis *f (Gen. Pl.* **-ium***)* Los, Orakelspruch, Schicksal **63**
spatium Raum, Strecke, Zeit, Zeitraum **79**
speciēs, speciēī *f* Anblick, Aussehen, Schein **46**
spectāculum Schauspiel **74**
spectāre, spectō betrachten, anschauen, hinsehen **9**
spērāre, spērō erwarten, hoffen **31**
spēs, speī *f* Erwartung, Hoffnung **41**
spīritus, spīritūs *m* Atem, Seele **87**
sponte meā (tuā, suā) freiwillig, von selbst **67**
stāre, stō, stetī stehen **16. 28**
statim *Adv.* sofort **5**
statua Statue **11**
statuere, statuō, statuī, statūtum aufstellen, beschließen, festsetzen **47**
stēlla Stern, Sternbild, Planet **97**
studēre, studeō sich bemühen, studieren **4**
studium Beschäftigung, Engagement, Interesse **11**
stultus, a, um dumm **14**
sub *Präp. m. Abl.* unter *(wo?)* **24**
sub carrō esse unter dem Wagen liegen **24**
sub *Präp. m. Akk.* unter *(wohin?)* **24**
sub carrum trahere unter den Wagen ziehen **24**
subicere, subiciō, subiēcī, subiectum darunterlegen; unterwerfen **90**
parcere hostibus subiectīs die unterworfenen Feinde schonen **90**
subīre, subeō, subiī auf sich nehmen; herangehen **44**
subitō *Adv.* plötzlich **5**
succēdere, succēdō, successī, successum (nach)folgen, nachrücken **96**
suī, suōrum *m Pl.* die Seinen, die Ihren, seine (ihre) Leute **45**
sūmere, sūmō, sūmpsī, sūmptum nehmen **86**
summus, a, um der höchste, oberste **15**
summus mōns Berggipfel, die höchste Stelle des Berges **58**
sūmptus, sūmptūs *m* Aufwand, Kosten **93**
sunt, quī *m. Konj.* es gibt Leute, die … **95**
superāre, superō besiegen, überwinden, übertreffen **9**
superbia Stolz, Hochmut **9**
superbus, a, um stolz, überheblich **36**
superesse, supersum, superfuī überleben; übrig sein **44**
superī, superōrum *m Pl.* Götter **56**
superior, superius *(Gen.* **superiōris***)* der frühere, der weiter oben gelegene **96**
supplicium Strafe, Hinrichtung; flehentliches Bitten **65**
suppliciō afficere hinrichten lassen **79**
suppliciīs deōs movēre durch flehentliches Bitten die Götter bewegen **65**
suprēmus, a, um der (die, das) höchste, letzte **87**
surgere, surgō, surrēxī aufrichten; sich erheben, aufstehen **23. 31**

suscipere, suscipiō, suscēpī, susceptum auf sich nehmen, sich *(einer Sache)* annehmen, unternehmen **89**
suspicārī, suspicor, suspicātus sum vermuten **85**
suspīciō, suspīciōnis *f* Verdacht, Vermutung **92**
sustinēre, sustineō, sustinuī ertragen, standhalten **61**
iniūriās sustinēre die Beleidigungen ertragen **61**
suus, a, um sein, ihr **30**
suī, suōrum *m Pl.* die Seinen, die Ihren, seine (ihre) Leute **45**
Suum cuique! Jedem das Seine! **84**
Syria Syrien **9**

T

taberna Laden, Wirtshaus **62**
tabula (Schreib-)Tafel, Gemälde **4**
tacēre, taceō schweigen, verschweigen **2**
tālis, e derartig, ein solcher, so (beschaffen) **52**
tālis ... quālis so beschaffen ... wie (beschaffen) **73**
tam so **20**
tam ... quam so ... wie **20**
Capua nōn tam pulchra est quam Rōma. Capua ist nicht so schön wie Rom. **20**
tamen dennoch, jedoch **3**
neque tamen freilich nicht, jedoch nicht **75**
tametsī *Subj.* obwohl, wenn auch **91**
tamquam *Adv.* wie **32**
tandem *Adv.* endlich **7**
tangere, tangō, tetigī, tāctum berühren **43. 54**
Tantalus Tantalus *(Sohn des Jupiter)* **56**
tantum *Adv. (nachgestellt)* nur **5**
Dominō tantum pārēre dēbēs Du musst nur dem Herrn gehorchen. **5**
tantus, a, um so groß, so viel **18**
tantus ... quantus so groß ... wie (groß) **73**
Tarquīniī, Tarquīniōrum *m Pl.* Tarquinier *(etruskisches Königsgeschlecht)* **36**
Tarquinius Superbus Tarquinius Superbus *(letzter etruskischer König von Rom)* **36**
Tartarus Tartarus, Unterwelt **21**
taurus Stier **54**
tē *Akk.* dich **13**
tēctum Dach; Haus **25**
tēcum mit dir **13**
tegere, tegō, tēxī bedecken, schützen, verbergen **39**
tēlum (Angriffs-)Waffe, Geschoss **65**
tempestās, tempestātis *f* Sturm, (schlechtes) Wetter; Zeit **92**
templum Tempel **11**
temptāre, temptō angreifen; prüfen, versuchen **26**
tempus, temporis *n* (günstige) Zeit, Umstände **49**
brevī (tempore) nach kurzer Zeit, bald (darauf) **58**
tendere, tendō, tetendī, tentum (aus)strecken, spannen, sich anstrengen **81**
tenebrae, tenebrārum *f Pl.* Dunkelheit, Finsternis **26**
tenēre, teneō halten, festhalten, besitzen; beherrschen **4**
memoriā tenēre im Gedächtnis behalten **62**
tergum Rücken **54**
terra Erde, Land **21**
terrēre, terreō, terruī, territum erschrecken **5. 47**
tertius, a, um der (die, das) dritte **27**
testis, testis *m/f (Gen. Pl.* **-ium***)* Zeuge, Zeugin **72**
Thalēs, Thalis *m* Thales *(griech. Philosoph, um 600 v. Chr.)* **71**
Thēbae, ārum *f Pl.* Theben *(Stadt in Griechenland)* **59**
thermae, thermārum *f Pl.* warme Bäder, Thermen **19**
Tiberius Tiberius *(röm. Kaiser 14–37 n. Chr.)* **78**
tibi *Dat.* dir **13**
timēre, timeō fürchten, Angst haben **2**
timēre, nē *m. Konj.* fürchten, dass **45**
timor, timōris *m* Angst, Furcht **25**
timōre permōtus von Furcht beunruhigt, aus Furcht **84**
toga Toga **7**
tollere, tollō, sustulī, sublātum aufheben, in die Höhe heben, wegnehmen **73**
torquēre, torqueō, torsī, tortum drehen; quälen **5. 27. 50**
tot *indekl.* so viele **73**
tot ... quot so viele ... wie (viele) **73**
tōtus, a, um *(Gen.* **tōtīus**, *Dat.* **tōtī***)* ganz, gesamt **40**
trādere, trādō, trādidī, trāditum übergeben, überliefern **59**
trahere, trahō, trāxī, tractum schleppen, ziehen **16. 28. 54**
Trāiānus Trajan *(röm. Kaiser 98–117 n. Chr.)* **91**
trāns *Präp. m. Akk.* über (... hinaus), jenseits (von) **43**
trāns montēs über die Berge, jenseits der Berge **43**
trānsīre, trānseō, trānsiī durchqueren, hinübergehen, überschreiten **44**
trēs, trēs, tria drei **33**
tribuere, tribuō, tribuī, tribūtum schenken, zuteilen **50**
tribūnus Tribun *(führender Vertreter eines Stadtbezirkes, einer Legion oder der Plebs)* **37**
trīgintā *indekl.* dreißig **51**
trīstis, e traurig, unfreundlich **33**
Trōiānus, a, um trojanisch; *Subst.* Trojaner, Einwohner von Troja **29**
tū *Nom.* du *(betont)* **13**
tuērī, tueor betrachten, schützen, *(milit.)* sichern **85**
nātūram tuērī die Natur betrachten **85**
fīnēs tuērī die Grenzen (das Gebiet) sichern **85**
tum *Adv.* da, dann, darauf, damals **4**
tunc *Adv.* damals, dann **80**
tunica Tunika **7**
turba (Menschen-)Menge **7**
turbāre, turbō durcheinanderbringen, stören **64**
Turnus Turnus *(Anführer der Rutuler, Gegner des Äneas)* **31**

Eigennamenverzeichnis

Achillēs, is *m* Achilles (stärkster der griech. Helden im Trojanischen Krieg) **29. 38**

Aegyptus *f* Ägypten (röm. Provinz seit 30 v. Chr.) **XVIII. 65**

Aenēās, ēae *m* Äneas (trojanischer Held, Sohn der Venus und des Anchises; Stammvater der Römer; nach der Zerstörung Trojas musste er gemeinsam mit seinem Vater, seinem Sohn Askanius und seinen Gefährten lange Irrfahrten bestehen, bis er zu der von den Göttern geweissagten neuen Heimat Italien gelangte; vgl. „Vergilius") **30. 31. XI. 32. 49**

Aeolus Äolus (griech. Aiolos; der Gott der Winde) **6. 9**

Aeschylus Aischylos (griech. Tragödiendichter aus Athen, 525–456 v. Chr. Seine Stücke spiegeln die moralischen Vorstellungen seiner Zeit wider: Ungesühnte Schuld vererbt sich fort, oft über Generationen, und erzeugt neue Schuld. Großes menschliches Glück kann zur Überheblichkeit (griech. hybris) führen, die in der Vernichtung enden muss.) **84**

Aesculāpius Äskulap (griech. Asklepios; Gott der Heilkunst **75**

Aesopus Äsop (griech. Fabeldichter, 6. Jh. v. Chr.; er gilt als Begründer der europäischen Fabeldichtung.) **84. XXIX**

Aetna der Ätna (Vulkan auf Sizilien) **10**

Āfrica Afrika (Die Römer verstanden darunter in erster Linie das ihnen bekannte Nordafrika.) **XVII. 45. 66**

Agamemnō, onis *m* Agamemnon (König von Mykene, Bruder des Menelaos, einer der Anführer der Griechen im Trojanischen Krieg) **29. 77**

Alba Longa Alba Longa (Stadt in Latium, die von Askanius gegründet wurde, nachdem Lavinium – die alte Hauptstadt der trojanischen Einwanderer – zu klein geworden war. Alba Longa blieb Hauptstadt, bis Romulus Rom gründete. Die Ruinen der Stadt sind südöstlich von Rom gefunden worden.) **32**

Albīnus Alkuin (735–804, einflussreicher angelsächsischer Gelehrter, der als wichtigster Lehrer und Berater Karls des Großen die Reformen der karolingischen Renaissance mitgestaltete und mit der karolingischen Minuskel einen Vorläufer der heutigen Kleinbuchstaben verbreitete.) **95**

Alcmēna Alkmene (Frau des Amphitryon, des Königs von Theben. Wurde von Jupiter schwanger und gebar ihm den Herkules.) **27**

Alexander, drī (Magnus) Alexander der Große (König von Makedonien (356–323 v. Chr.), Sohn Philipps II.; Schüler des Aristoteles; größter Heerführer der Geschichte; 325 v. Chr. vereinte er die griechischen Stadtstaaten und unternahm einen Feldzug gegen Persien, um sein Herrschaftsgebiet auszudehnen. Nach seinem Sieg über den Perserkönig Dareios III. 333 v. Chr. bei Issos zog er weiter und gelangte unbesiegt bis ins heutige Indien.) **38–40. XIV**

Alpēs, ium *f* die Alpen **44. 80**

Alphēus, ēī der Alpheios (Fluss in der griech. Landschaft Elis. Mithilfe dieses Flusses reinigte Herkules den Stall des Augias.) **27**

Ambrōsius Ambrosius (lat. Kirchenschriftsteller 339–397 n. Chr.; im Jahr 374 n. Chr. zum Bischof von Mailand gewählt, verfolgte er in diesem Amt rigoros seine christlichen Ziele.) **XXVIII**

Amor, ōris *m* Amor (griech. Eros; der Liebesgott)

Amphīōn, onis Amphion (König von Theben; Mann der Niobe) **56**

Amūlius Amulius (König von Alba Longa. Er vertrieb seinen älteren Bruder Numitor und tötete dessen Söhne. Numitors Enkel, Romulus und Remus, töteten später Amulius und gaben Numitor die Herrschaft zurück.) **32. 33. 34**

Anchīsēs, ae *m* Anchises (trojanischer Fürst, Vater des Äneas) **30. XI**

Ancus Mārcius Ancus Marcius (vierter König Roms. Er gründete an der Mündung des Tiber die Stadt Ostia als Hafen für Rom.)

Antigona Antigone (Tochter des Ödipus; sie widersetzte sich demVerbot ihres Onkels Kreon, den Leichnam ihres Bruders Polyneikes zu bestatten, und musste dafür mit dem Leben bezahlen.) **60. 61. XXI**

Aphrodītē, ēs *f* Aphrodite vgl. „Venus"

Apollō, Apollinis *m* Apollo (griech. Apollon; Gott des Lichts, der Musik und Künste sowie der Heilkunst und Weissagung. Sohn des Jupiter und Zwillingsbruder der Diana. In der griech. Stadt Delphi befand sich sein berühmtestes Heiligtum mit Orakelstätte. Heilig ist ihm der Lorbeerbaum.) **X. 56. 59. 73**

Archimēdēs, is *m* Archimedes (bedeutender griechischer Mathematiker, Physiker und Ingenieur (um 287 v. Chr. – 212 v. Chr.) **XVI**

Arēs, is *m* Ares vgl. „Mars"

Argīvus, a, um argivisch, aus Argos; *Subst.* der Argiver **77. XXVI**

Ariadna Ariadne (Tochter des Königs Minos; half Theseus mit dem roten Faden bei der Überwindung des Minotaurus. Theseus ließ sie während der Überfahrt von Kreta nach Athen alleine auf der Insel Naxos zurück. Dies geschah auf Geheiß des Bacchus, der die verlassene Ariadne aufsuchte und sich mit ihr vermählte.) **XX**

Aristotelēs, is *m* Aristoteles (griech. Philosoph, 384–322 v.Chr.; Schüler Platons und Lehrer Alexanders des Großen; gründete eine Philosophenschule in Athen, den „Peripatos"; Aristoteles gehört bis heute zu den bedeutendsten Philosophen des Abendlandes. Werke u.a.: „Politik", „Nikomachische Ethik", „Poetik") **38. 39. 84. XXX. 96**

Arminius Arminius (Feldherr der Cherusker, eines germanischen Stammes, der die Römer unter der Führung des Varus im Teutoburger Wald 9 n. Chr. besiegte.) **68**

Artemis, idis *f* Artemis vgl. „Diana"

Ascanius Askanius bzw. Julus (Sohn des Äneas, Gründer

von Alba Longa) 30. 32. XI

Asia Kleinasien (seit 129 v. Chr. röm. Provinz) 40. XXVIII. 84. 85

Athēna Athene (Schutzgöttin Athens; vgl. „Minerva")

Athēnae, arum *f Pl.* Athen (bedeutendste Stadt in Griechenland) 40. 72. 75. 77

Athēniēnsis, e athenisch, aus Athen; *Subst.* der Athener XX. 74

Augīās, ae *m* Augias (König der griech. Landschaft Elis. Er besaß einen Stall mit 3000 Rindern, der 30 Jahre lang nicht ausgemistet worden war. Herkules musste ihn auf Befehl des Eurystheus an einem Tag reinigen.) 27. 28

augur, uris *m* Augur (Der Augur war ein röm. Beamter, der zu ergründen hatte, ob ein vom Staat oder von einer Einzelperson geplantes Unternehmen den Göttern gefiel. Wichtige Staatshandlungen durften nicht ohne Befragung eines Augurs durchgeführt werden. Er verkündete den Götterwillen, den er aus dem Flug und dem Geschrei der Vögel und aus verschiedenen anderen Naturphänomenen las. Das Zeichen der Auguren war ein Krummstab (lituus). Mit diesem Krummstab bezeichnete der Augur an dem Ort und Tag, an dem die geplante Handlung stattfinden sollte, einen viereckigen Bereich (das sog. templum), in dem er seine Zeremonie vornahm.) 34

(Imperātor Caesar dīvī fīlius) **Augustus** Augustus (63 v. Chr.–14 n. Chr., erster röm. Kaiser, ursprüngl. Name Gaius Octavius, Großneffe und Adoptivsohn Julius Cäsars; 27 v. Chr. verlieh ihm der Senat den Ehrentitel Augustus („der Erhabene"); dieses Datum gilt als Beginn des röm. Kaisertums bzw. als Ende der röm. Republik.) 31. 33. 35. 62. XXII. 63–65. XXIII. 81

Aventīnus (mōns) der Aventin (einer der sieben Hügel Roms; auf dem Aventin weideten der Sage nach Amulius und Numitor ihre Herden, stellten Romulus und Remus die Vogelschau für die Gründung Roms an.) 34. XII. 37

Bacchus Bacchus (griech. Dionysos; Gott des Weines)

Ballomārius Ballomar (2. Jh. n. Chr., war zur Zeit des Kaisers Mark Aurel Herrscher der suebischen Markomannen, eines germanischen Volksstammes.) 81

basilica Aemilia Basilica Aemilia (Die Basilica Aemilia ist die einzige noch sichtbare der vier großen Basiliken aus der Zeit der röm. Republik und befindet sich auf dem Forum Romanum. Sie wurde 179 v. Chr. errichtet. Die patrizische Familie der Ämilier ließ bis in die Kaiserzeit hinein die Basilica immer wieder restaurieren und erweitern. Die dem Forum zugewandte Fassade (70 m lang) war in 16 Bögen unterteilt, hinter denen sich Geschäftsräume (tabernae) befanden.) 12

basilica Iūlia Basilica Iulia (Halle, die ab 54 v. Chr. von Julius Cäsar auf dem Forum Romanum errichtet wurde. Sie beherbergte eine Gerichtshalle und Ladengeschäfte und diente auch als Versammlungsort des Senates. Von der Basilica sind nur wenige Überreste erhalten. Interessant sind die in die Treppenstufen geritzten Spielbretter, die auf das bunte Alltagsleben in und bei der Basilica schließen lassen.) 11. 12

(L. Iūnius) **Brūtus** Lucius Junius Brutus (Freund des Collatinus und seiner Frau Lukretia; um 500 v. Chr. Anführer der Verschwörer gegen den letzten röm. König Tarquinius Superbus. Später wurde er – zusammen mit Collatinus – erster röm. Konsul.) 49. 53

Būcephalus Bukephalos (bekanntestes Pferd in der Antike. Alexander bekam es, als er ca. zehn Jahre alt war. Der Überlieferung nach soll Bukephalos Philipp II., dem Vater Alexanders, zum Kauf angeboten worden sein, doch konnte es niemand reiten. Alexander hatte festgestellt, dass das Pferd Angst vor dem Schatten von Reiter und Pferd hatte. Er stellte es so, dass es seinen Schatten nicht sehen konnte, wodurch er das Pferd reiten konnte. Bukephalos begleitete Alexander in allen seinen Schlachten und soll ca. 30 Jahre alt geworden sein.) 38

Caelius (mōns) der Caelius (einer der sieben Hügel Roms. Hier befand sich in republikanischer Zeit ein stark bevölkertes Stadtviertel mit vielen Mietskasernen. Nach einer Feuersbrunst im 1. Jh. n. Chr. wurde der Caelius zu einer bevorzugten Wohngegend der Oberschicht.) 37

Caesar, aris *m* Cäsar / Kaiser (Der Begriff „Caesar" war seit Augustus Teil des Namens und damit Titel der römischen Herrscher.) 66. 78. 79

(C. Iūlius) **Caesar,** aris *m* Gajus Julius Cäsar (100–44 v. Chr., röm. Politiker, Feldherr und Schriftsteller. Eroberer Galliens von 58–51 v. Chr. Als Politiker strebte er die Alleinherrschaft in Rom an. Am 15. März 44 v. Chr. wurde er von einer Gruppe röm. Senatoren ermordet, die in ihm einen Tyrannen sahen.) I. 27. 35. 51–53. XVIII. 62. 64. 81. 84

Campānia Kampanien (mittelitalische Landschaft, 100 km südlich von Rom. Kampanien war berühmt für seinen Reichtum an Getreide, Gemüse, Obst, Oliven und Wein, denn der vulkanische Boden förderte die besondere Fruchtbarkeit des Landes und gestattete drei bis vier Ernten pro Jahr. Bedeutende Städte Kampaniens waren Capua, Neapel, Pompeji und Herkulaneum.) 1. 16. 85. 89

Cannae, ārum *f Pl.* Cannae (Stadt in Italien; Schauplatz der Schlacht 216 v. Chr., bei der die Römer dem karthagischen Feldherrn Hannibal unterlagen.) 45

Capitōlium das Kapitol (einer der sieben Hügel Roms; heiligster Ort Roms, denn hier stand der Tempel des Iuppiter Optimus Maximus.) 11. 15. XII. 37. XIII. 42. XXII

Capua Capua (Stadt im westlichen Mittelitalien, bedeutende Stadt Kampaniens) 16. VI. 18

Carolus Magnus Karl der Große (747-814 n. Chr., König des Frankenreiches; Karl begründete durch zahlreiche Eroberungsfeldzüge ein europäisches Großreich. Er prägte die historische Entwicklung Europas auf politischem, kirchlichem und kulturellem Gebiet, förderte Wissenschaft und Kunst („Karolingische Renaissance"). Er übernahm die Schutzherrschaft über den Kirchenstaat (Patricius Romanorum). Im Jahre 800 wurde er durch Papst Leo III. zum Kaiser gekrönt. Karl der Große starb 814 in Aachen, wo er in der von ihm erbauten Pfalzkapelle beigesetzt wurde.) **95**

Carthāgō, Carthāginis *f* Karthago (Stadt in Nordafrika, in der Nähe des heutigen Tunis; der Sage nach war Dido die Gründerin und Königin der Stadt.) **30. 31**

(Gāius) **Cassius** (Longīnus) Cassius (röm. Politiker, war an der Ermordung Cäsars 44 v. Chr. maßgeblich beteiligt. Bei Philippi wurde er 42 v. Chr. von Octavius besiegt und beging Selbstmord.) **S. 12**

(M. Porcius) **Catō,** ōnis (Cēnsōrius) *m* Marcus Porcius Cato (röm. Politiker und Schriftsteller, 234–149 v. Chr.; 184 v. Chr. hatte er die Zensur inne und erfüllte diese mit besonderer Sittenstrenge, sodass er den Beinamen Censorius erhielt; Cato war griechischen (insbesondere den philosophischen) Einflüssen gegenüber feindselig eingestellt, u.a. sprach er sich 155 v. Chr. für eine Ausweisung der griech. Philosophen aus, die im Rahmen einer diplomatischen Mission der Stadt Athen nach Rom gekommen waren. Cato warnte die Römer nach dem 2. Punischen Krieg vor einem Wiedererstarken Karthagos und forderte wiederholt die endgültige Zerstörung der Stadt.) **48**

(C. Valerius) **Catullus** Catull (röm. Dichter, um 84–54 v. Chr.; 116 seiner Gedichte sind erhalten: Gedichte an und über Freunde, Schmäh- und Liebesgedichte (Gedichte an Lesbia). Catull gehörte zum Dichterkreis der sog. Neoteriker, die sich bewusst gegen groß angelegte, „konservative" Dichtungsformen wandten und stattdessen kleine, „feine" Dichtungen griechischen Stils pflegten.) **84. 95**

Cerberus Zerberus (der dreiköpfige Hund, der den Eingang zum Hades (Unterwelt) bewachte: Er wedelte mit dem Schwanz vor den Geistern, die den Hades betraten, fraß aber die auf, die versuchten, den Hades zu verlassen. Herkules zerrte ihn – im Auftrag von König Eurystheus – mit Gewalt zur Oberwelt, zeigte ihn dem König – und brachte ihn wieder zurück.) **28. X. XIII**

Cerēs, Cereris *f* Ceres (griech. Demeter; Göttin des Ackerbaus und der fruchttragenden Erde) **XIX**

Charōn, ōnis *f* Charon (der Fährmann, der die Verstorbenen in seinem Kahn über den Unterweltsfluss Styx in den Hades (die Unterwelt) brachte. Für diesen Dienst verlangte er ein Fährgeld; die Toten wurden deshalb stets mit einer Münze im Mund beigesetzt.) **28**

Chrīstiānī, ōrum *m Pl.* die Christen **80. 82. XXVIII. 91. 95**

Chrīstiānus, a, um christlich; *Subst.* Christ(in) **XXVIII. 95**

(M. Tullius) **Cicerō,** ōnis *m* Cicero (röm. Politiker, Redner, Philosoph und Schriftsteller, 106–43 v. Chr.; während seines Konsulats im Jahr 63 v. Chr. kam es zur Catilinarischen Verschwörung, die von Cicero aufgedeckt und vereitelt wurde. Als Anwalt und Politiker hielt er zahlreiche literarisch bedeutsame Reden, die erhalten sind. Er stellte durch mehrere Schriften die röm. Beredsamkeit auf ein breites theoretisches Fundament. Er vermittelte den Römern durch seine philosophischen Schriften die griech. Philosophie. Bedeutend als historische Quelle ist auch die Sammlung seiner Briefe an Familienangehörige und Freunde. Das Latein Ciceros gilt als Höhepunkt der röm. Kunstprosa. Cicero war ein entschiedener Befürworter der alten röm. Republik und geriet daher in Konflikt mit Cäsar und Marcus Antonius; auf Betreiben des Letzteren wurde Cicero ermordet.) **50. 53. XVIII. 62. 84. 87. 88. XXX. 90. 96**

Circus Maximus Circus Maximus (größte Rennbahn Roms zwischen den Hügeln Palatin und Aventin, angeblich bereits im 6. Jh. v. Chr. von König Tarquinius Priscus erbaut, später von Cäsar erneuert.) **IV**

(Tiberius) **Claudius** (Nerō Germānicus) Claudius (röm. Kaiser 41–54 n. Chr. Unter der Herrschaft des Claudius wurde das röm. Reich um zahlreiche neue Provinzen erweitert. Unter Claudius hat sich auch die Vergabe des Bürgerrechts an Auxiliarsoldaten nach 25 Jahren Dienst durchgesetzt. Im Jahr 52 ließ Claudius auf dem Fuciner See eine Naumachie veranstalten, die als die größte Inszenierung einer Seeschlacht in der Geschichte gilt. Claudius war auch als Schrifsteller tätig: Er verfasste ein Werke über die Herrschaft des Augustus, über die Geschichte Karthagos sowie ein etruskisches Wörterbuch. Angeblich soll seine letzte Gattin Agrippina ihn durch ein vergiftetes Pilzgericht ermordet haben.) **79**

Cleopatra Kleopatra VII. (letzte Königin Ägyptens von 51–30 v. Chr., war von ihrem Bruder und Mitregenten Ptolemaios XIII. verstoßen worden, wurde aber von Cäsar, den die Verfolgung des Pompejus nach Ägypten geführt hatte, wieder eingesetzt. Kleopatra hatte zuerst ein Verhältnis mit Cäsar, dann mit Antonius. 31 v. Chr. unterlagen sie und Antonius dem Heer des Octavius / Augustus bei Actium, beide begingen daraufhin Selbstmord. **53. XVIII. 65**

Clytaem(n)ēstra Klytaimnestra (mytholog. Tochter des Spartanerkönigs, Ehefrau des mykenischen Königs Agamemnon; ihre Kinder waren u.a. Iphigenie, Orest und Elektra.) **77**

Colosseum Kolosseum (das größte Amphitheater der Antike, errichtet von 72–80 n. Chr. 80 n. Chr. wurde es von Kaiser Titus mit hunderttägigen Spielen eröffnet, unter anderem mit Gladiatorenkämpfen, nachgestellten Seeschlachten und Tierhetzen. Im Kolosseum fanden ca. 50000 Zuschauer Platz. Sein Umfang beträgt 527 Meter, die Höhe 48 Meter. Als Arena war das Kolosseum über 400 Jahre lang in Betrieb.) **V. VI. 18. 22**

Commodus Commodus (röm. Kaiser 180–192 n. Chr.; beim Volk wegen seiner Großzügigkeit beliebt, zog er sich durch seine selbstherrliche, senatsfeindliche Politik den Hass der röm. Aristokraten zu. 192 wurde er Opfer eines Attentats.) **81**

Concordia Concordia (röm. Göttin der Eintracht. Sie förderte und erhielt die Eintracht und die Einheit der Bürger Roms. Ihre Attribute waren Füllhorn, Opferschale und ineinandergeschlungene Hände. Der Göttin Concordia war ein prachtvoller Tempel am Fuße des Kapitols geweiht, der anlässlich der Aussöhnung der röm. Stände (Plebejer und Patrizier) im 4. Jh. v. Chr. errichtet worden war.) **11**

Cōnstantīnus Konstantin der Große (röm. Kaiser 306–337 n. Chr.; Konstantin besiegte 312 n. Chr. seinen Konkurrenten um die Herrschaft im Westen des Imperiums Maxentius in der Schlacht bei der Milvischen Brücke. 313 n. Chr. erließ er ein Gesetz zur Religionsfreiheit, das den Christen die freie Ausübung ihrer Religion gestattete. Ab 324 bekannte sich Konstantin zum Christentum, ließ sich aber erst auf dem Sterbebett taufen.) **83**

cōnsul, cōnsulis *m* Konsul (röm. Beamter; mit dem 43. Lebensjahr konnte das Konsulat, das höchste zivile und militärische Amt, ausgeübt werden. Dieses war für eine einjährige Amtszeit auf zwei Konsuln aufgeteilt. Die Konsuln leiteten die Senatssitzungen, brachten Gesetzesanträge ein und überwachten die Durchführung der Beschlüsse und Gesetze.) **36. 37. 42. 45. XXI**

Corinthus, ī *f* Korinth (reiche griech. Handelsstadt am Isthmos) **39. XVII. 59**

Creōn, ontis *m* Kreon (Bruder des Ödipus, Onkel der Antigone und der Ismene; er ließ Antigone töten, die sich seinem Befehl widersetzt hatte, den toten Polyneikes unbestattet zu lassen.) **61. XXI. 76**

Crēta Kreta (griech. Insel) **10. 54. 55**

Creūsa Kreusa 1. (Ehefrau des Äneas und Mutter des Askanius; kam während der Eroberung und Zerstörung Trojas ums Leben) **30**
2. (Tochter König Kreons von Korinth, Verlobte von Jason) **76**

Croesus Krösus (letzter König von Lydien (Kleinasien), Mitte des 6. Jhs. v. Chr.; berühmt durch seinen unermesslichen Reichtum. Das Lyderreich ging im 6. Jh. im Kampf gegen das aufstrebende Perserreich unter.) **72. 73. 74**

Cyanē Kyane (eine Quellnymphe, die den Raub der Proserpina durch Pluto vergeblich zu verhindern suchte) **XIX**

Cyclōps, ōpis *m* Zyklop (einäugiger Riese) **XI**

Daedalus Dädalus (sagenhafter athenischer Künstler und Baumeister. Wegen des Mordes an seinem Neffen Talus musste er Athen verlassen und fand Asyl auf der Insel Kreta. Dort errichtete er auf Verlangen des Königs Minos ein Labyrinth, in dem das Ungeheuer Minotaurus gefangen gehalten wurde. Als Minos ihn nicht von der Insel fortlassen wollte, schuf Dädalus für sich und seinen Sohn Ikarus Flügel und floh mit ihm durch die Luft. Da Ikarus den Anweisungen seines Vaters nicht folgte, stürzte er ins Meer, das seither Ikarisches Meer genannt wird, und kam dabei ums Leben.) **55. 59**

Dārīus Dareios III. (336–330 v. Chr.; letzter persischer König des Geschlechts der Achämeniden. Er war seinem Gegenspieler Alexander dem Großen, der das persische Reich ab 334 v. Chr. eroberte, nicht gewachsen.) **S. 12**

Delphī, ōrum *m Pl.* Delphi (Ort in Griechenland, berühmte griech. Orakelstätte des Gottes Apollon, ōrāculum Delphicum) **X. 59. 73**

Dēmēter *f* Demeter vgl. „Ceres“

Diāna Diana (griech. Artemis; Göttin der Jagd, des Waldes und des Mondes, Schützerin der Frauen und der Jungfräulichkeit. Zwillingsschwester des Apollo) **21. 56. 77. XXVI**

Dīdō, ōnis *f* Dido (Gründerin und Königin von Karthago; verliebte sich in Äneas, den es auf seiner Irrfahrt an die afrikanische Küste verschlagen hatte; beging Selbstmord, nachdem Äneas sie auf Geheiß Jupiters verlassen musste.) **30. 31**

Dioclētiānus Diokletian (röm. Kaiser von 284–305 n. Chr.; unter seiner Herrschaft kam es zu einer großen Christenverfolgung, weil der Kaiser das Christentum als eine Gefährdung seines Herrschaftssystems ansah. Diokletians Regierungszeit gilt als Beginn der Spätantike.) **82. 83**

Diogenēs, is *m* Diogenes (griech. Philosoph und Wanderlehrer aus Sinope am Schwarzen Meer, 4. Jh. v. Chr.; bekannt geworden ist er vor allem durch zahlreiche Anekdoten. Nach Diogenes ist die Unabhängigkeit von äußeren Gütern und gesellschaftlichen Konventionen Grundbedingung für Glück und wahre Tugend. Diogenes war der erste Mensch, der sich als „Weltbürger" (Kosmopolit) bezeichnete. Durch sein Bettlerleben und seinen beißenden Spott erwarb er sich den Beinamen kýōn (griech. Hund). Von diesem Begriff leitete die Philosophenschule der Kyniker ihren Namen her. Moderne Begriffe wie zynisch und Zynismus haben ebenfalls dort ihren Ursprung.) **39**

Diomēdēs, is *m* Diomedes (König im nordgriech. Thrakien. Er besaß vier menschenfressende Stuten, an die er seine besiegten Feinde verfütterte. Herkules tötete den grausamen Diomedes und warf ihn seinen eigenen Stuten zum Fraß vor.) **28**

Dionȳsus *m* Dionysos vgl. „Bacchus“

duumvir Duumvir (Ein Duumvir war Bestandteil eines – wie der Name schon sagt – Zweimänneramtes. Die beiden Duumvirn waren die Spitzenbeamten von Städten, die nach röm. Recht verfasst waren. Das Duumvirat war also eine „Kopie" des röm. Konsulates. Die Duumvirn übten die Rechtsprechung aus und nahmen Beurkundungen vor. Sie beriefen Volksversammlungen ein und organisierten die Wahlen zu anderen öffentlichen Ämtern.) **20**

Electra Elektra (Tochter des Agamemnon, Schwester des Orest) **77**

Elysium das Elysium (der Teil der Unterwelt, in den diejenigen Toten eingehen durften, die tugendhaft gelebt hatten. Die Verstorbenen führten im Elysium ein paradiesisches Dasein ohne Sorgen und Arbeit.) **28**

Epicūrus Epikur (griech. Philosoph aus Samos, um 341–

270 v. Chr. Epikur ließ sich 306 v. Chr. in Athen nieder und gründete dort eine Philosophenschule. In Epikurs Philosophie ist die Lust das einzige Gut, Schmerz hingegen das einzige Übel. Dabei ist die wahre Lust der Zustand vollkommener Ruhe und Ungestörtheit. Epikur lehrte, dass Götter zwar existieren, sie aber in glückseliger Abgeschiedenheit leben und keinen Einfluss auf die Welt und die Menschen ausüben.) **82. 84–86. XXIX. 87. 88**

Erōs *m* Eros vgl. „Amor"

Ēsquilīnus (mōns) der Esquilin (der größte der sieben Hügel Roms) **37**

Etrūscī, ōrum (auch: Tūscī) die Etrusker (Volk im nördl. Mittelitalien. Ab dem 7. Jh. v. Chr. beherrschten die Etrusker, zusammen mit den verbündeten Karthagern, das westl. Mittelmeer. Sie expandierten im Süden bis nach Kampanien, im Norden bis an den Rand der Alpen. Ihre Städte waren in einem losen Bund zusammengeschlossen. Einen Zentralstaat gab es nicht. Die Etrusker beherrschten auch Rom. Im 6. Jh. jedoch wurden die etruskischen Herrscher – die Tarquinier – aus Rom vertrieben; damit begann der allmähliche Niedergang der Etrusker. Zug um Zug eroberten die Römer die etruskischen Städte bzw. schlossen Bündnisverträge mit ihnen. Die Römer haben viele Elemente der etruskischen Kultur und Religion übernommen.)

Eurīpidēs, is *m* Euripides (griech. Tragödiendichter aus Athen, 480–406 v. Chr.; neben Aischylos und Sophokles dritter der drei großen griech. Tragiker. Seine Werke zeichnen sich insbesondere durch die differenzierte, tiefgründige Schilderung menschlicher Leidenschaften aus.) **84**

Eurōpa 1. Europa (Tochter des phönizischen Königs Agenor. Jupiter verliebte sich in sie und entführte sie in Gestalt eines weißen Stieres nach Kreta. Mutter des Minos.) **54**
2. Europa als Erdteil. (Bereits im 5. Jh. v. Chr. teilte der griech. Historiker und Geograf Herodot die Welt in die drei Erdteile Europa, Asien und Libyen (Afrika) ein. Diese Einteilung behielt in der gesamten Antike Gültigkeit.) **10. XXXIII**

Eurydica, ae Eurydike (die Gattin des Orpheus) **57. XX**

Eurystheus, eī *m* Eurystheus (König von Mykene. Ein Halbbruder des Herkules, aber auch sein erbittertster Feind: Beide waren Enkel des Perseus, des Gründers von Mykene, und konkurrierten deshalb um den Thron von Mykene. Vor Herkules' Geburt erklärte Jupiter, dass der erstgeborene Enkel des Perseus dessen Königreich erhalten solle. Juno, die Herkules hasste (weil er aus einer unehelichen Verbindung ihres Mannes Jupiter stammte), veranlasste daraufhin, dass Eurystheus früher geboren und damit König von Mykene wurde. Später musste Herkules im Auftrag des Eurystheus die berühmten „zwölf Arbeiten" erledigen.) **27. 28. X**

Faustulus Faustulus (Hirte, der die ausgesetzten Zwillinge Romulus und Remus fand und gemeinsam mit seiner Frau Acca Larentia aufzog) **32. 33**

(T. Quīnctius) **Flāminīnus** Flamininus (römischer Politiker und Feldherr, um 230 v. Chr.–174 v. Chr.; besiegte König Philipp V. von Makedonien 197 v. Chr.; verkündete 196 v. Chr. bei den Isthmischen Spielen die Freiheit Griechenlands.) **47**

forum Boārium Forum Boarium (der Rindermarkt in Rom am Ufer des Tiber) **13. 14**

forum Iūlium Forum Julium (Das Forum Julium – auch Cäsarforum genannt – ist das älteste der Kaiserforen in Rom (Baubeginn 54 v. Chr.) und bildet eine Erweiterung des Forum Romanum.) **14. V**

forum Rōmānum Forum Romanum (der Marktplatz und später das politische, geschäftliche und religiöse Zentrum von Rom. Das ursprünglich sumpfige Gebiet wurde im 6. Jh. v. Chr. trockengelegt und zum Marktplatz umgestaltet. Die ältesten Bauwerke waren die Tempel für Saturn (498 v. Chr.), Castor (484) und Concordia (367). Ab dem 2. Jh. v. Chr. wurden die Volksversammlungen hier abgehalten. Die Händler und Marktstände mussten zugunsten des politischen Geschehens weichen. Basiliken wurden errichtet, in denen die Gerichte tagten und Geschäfte abgewickelt wurden.) **11. 12. IV. VII. 19**

Gallī, ōrum *m Pl.* die Gallier, die Kelten **XIII. 42. 44. 66–68. 81**

Gallia Gallien (Land der Gallier / Kelten, die seit etwa 700 v. Chr. von Osten eingewandert waren; um fasste Oberitalien und das heutige Frankreich und Belgien.) **66. 67**

(C. Cornēlius) **Gallus** Gajus Cornelius Gallus (geb. ca. 70 v. Chr.; Gallus stammte aus niederen Verhältnissen und lernte nach Cäsars Ermordung den Dichter Vergil und Kaiser Augustus kennen. Gallus gilt als Begründer der römischen Elegie. Sein Werk ging bis auf wenige Fragmente verloren.) **65**

Gāius und Tiberius Gracchus Gajus und Tiberius Gracchus (Die Brüder Gajus (153–121 v. Chr.) und Tiberius (162–133 v. Chr.) Gracchus werden als die Gracchen bezeichnet. Sie traten als Volkstribune für die Rechte der ärmeren Bevölkerung, der plēbs, ein.) **49**

Germānī, ōrum *m Pl.* die Germanen (Die ersten Nachrichten über die Germanen stammen von Cäsar und Tacitus; 113 v. Chr. erster Zusammenstoß mit den Römern, die unter Augustus weiter in das rechtsrheinische Germanien vordrangen. Nach der Niederlage des Varus (9 n. Chr.) Zurücknahme der röm. Grenze an den Rhein. Mit der Erbauung des Limes (ab 84 n. Chr.) sollten die Germanen vom Röm. Reich abgewehrt werden; 166–180 n. Chr. erfolgte der erste germanische Großangriff an der Donaugrenze; im 3. Jh. durchbrachen die germanischen Alemannen den Limes.) **51. 68. XXIV. 79. 80. 81**

Germānia Germanien **68. 79. 80**

Graecī, ōrum *m Pl.* die Griechen **XI. 29. 73. 74. XXV. 78. 84**

Graecia Griechenland (seit 146 v. Chr. röm. Provinz Achaia) **18. 72. 74. XXVI. 84**

Graecus, a, um griechisch; *Subst.* der Grieche **16. 18. 47. 48. 84. XXIX. XXX. 94. 95**

Haemōn, onis *m* Haimon (Sohn des thebanischen Königs Kreon und Verlobter der Antigone) **XXI**

Halys, yos *m* (Akk. Halym) Halys (größter Fluss in Kleinasien, an der Grenze zwischen Lydien und Persien) **73**

Hamilcar, aris *m* Hamilkar (Vater des Hannibal; karthagischer Feldherr im 1. Punischen Krieg 264–241 v. Chr.) **43**

Hannibal, alis *m* Hannibal (247–183 v. Chr.; Feldherr der Karthager im 2. Punischen Krieg 218–202 v. Chr. Sein Vater Hamilkar brachte ihn 237 v. Chr. nach Spanien, nachdem er ihn ewigen Hass auf Rom hatte schwören lassen. Hannibals kühner Plan, den Krieg gegen Rom in Italien auszutragen (Alpenübergang), brachte die Römer an den Rand des Zusammenbruchs. Nach sechzehn Kriegsjahren in Italien musste er 203 v. Chr. mit seinem unbesiegten Heer nach Afrika zurückkehren, um Karthago gegen einen Angriff der Römer zu verteidigen. 202 v. Chr. wurde er von Scipio in der Schlacht bei Zama geschlagen. 183 v. Chr. nahm sich Hannibal, auf der Flucht vor den Römern, das Leben.) **43–45. XVI**

haruspex, icis *m* Haruspex (römischer Priester, der aus den Eingeweiden von Opfertieren weissagte) **34**

Helena Helena (Frau des Spartanerkönigs Menelaos; wurde vom Trojaner Paris geraubt, was den Trojanischen Krieg auslöste; galt als die schönste Frau der Welt.) **29**

Hellēspontus Hellespont (antiker Name für die Meerenge der Dardanellen, die das Marmarameer mit der Ägäis und dem Mittelmeer verbindet und gleichzeitig den Übergang zum Schwarzen Meer über den Bosporus ermöglicht.) **40**

Hēphaistos *m* Hephaistos vgl. „Vulcanus"

Hēra, ae *f* Hera vgl. „Iuno"

Herculāneum Herkulaneum (Stadt in Kampanien am Golf von Neapel. Der Sage nach soll die Stadt eine Gründung des Herkules gewesen sein. Herkulaneum ist wie Pompeji beim Ausbruch des Vesuv untergegangen. Mit seinen ca. 4000 Einwohnern war Herkulaneum deutlich kleiner als Pompeji: eine kleine wohlhabende Hafenstadt. Wegen der natürlichen Schönheit, des prächtigen Blicks über den Golf von Neapel und seiner reinen Luft erbauten viele reiche Römer ihre Sommervillen in Herkulaneum.) **25**

Herculēs, is *m* Herkules (griech. Herakles; berühmtester der griech. Helden mit übermenschlichen Kräften. Sohn des Jupiter und der Alkmene. Um sich von einer im Wahnsinn begangenen Freveltat reinzuwaschen, musste er auf Befehl eines Orakels dem König Eurystheus von Mykene dienen. Eifersüchtig auf Herkules' Stärke, bürdete Eurystheus ihm zwölf so ungeheuer schwierige Aufgaben auf, dass nur ein Sohn des Jupiter sie erfüllen konnte: Er musste verschiedene Ungeheuer erlegen (den Nemeischen Löwen, die Lernäische Hydra, die Stymphalischen Vögel), wilde Tiere einfangen (die Kerynitische Hirschkuh, den Erymanthischen Eber, den Kretischen Stier), den Stall des Augias ausmisten und für Eurystheus bestimmte Dinge rauben und herbeiholen (die Stuten des Diomedes, den Gürtel der Hippolyte, das Vieh des Geryon, die Äpfel der Hesperiden). Die letzte und schwierigste Aufgabe war der Abstieg in die Unterwelt, aus der Herakles den Höllenhund Zerberus heraufholen sollte. Nachdem Herkules alle zwölf Aufgaben erfüllt und überlebt hatte, überließ Eurystheus ihm seinen Thron. Nach seinem Tod wurde Herkules in den Kreis der Götter aufgenommen.) **27. 28. X. 49. 74. XXV. 86. 88**

Hermēs *m* Hermes vgl. „Mercurius"

Hērodotus Herodot (um 490–um 425 v. Chr., griech. Historiker aus der kleinasiatischen Stadt Halikarnassos) **10**

Hispānia Spanien (seit 197 v. Chr. röm. Provinz) **XV. 51. 67**

(Mārcus) **Holcōnius Rūfus** Marcus Holconius Rufus (die bedeutendste uns bekannte Persönlichkeit Pompejis im 1. Jh. n. Chr. Er war ein reicher Kaufmann, der einen überregionalen Weinhandel und eine Tongrube samt Ziegelei betrieb. Er finanzierte mit seinem Vermögen u.a. den Umbau des Großen Theaters in Pompeji, was mit einem Ehrensitz im Theater und einer Statue an der wichtigsten Straßenkreuzung der Stadt belohnt wurde. Er bekleidete mehrfach hohe politische Ämter in der Stadt (u.a. war er fünfmal duumvir) und erreichte sogar die selten verliehene Ehrenbürgerschaft (patronus coloniae).)

Homērus Homer (ältester griech. Dichter im 8. Jh. v. Chr., unter seinem Namen sind die beiden bedeutendsten griech. Epen, die *Ilias* und die *Odyssee*, überliefert.) **29. 31. XI. 84**

(Quīntus) **Horātius** (Flaccus) Horaz (röm. Dichter der augusteischen Zeit, 65–8 v. Chr.; der Dichter Vergil stellte ihn 38 v. Chr. dem großen Gönner und Adeligen Mäzenas vor. Dieser nahm sich des jungen Dichters an und es entstand eine enge Freundschaft. Die Themen von Horaz' Dichtungen sind vor allem Liebe und Politik, aber auch Freundschaft, Alltäglichkeiten des Lebens und philosophische Fragen. Zu seinen Vorbildern gehörten die griech. Dichter Alkaios und Sappho. In philosophischer Hinsicht bezeichnete Horaz sich selbst als einen Anhänger Epikurs.) **64. 84. 86**

Hydra Hydra (vielköpfiges schlangenartiges Untier. Wenn man ihm einen Kopf abschlug, wuchsen zwei neue nach. Herkules besiegte das Ungeheuer mithilfe seines Gefährten Iolaos.) **27**

Iāsōn, onis *m* Jason (Anführer der Argonauten) **76. 77**

Īcarus Ikarus (Sohn des Dädalus. Trotz der Warnungen seines Vaters flog er bei der Flucht aus Kreta mit seinen Flügeln so hoch, dass die Sonne das Wachs seiner Flügel schmolz, die Federn sich lösten und er ins Meer stürzte.) **55. XIX. 59**

Iēsūs (Nazarēnus) Jesus (von Nazareth; in Nazareth geborener Begründer der christlichen Religion; lebte von der

Numa Pompilius Numa Pompilius (zweiter König Roms, galt als besonders weise und fromm. Die Römer schrieben ihm die Einführung vieler ihrer religiösen Einrichtungen zu: Feste, Opfer und Riten, die Pontifices und Vestalinnen.)

Numitor, ōris *m* (König von Alba Longa, Sohn des Prokas, Vater der Rea Silvia. Numitor wurde von seinem jüngeren Bruder Amulius abgesetzt. Seine Enkel Romulus und Remus rächten dieses Verbrechen und gaben ihm die Herrschaft zurück.) **32. 33. 34**

Octāvia Octavia (Schwester des Augustus) **XXIII**

Octāvius vgl. „Augustus“

Odyssēa die *Odyssee* (Epos des griech. Dichters Homer über die Irrfahrten des Odysseus) **31. XI**

Odysseus vgl. „Ulixes“

Oedipūs, pī/podis *m* Ödipus (sagenhafter Herrscher der griech. Stadt Theben; löste das Rätsel der Sphinx; tötete in Unwissenheit seinen Vater Laios und heiratete seine Mutter Iokaste; Vater von Eteokles, Polyneikes, Antigone und Ismene. Als er seine Taten erkannte, stach sich Ödipus die Augen aus und wanderte fortan als Ausgestoßener umher.) **59–61**

Olympia Olympia (eines der bedeutendsten griechischen Kulturzentren im Westen der Peloponnes; seit dem 8. Jh. v. Chr. fanden dort alle vier Jahre Olympische Spiele statt.) **46. 74. XXV**

Orestēs, is *m* Orest (Bruder der Iphigenie und der Elektra) **77**

Orpheus, eī *m* Orpheus (berühmter thrakischer Sänger; sein Gesang war so schön, dass selbst Tiere, Pflanzen und leblose Dinge von ihm gerührt wurden. Nachdem Orpheus' Frau Eurydike an einem Schlangenbiss gestorben war, stieg Orpheus in die Unterwelt hinab, um durch seinen Gesang und das Spiel seiner Lyra die Unterweltsgötter zu bewegen, ihm seine Geliebte zurückzugeben. Seine Kunst war so groß, dass ihm seine Bitte gewährt wurde – jedoch unter der Bedingung, dass er sich während des Aufstiegs in die Oberwelt nicht nach Eurydike umschauen dürfe. Da er die Schritte der Eurydike nicht hörte, sah er sich um – und sie verschwand für immer in der Unterwelt.) **57. XX. 59**

(Publius) **Ovidius** (Nāsō) Ovid (röm. Dichter 43 v. Chr.–18 n. Chr.; seine freizügigen Dichtungen brachten ihn in Konflikt mit Kaiser Augustus' Programm einer moralischen Erneuerung; auf Lebenszeit nach Tomi am Schwarzen Meer verbannt. Werke u.a.: *Metamorphosen, Ars amatoria, Fasti, Tristia, Heroides*. Neben Vergil und Horaz ist er der bedeutendste Dichter der augusteischen Zeit.) **84**

Ōstia Ostia (Hafenstadt Roms an der Tibermündung. In Ostia landeten die für Rom bestimmten Lebensmittellieferungen, vor allem die Getreideschiffe aus Ägypten, Afrika, Sardinien und Sizilien.) **14**

Paestum Poseidonia (Stadt in Unteritalien) **18**

Palātium (mōns Palātīnus) der Palatin (einer der sieben Hügel Roms; ältester besiedelter Teil der Stadt. Viele prominente Römer hatten hier ihre Häuser. Kaiser Augustus errichtete hier seinen Wohnsitz, den man palātia nannte; davon leitet sich das deutsche Wort „Palast“ her.) **15. V. 34. XII. 37. 63. 64. XXIII**

Pallās, antis *m* Pallas (Sohn des italischen Königs Euander. Er wurde von Turnus im Zweikampf getötet und von Äneas – dem Bundesgenossen des Euander – gerächt.) **31**

Pannonia Pannonien (9–433 n. Chr. Provinz des Römischen Reiches im heutigen Westungarn; Kaiser Trajan teilte das Gebiet mit Pannonia superior (Oberpannonien) und Pannonia inferior (Unterpannonien) in zwei Teile.) **70**

Paris, idis *m* Paris (Sohn des trojanischen Königs Priamos; raubte die schöne Helena aus Sparta und löste damit den Trojanischen Krieg aus.) **29**

patriciī, ōrum Patrizier (röm. Adelsfamilien; nach der Vertreibung der Könige Anfang des 5. Jh.s v. Chr. besaßen sie die politische Macht.) **36. 37**

Patroclus Patroklos (Freund und Kampfgefährte des Achilles im Trojanischen Krieg, von Hektor getötet) **29**

Penātēs, ium *m Pl.* die Penaten (röm. Haus- und Schutzgötter)

Persae, ārum *m Pl.* die Perser **40. XIV. 73. 95**

Persia Persien (antikes Großreich, das sich in seiner größten Ausdehnung vom heutigen Balkan bis nach Nordwestindien und Ägypten erstreckte; existierte mit Unterbrechungen etwa 550 v. Chr.–651 n. Chr.; 334 v. Chr. wurde es von Alexander dem Großen nach der Niederlage von Dareios III. erorbert.) **70**

Phaedrus Phaedrus (Freigelassener des Augustus, Verfasser von bekannten Fabeln in Äsops Art) **XXIX**

Phīdiās, ae *m* Phidias (um 500/490–430/420 v. Chr.; berühmter griechischer Bildhauer; zu seinen bekanntesten Werken gehören die Zeusstatue in Olympia und die Athena Parthenos in Athen) **XXV**

Philippus II. Philipp II. (um 382–336 v.Chr.; Vater Alexanders des Großen und von 359–336 v. Chr. König von Makedonien.) **38. 40. XIV**

Platō, ōnis *m* Platon (griech. Philosoph, 427–347 v. Chr., Schüler des Sokrates; um 386 v. Chr. gründete er in Athen eine Philosophenschule, die Akademie. Verfasser vieler noch erhaltener und bis in die Neuzeit nachwirkender Schriften wie *Politeia, Symposion, Gorgias, Phaidon.*) **84. XXX. 96**

plēbēī, ōrum Plebejer (größter Teil der röm. Bevölkerung; zunächst ohne politischen Einfluss, im Laufe der Ständekämpfe im 5./4. Jh. v. Chr. setzten sie immer mehr Rechte durch.) **37. XIII**

(C.) **Plīnius** (Caecilius Secundus) **Māior** Plinius der Ältere (röm. Schriftsteller, Gelehrter und Feldherr, um 23–79 n. Chr. Sein naturwissenschaftliches Werk *Naturalis historia* (Naturgeschichte) ist eine Zusammenfassung des naturkundlichen Wissens seiner Zeit in 37 Büchern.

Rubicō, ōnis *m* Rubikon (Grenzfluss zwischen der Provinz Gallien und dem röm. Staatsgebiet; 49 v. Chr. überschritt Cäsar diese Grenze und löste damit den Bürgerkrieg aus.) **52**

Sabīnī, ōrum die Sabiner (Bewohner des Berglandes nördlich von Rom; die Römer raubten – wegen des in Rom herrschenden Frauenmangels – auf Geheiß des Romulus deren Töchter. Die gefangenen Sabinerinnen ließen sich jedoch eine nach der anderen von den Römern zur Heirat bewegen. Als die Sabiner später Rom angriffen, drängten sich die Frauen auf das Schlachtfeld und beschwichtigten die gegnerischen Parteien. Romulus und Titus Tatius, der König der Sabiner, verbrüderten sich daraufhin und verschmolzen ihren Staat unter einer Doppelherrschaft.) **XII**

Saguntum Sagunt (Stadt im Osten Spaniens. Die wirtschaftlich bedeutende Stadt war mit Rom gegen Karthago verbündet. 219 v. Chr. eroberte Hannibal die Stadt und löste damit den 2. Punischen Krieg aus.) **XV**

Salōnae, ārum *f* Salona (Hafenstadt in Dalmatien; heute Split in Kroatien) **82**

Sāturnus Saturn (röm. Gott der Fruchtbarkeit, besonders des Ackerbaus. In seinem Tempel auf dem Forum Romanum war das aerārium, in dem die Staatskasse, das Staatsarchiv und die Feldzeichen der röm. Legionen aufbewahrt wurden.) **11**

senātor, ōris *m* der Senator (Mitglied des röm. Senates) **36. XIII. 48. 80. 90. 91. 92**

senātus, ūs *m* der Senat (die wichtigste politische Institution der röm. Republik. Er bestimmte die Richtlinien der Politik, erließ Gesetze, kontrollierte die Beamten und verwaltete die Staatsfinanzen. Die Senatsversammlung wurde von rund 300 Senatoren gebildet. In der Spätzeit der Republik wurde die Mitgliederzahl auf bis zu 900 erweitert. Die Senatoren setzten sich ursprünglich zusammen aus den „senēs", also älteren und erfahrenen Männern, sowie den „patrēs", den Oberhäuptern des röm. Adels. Zeichen der Senatorenwürde waren ein breiter Purpurstreifen auf der Toga und ein goldener Siegelring. Die Senatssitzungen waren öffentlich und fanden zweimal im Monat in der Kurie statt. Senatsbeschlüsse wurden niedergeschrieben und im Saturntempel aufbewahrt. In der röm. Kaiserzeit existierte der Senat weiter, die meisten senatorischen Rechte jedoch gingen in die Hand des Kaisers über. Der Rang des Senators wurde nun zum Ehrentitel, der verdienten Personen aus dem ganzen Reich verliehen wurde.) **36. XIII. 80. 81. XXXI**

(L. Annaeus) **Seneca,** ae *m* Seneca (röm. Schriftsteller, Politiker und Philosoph, 4 v. Chr.–65 n. Chr.) **VIII. 80. 84. 89. XXX. 90**

Sicilia die Insel Sizilien (an der „Stiefelspitze" Italiens, wurde 241 v. Chr. erste röm. Provinz.) **10. 43. 50. XIX**

Sīsyphus Sisyphus (Gründer und König von Korinth. Wegen seiner Freveltaten muss er im Tartarus auf ewig büßen.) **58**

Sōcratēs, is *m* Sokrates (berühmter athenischer Philosoph, 470–399 v. Chr., der von den Athenern zu Unrecht wegen Gotteslästerung und Verführung der Jugend angeklagt und hingerichtet wurde. Als Philosoph beschäftigte er sich mit der Frage nach der sittlichen Vervollkommnung des Menschen.) **75. 84**

Sōl, Sōlis *m* Sol (griech. Helios; der Sonnengott, die Sonne) **46. 71**

Sōlo, ōnis *m* Solon (um 600 v. Chr.; athenischer Gesetzgeber und Lyriker; einer der „Sieben Weisen". Als Reformer und Streitschlichter beseitigte er in Athen die Schulden der armen Kleinbauern, unterteilte die Bevölkerung in vier Klassen und richtete ein Volksgericht ein, an das sich jeder freie Athener wenden konnte. Nach Durchsetzung seines Reformwerks soll er die Athener zur Einhaltung der neuen Gesetze verpflichtet und das Land verlassen haben. Sagenhaft wurde sein Besuch beim lydischen König Krösus.) **72. 81**

Sophoclēs, is *m* Sophokles (griech. Tragödiendichter aus Athen, 497–406 v. Chr.; von seinen angeblich 130 Dramen sind sieben erhalten, unter anderem die „Antigone" und „König Ödipus". Seine Stücke zeugen von einer tiefempfundenen Religiosität: Die Götter zwingen dem menschlichen Leben ihre Gerechtigkeit auf, sodass der Weise am besten fährt, wenn er in Übereinstimmung mit dem göttlichen Willen handelt. Geschieht dies nicht, entsteht der tragische Konflikt.) **84**

Spartānus, a, um spartanisch, aus Sparta; *Subst.* der Spartaner **74**

Sphinx, Sphingis *f* die Sphinx (Fabelwesen der griech.-ägypt. Mythologie. Die Sphinx war ein Ungeheuer mit dem Rumpf eines geflügelten Löwen und dem Oberkörper und Kopf einer jungen Frau. Sie hielt sich auf einem Berg außerhalb von Theben auf und gab den vorbeikommenden Reisenden ein Rätsel auf. Diejenigen, die das Rätsel nicht lösen konnten, wurden von ihr getötet. Ödipus konnte das Rätsel schließlich lösen. Die Sphinx stürzte sich daraufhin von ihrem Felsen und starb.) **60**

Stabiae, ārum Stabiä (röm. Siedlung direkt am Fuße des Vesuvs; beim Ausbruch des Vulkans im Jahre 79 n. Chr. wurde sie daher am stärksten zerstört.) **IX**

Stymphāliae avēs die Stymphalischen Vögel (gefräßige Raubvögel mit eisernen Federn, die beim griech. Stymphalos-See ihr Unwesen trieben und Menschen anfielen. Diese Vögel zu erlegen war eine der zwölf Arbeiten des Herkules.) **27**

Styx, Stygis *f* der Styx (einer der Unterweltsflüsse, bei dem die Götter den heiligsten Eid schwuren) **28**

Suēbī, ōrum *m Pl.* die Sueben (germanischer Stamm) **79**

Syrācūsae, ārum *f Pl.* Syrakus (bedeutendste Stadt auf der Insel Sizilien; wurde im 8. Jh. v. Chr. von griech. Kolonisten aus Korinth gegründet. Während des 2. Punischen Krieges wurde Syrakus 212 v. Chr. von den Römern nach dreijähriger Belagerung erobert.) **XVI**

aner, vertreten durch den jungen Cicero, gegen ihn wegen Erpressung 70 v. Chr.; floh vor Prozessende ins Exil und wurde schließlich ermordet.) **50**

Vesta Vesta (die Göttin des heiligen Herd- und Opferfeuers, Hüterin von Heim und Herd. Der Rundtempel der Vesta stand auf dem Forum Romanum.)

Vestālis, is *f* (virgō Vestālis bzw. sacerdōs Vestālis) Vestalin (Priesterin der Göttin Vesta. Das Kollegium der Vestalinnen bestand aus sechs Priesterinnen, die im Alter von sechs bis zehn Jahren für eine 30-jährige Dienstzeit berufen wurden. Nach ihrem Dienst durften sie ein normales bürgerliches Leben führen, bei dem sie auch heiraten durften. Ihre Hauptaufgabe war das Hüten des heiligen Herdfeuers im Tempel der Vesta, das niemals erlöschen durfte; denn dies galt als das schlimmste Vorzeichen für den Staat. Die Vestalinnen waren zu absoluter Keuschheit verpflichtet. Verstieß eine Vestalin gegen diese Vorschrift, wurde sie lebendig begraben.) **32**

Vesuvius der Vesuv (Vulkan in Kampanien, der bei einem Ausbruch am 24. August 79 n. Chr. die Städte Pompeji, Herkulaneum und Stabiä verschüttete) **16. 17. 23. 24. 25. 26. IX**

Via Appia Via Appia (Straße, die von Rom aus in südlicher Richtung durch ganz Italien bis nach Brundisium führte, Baubeginn 312 v. Chr.) **7**

Via Claudia Via Claudia (Die Via Claudia Augusta war eine der wichtigsten Römerstraßen, die Norditalien mit dem süddeutschen Raum verband. Sie folgte flussaufwärts dem Lech über Augsburg bis nach Füssen.) **79**

Victōria Victoria (griech. Nike; Siegesgöttin) **XXV**

Vīminālis (collis) der Viminal (einer der sieben Hügel Roms) **37**

Vulcānus Vulkan (griech. Hephaistos; Gott der Feuerflamme und der Schmiedekunst. Seine Schmiede lag unter dem sizilischen Vulkan Ätna. Er schmiedete die Blitze des Jupiter.) **10. 85**

Zēnō(n), ōnis *m* Zenon (griech. Philosoph, aus Zypern stammend, Stifter der stoischen Schule; er lehrte um 300 v. Chr. in der Stoa in Athen.) **84**

Zeus *m* vgl. „Iuppiter“

Zeittafel

Römische Antike

Als Antike bezeichnet man die Zeitspanne von ca. 1100 v. Chr. bis 600 n. Chr. In dieser Epoche wurden von den Griechen und Römern die Grundlagen der abendländischen Kultur gelegt.

753

Mythische Vorzeit:

fundamentum

In der mythischen Vorzeit treten Götter in Beziehung zu Menschen (z.B. Jupiter – Europa; Dionysos – Ariadne; Pluto – Proserpina), leben Helden wie Herkules und Theseus, Künstler wie Dädalus und Orpheus und Herrscher wie Sisyphus und Niobe.

In der mythischen Vorzeit findet auch der **Trojanische Krieg** statt: Der trojanische Prinz Paris hatte mit seinem sog. Parisurteil Venus zur schönsten Göttin erklärt und dafür die schönste Frau der Welt – Helena, die Frau des Königs von Sparta – als Preis erhalten. Im dadurch verursachten Trojanischen Krieg kämpften die Griechen (Agamemnon, Menelaus, Achilles, Odysseus u.a.) zehn Jahre gegen die Trojaner (Priamus, Hektor, Äneas u.a.), bis der Krieg durch die List des Odysseus (Trojanisches Pferd) entschieden wurde. Die meisten Trojaner verloren dabei das Leben, doch Äneas floh der Sage nach mit seinem Vater Anchises und seinem Sohn Askanius aus Troja. Nach einem Aufenthalt in Karthago bei Königin Dido gelangte er schließlich nach Italien und herrschte dort als König in der von ihm gegründeten Stadt Lavinium.

Sein Sohn Askanius gründete danach die Stadt Alba Longa, wo seine Nachfolger regierten. Schließlich vertrieb Amulius seinen Bruder Numitor vom Thron und wollte dessen Enkel **Romulus und Remus** töten lassen. Beide wurden aber auf wundersame Weise von einer Wölfin gerettet. Später tötete Romulus im Streit seinen Bruder.

Königszeit:

fundamentum

Sie umfasst die Zeitspanne, die sich von der Gründung Roms (der Sage nach **753 v. Chr.**) durch den ersten König Romulus bis zur Vertreibung des siebten und letzten Königs Tarquinius Superbus (510/509 v. Chr.) durch Brutus erstreckt.

In dieser Zeit herrschten nach Romulus sabinische und etruskische Könige über Rom.

Der Bau einer ersten Stadtmauer, die Errichtung des Jupiter-Tempels auf dem Kapitol, die Anlage des Circus Maximus und die Trockenlegung und Pflasterung des Forum Romanum erfolgten am Ende der Königszeit.

510 31

Republik:

fundamentum

Sie umfasst die Zeitspanne von 510 v. Chr. bis 31 v. Chr., in der Rom vom Senat und den Konsuln regiert wurde.
In der **frühen Republik** (5. und 4. Jh. v. Chr.) setzte sich Rom zunächst in Kämpfen gegen die benachbarten Städte der Etrusker (z.B. Veji) und Volsker durch. Danach errang es trotz innerer Auseinandersetzungen (Ständekämpfe; vgl. Menenius Agrippa) und Gefährdungen von außen (Galliereinfall, ca. 390 v. Chr.) allmählich die Vorherrschaft in Mittel- und Unteritalien, nicht zuletzt, weil Alexander der Große seine Eroberungszüge nicht nach Westen, sondern nach Osten und Süden gegen Persien und Ägypten unternahm. In der **mittleren Republik** (3. und 2. Jh. v. Chr.) dehnte es diese Vorherrschaft vor allem durch drei siegreiche Kriege gegen Karthago (die sog. Punischen Kriege), insbesondere durch den Sieg gegen Hannibal im 2. Punischen Krieg (218–201 v. Chr.) auf den gesamten Mittelmeerbereich aus.In der **späten Republik** (1. Jh. v. Chr.) drohte die Selbstvernichtung der römischen Macht im Bürgerkrieg: In den blutigen Kämpfen zwischen mächtigen Männern wie Pompejus und Cäsar ging es weniger um die Macht in Rom als um die Würde und den Stolz einzelner. Erst Octavius, der spätere Kaiser Augustus, stellte durch den Sieg über Kleopatra und Antonius 31 v. Chr. den Frieden wieder her.

Kaiserzeit:

fundamentum

Sie erstreckt sich von 31 v. Chr. bis 476 n. Chr. Unter Augustus erholte sich Italien (pāx Augusta) von den Bürgerkriegen am Ende der Republik. In Rom breiteten sich auf dem Palatin allmählich die kaiserlichen Paläste aus. In den unter Cäsar (Gallien), Augustus (Germanien) und Claudius (Britannien) hinzugewonnen Provinzen schritt die Romanisierung schnell fort.
Die Kaiser der julischen-claudischen und flavischen Dynastie erbauten im **1. Jh.** die Kaiserpaläste auf dem Palatin. Die Flavier errichteten zudem das Kolosseum.
Die sog. Adoptivkaiser führten im **2. Jh.** das Römische Reich zu seiner größten Ausdehnung. Jedoch begann noch unter Mark Aurel am Ende des 2. Jh. der Abwehrkampf gegen die Germanen und andere Stämme.
Rom selbst erhielt zum Schutz im **3. Jh.** eine gewaltige Stadtmauer. Diokletian (†311) stabilisierte zwar die Lage, das weströmische Reich konnte dem Sturm der Germanen unter Alarich (410) letztlich aber nicht standhalten.
Im oströmischen Reich bestand, nachdem das Christentum Staatsreligion geworden war, unter Theodosius (†395) und Justinian (†565) die römische Macht weiter. Dort entstand im 6. Jh. mit dem Corpus Iuris Civilis eine gewaltige Sammlung des römischen Rechts, die zur Grundlage für unsere modernen Rechtssysteme wird (vgl. S. 34).

DAS STADTZENTRUM VON ROM

in der Mitte des 4. Jahrhunderts n. Chr.

1 Tiber
2 Marcellus-Theater
3 Tempel des Apollo und der Bellona
4 Forum Holitorium
5 Tempel des Portunus
6 Rundtempel des Hercules Victor
7 Forum Boarium
8 Pons Aemilius
9 Tempel des Iuppiter Optimus Maximus (Iuppiter Capitolinus)
10 Capitolium
11 Arx
12 Tempel der Iuno Moneta
13 Staatsarchiv (Tabularium)
14 Vespasian-Tempel
15 Tempel der Concordia
16 Trajan-Tempel
17 Tempel der Venus Genetrix
18 Basilica Ulpia
19 Forum Traiani
20 Forum Iulium (Cäsar-Forum)
21 Curia
22 Forum Romanum
23 Saturn-Tempel (Aerarium)
24 Basilica Iulia
25 Septimius-Severus-Bogen
26 Basilica Aemilia
27 Tempel des Castor und Pollux (Tempel der Dioskuren)
28 Cäsar-Tempel (T. des Divus Iulius)

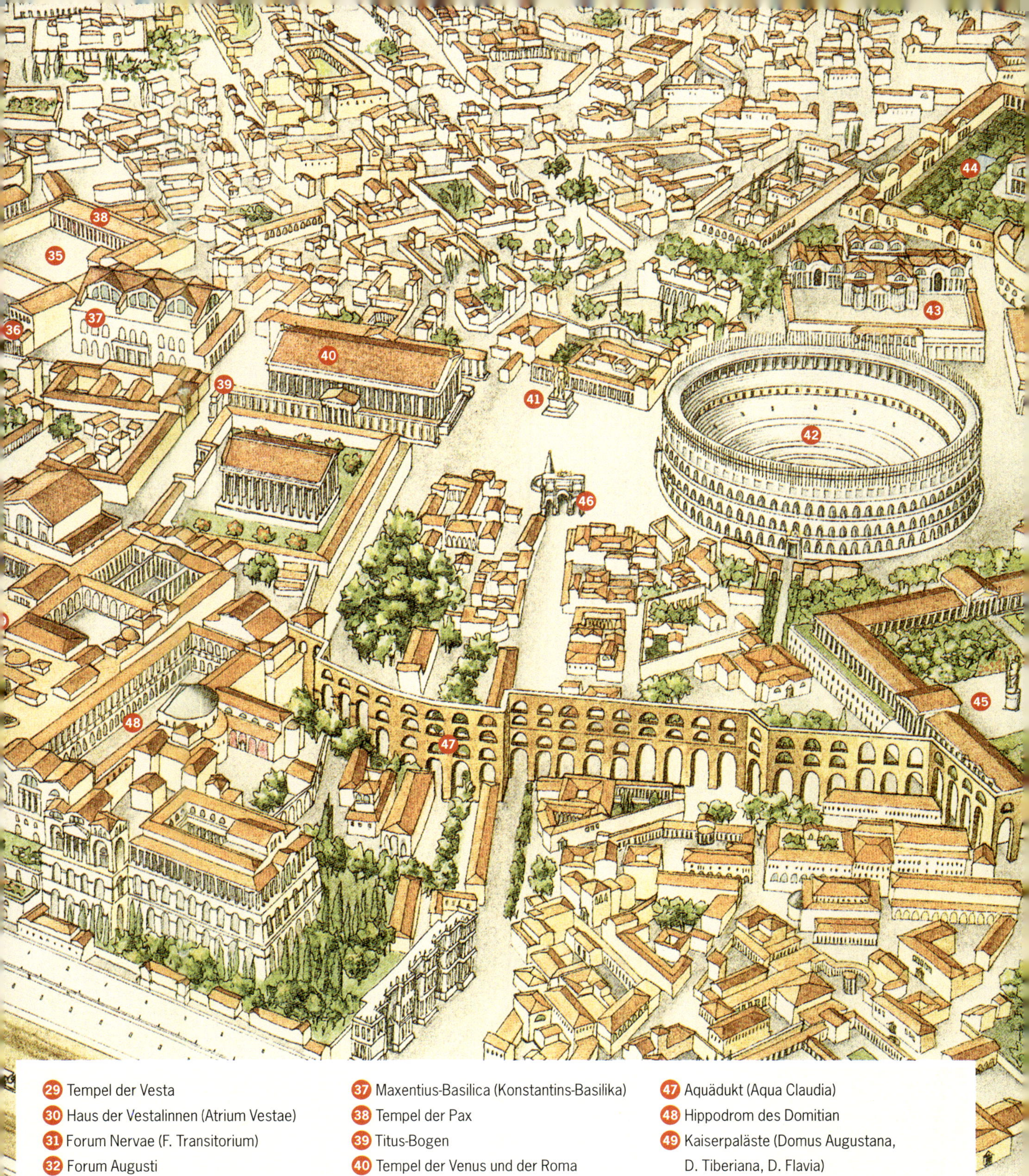

29 Tempel der Vesta
30 Haus der Vestalinnen (Atrium Vestae)
31 Forum Nervae (F. Transitorium)
32 Forum Augusti
33 Tempel des Mars Ultor
34 Tempel des Antoninus Pius und der Faustina
35 Forum Vespasiani (Forum Pacis)
36 Tempel des Romulus (bzw. Tempel des Iuppiter Stator)
37 Maxentius-Basilica (Konstantins-Basilika)
38 Tempel der Pax
39 Titus-Bogen
40 Tempel der Venus und der Roma
41 Kolossalstatue Neros
42 Colosseum (Amphitheatrum Flavium)
43 Titus-Thermen
44 Trajans-Thermen
45 Claudius-Tempel
46 Konstantins-Bogen
47 Aquädukt (Aqua Claudia)
48 Hippodrom des Domitian
49 Kaiserpaläste (Domus Augustana, D. Tiberiana, D. Flavia)
50 Palatin
51 Tempel des Apollon
52 Tempel der Kybele (Magna Mater)
53 Circus Maximus
54 Ianus-Bogen

Diese Übersicht hilft dir, die verschiedenen Aufgabenstellungen des Buches richtig zu verstehen und zu bearbeiten.

	Aufgabenstellung	Hier sollst du …	Beispiel
I.	Angeben / Nennen /	die Aufgabe mit einem Begriff oder einem Fachausdruck lösen.	**Gib** die zugehörigen Verben mit deutscher Bedeutung **an.** **(74, V c)**
	Auswählen	die in der Aufgabenstellung verlangten Gesichtspunkte aussuchen.	**Wähle** das passende Vergleichswort **aus:** 1. Nemo tot res providebat (quanta / qualia / quot) sacerdotes oraculi Delphici (!). … **(73, Ü a)**
	Beschreiben	einen Sachverhalt in eigenen Worten darlegen.	**Beschreibe**, in welchem Zusammenhang die Formen des Indefinitpronomens (Z. 4–7) vorkommen. … **(71, V a 2)**
	Bestimmen	eine Wortform grammatikalisch genau beschreiben (z.B. portare Inf. Präs. Aktiv).	**Bestimme** den Kasus des Gerundiums und übersetze: 1. flendo 2. ad flendum … **(XXVIII, Ü c)**
	Bilden	eine Wortform nach vorgegebenen Arbeitsaufträgen verändern oder erstellen.	Ein Athener preist seine Heimat. **Bilde** die jeweils passende Form im Komparativ und übersetze: 1. Patria mea (pulcher) est quam tua. … **(72, Ü c)**
	Ordnen	Informationen / Sachverhalte nach einem vorgegebenen oder selbst geschaffenen Ordnungsraster darstellen.	Nenne die Adverbien aus **E 1**, die du schon im Wortschatz gelernt hast. **Ordne** die Adverbien aus **E 2–4** nach ihrer Bildung den Adverbien von **E 1** zu. … **(75, Lerncampus E)**
	Wiedergeben	Informationen / Sachverhalte knapp darstellen.	**Gib** den Inhalt der beiden Abschnitte in je zwei deutschen Sätzen **wieder**; … **(XXV, V a 1)**
	Zusammenstellen	die in der Aufgabenstellung verlangten Gesichtspunkte sammeln.	**Stelle** vor der Übersetzung der ersten Texthälfte die Adjektive im Komparativ und Superlativ **zusammen**. **(72, V a 1)**
	Zuweisen	Informationen einem vorgegebenen Ordnungsraster zuordnen.	Befehl – Verbot – Ermahnung. **Weise** den folgenden Sätzen den entsprechenden grammatikalischen Begriff **zu:** 1. Tacete et audite haec consilia: … **(77, Ü c)**
II.	Analysieren	die einzelnen Bestandteile von Wörtern, Sätzen oder Texten ermitteln und erklären.	Alle **analysieren** zwei Sätze von **Ü c** nach dem Modell von **E** (schriftlich). … **(96, Lerncampus Ü 1)**
	Anwenden	dein Vorwissen und Können einsetzen, um eine Aufgabenstellung zu bewältigen.	Erschließe mithilfe von **Ü b** weitere Übersetzungsmöglichkeiten und **wende** sie in **E 2** und **3** **an.** **(94, Lerncampus E 2)**

Aufgabenstellung	Hier sollst du ...	Beispiel
Belegen	einen vorgegebenen oder von dir entdeckten Sachverhalt am Text nachweisen.	**Belege** am Text, wo die Toleranz der Römer gegenüber fremden Religionen deutlich wird. (**78, V a 2**)
Bezüge herstellen	Zusammenhänge zwischen der antiken Welt und späteren Zeiten erkennen und beschreiben.	Informiert euch im Internet, was eine „tragische Beziehung" ist, und **stellt Bezüge** zu **T her**. (**76, V b 2**)
Entwickeln	einen Sachverhalt in nachvollziehbaren Einzelschritten darlegen.	**Entwickelt** aus eurem Wissen über die epikureische und die stoische Philosophie ... ein Streitgespräch zwischen je einem Anhänger dieser Richtungen und führt es in der Klasse durch. (**XXX, Ü h**)
Erfassen	einen Sachverhalt in seinem Kern verstehen und darstellen.	Lies den lateinischen Text und die deutschen Passagen vor der Übersetzung konzentriert durch und **erfasse**, wie Iphigenie die Flucht vorbereitet, wie sie scheitert und wie die Flucht dann doch noch möglich wird. (**XXVI, V a 1**)
Erklären	die Besonderheiten eines Sachverhalts knapp und verständlich darstellen.	Durchblick ist wichtig. **Erklärt** die Sentenz mithilfe von Beispielen: Felix, qui potuit rerum cognoscere causas. (**72, Ü e**)
Erläutern	einen Sachverhalt durch zusätzliche Informationen (Beispiele, Belege) verdeutlichen.	**Erläutere** mithilfe ihrer Bedeutung die Frage, um die es Krösus und Solon geht. (**72, V a 2**)
Erschließen	durch Schlussfolgerungen einen Sachverhalt ermitteln.	**Erschließe** bei einem ersten konzentrierten Durchlesen (vor der Übersetzung) den Inhalt des Briefes; ... (**74, V a 1**)
Herausarbeiten	wesentliche Gesichtspunkte eines vorgegebenen Sachverhalts aufzeigen.	**Arbeite** aus **T** (Z. 6–12) die zwei von Tacitus beschriebenen „Gesichter" der Germanen **heraus**. (**81, V a 2**)
Nachweisen	einen Sachverhalt z.B. durch Belege aus dem Text bestätigen.	**Weise** an den Inschriften und den Bauwerken antike Bezüge **nach**. (**S. 104, b**)
Nutzen	Materialien oder Informationen zur Bearbeitung einer Aufgabenstellung heranziehen.	Erschließe bei einem ersten konzentrierten Durchlesen (vor der Übersetzung) den Inhalt des Briefes; **nutze** dazu auch die Überschrift, die deutsche Hinführung mit den Namen und die Superlative in Z. 8–20. (**74, V a 1**)
Paraphrasieren	mit eigenen Worten die wesentlichen Inhalte eines Textes knapp zusammenfassen	**Paraphrasiere** mithilfe der Subjekte und Prädikate sowie der Akkusative und Infinitive in den AcI-Konstruktionen die Ausführungen des Plinius im 2. Abschnitt (Z. 4–9). (**85, V a 2**)

III.

Aufgabenstellung	Hier sollst du …	Beispiel
Begründen	einen Sachverhalt, eine Meinung oder Behauptung durch Argumente bzw. Belege erhärten.	Suche mit deinem Nachbarn auf dem sog. Philosophenmosaik (S. 13, Abb. 3) die Figur, die Thales darstellen könnte, und **begründe** deine Entscheidung. (**XXV, Ü f**)
Erörtern / Diskutieren	einen Sachverhalt von verschiedenen Standpunkten beleuchten und begründet dazu Stellung nehmen.	**Diskutiert**, was die beiden Aussagen (Z. 18f.) für Besucher und Ratsuchende bedeuten können. (**73, V d 1**) **Erörtert** den Inhalt der folgenden Sentenzen, … (**XXXII, Ü b**)
Stellung nehmen	einen Sachverhalt aufgrund eigener Kenntnisse und eigener Meinung bewerten.	**Nimm Stellung** dazu, ob er damit recht hat. (**XXIX, V d 2**)
Überprüfen	eine Aussage anhand von Kenntnissen und Belegen beweisen oder widerlegen.	… und **überprüft** eure Ideen anhand von Abbildungen der Kardinaltugenden im Internet. (**S. 103, c**)
Übersetzen	lateinische Sätze in richtigem und gutem Deutsch wiedergeben.	Philosophie macht reich. **Übersetze**: 1. Aliquo die Thales cives de se dicere audivit: … (**71, Ü d**)
Untersuchen	besondere Merkmale eines Texts / Sachverhalts nach vorgegebenen oder eigenständigen Gesichtspunkten herausarbeiten.	**Untersucht** die Anwendung der folgenden Rechtsgrundsätze in 78 und 91 **T** sowie an Situationen aus dem Schulalltag: Audiatur et altera pars! (Auch die andere Seite soll gehört werden!) (**XXXI, Ü k**)
Vergleichen	nach vorgegebenen oder selbst gewählten Gesichtspunkten Gemeinsamkeiten und Unterschiede von Bildern, Texten, Sachverhalten ermitteln.	Auf dieser Seite findet ihr verschiedene Vorstellungen darüber, worin Glück besteht. **Vergleicht** damit eure eigenen Vorstellungen von Glück und ergänzt ggf. Aspekte, die euch wichtig sind. (**72, V b**)

Abkürzungen

Abl.	Ablativ
AcI	Akkusativ mit Infinitiv
Adj.	Adjektiv
Adv.	Adverb
Akk.	Akkusativ
Dat.	Dativ
Dekl.	Deklination
dir.	direkt
dopp.	doppelt(er)
dt.	deutsch
e.	englisch
f	feminin
f.	französisch
Fut.	Futur
Fw.	Fremdwort
Gen.	Genitiv
griech.	griechisch
i.	italienisch
Imp.	Imperativ
Impf.	Imperfekt
indekl.	indeklinabel
Ind.	Indikativ
Inf.	Infinitiv
jd.	jemand
jdm.	jemandem
jdn.	jemanden
intrans.	intransitiv
Jh.	Jahrhundert
Konjug.	Konjugation
kons.	konsonantisch
lat.	lateinisch
m	maskulin
m.	mit
n	neutrum
Nom.	Nominativ
örtl.	örtlich
Perf.	Perfekt
Pers.	Person
Pl.	Plural
Plusqpf.	Plusquamperfekt
Präd. nom.	Prädikatsnomen
Präp.	Präposition
Präs.	Präsens
Pron.	Pronomen
röm.	römisch
s.	spanisch
Sg.	Singular
Subj.	Subjunktion
Subst.	Substantiv
trans.	transitiv
vgl.	vergleiche
Vok.	Vokativ
wörtl.	wörtlich
zeitl.	zeitlich

Bildnachweis

Abgußsammlung, München **53 (2)** | Abgußsammlung, H. Gloeckler, München **53 (5)** | Abraham, Hedwig, Wien / www.viennatouristguide.at **104** | AdobeStock / LightingKreative **105** | akg-images **35, 37, 62, 65** | akg-images / Album, Prisma **81** | akg-images / Bildarchiv Steffens Cover, **35, 47, 49** | akg-images / Werner Forman **50** | akg-images / Fototeca Gilardi **67** | akg-images / Heritage Images, CM Dixon **18** | akg-images / HervÃ©Champollion Hervé Champollion **92** | akg-images / Erich Lessing **25, 29, 31, 42, 73, 92** | akg-images / Gilles Mermet **22, 89** | akg-images / Philippe Mailard **86** | akg-images / Mondadori Portfolio, 2008 Electa **27** | akg-images / Nimatallah **12, 69** | akg-images / UIG, Universal History Archive **66** | Alamy Stock Photo / Vito Arcomano **34** | Alamy Stock Photo / Peter Eastland **52** | Alamy Stock Photo / Cristiano Fronteddu **71** | Alamy Stock Photo / imageBROKER **104** | Alamy Stock Photo / incamerastock **100** | Alamy Stock Photo / JB Travel **242** | Alamy Stock Photo / Lautaro **104** | Alamy Stock Photo / Bernard Menigault **59** | Alamy Stock Photo / Peter Schickert **105** | Alamy Stock Photo / George Alexandeer Stockimo **26** | Alamy Stock Photo / The Picture Art Collection **76** | Alamy Stock Photo / villorejo **17** | Archiv i.motion GmbH, Bamberg **242, 243** | bpk-Bildagentur **35, 95** | bpk-Bildagentur / Antikensammlung, SMB, Johannes Laurentius **19, 53** | bpk-Bildagentur / Bayerische Staatsgemäldesammlungen **77** | bpk-Bildagentur / Landesmuseum Württemberg, Hendrick Zwietasch **39** | bpk-Bildagentur / Scala **16, 21** | bpk-Bildagentur / Staatsbibliothek zu Berlin, Ruth Schacht **77** | bpk-Bildagentur / The Trustees of the British Museum **90** | Bridgeman Images **67** | Bridgeman Images / Gift of Mrs. Richard C. DuPont **41** | © Disney **64** | Diözesanmuseum Bamberg / Foto: Ludmilla Kvapilová-Klüsener **97** | dpa Picture-Alliance / akg-images **93** | dpa Picture-Alliance / akg-images, Hervé Champollion **6** | dpa Picture-Alliance / ANSA, Claudio Peri **43** | dpa Picture-Alliance / Arne Dedert **43** | dpa Picture-Alliance / Eventpress Hoesch **32** | dpa Picture-Alliance / Uwe Zucchi **27** | drama-berlin.de / Barbara Braun **27** | Fotolia / pixelblick **83** | Fotolia / VRD Cover | Getty Images Plus / iStockphoto, fotokris **103** | H & H Liedel GbR, Nürnberg **79** | Interfoto / Mary Evans **65** | Mauritius Images / Alamy Stock Photo, Zoonar GmbH **45** | Mauritius Images / Rene Matthes Cover | Mauritius Images / Johanns Pistorius **54, 55, 75** | Mauritius Images / Science Source, New York Public Library **99** | Mauritius Images / Michael Szönyi **61** | Ny Carlsberg Glyptotek, Copenhagen **84/85** | Peter Peitsch / peitschphoto.com **27** | Peter Sippel, Mülheim / www.italien-und-vatikan.de **102** | Photo Scala **52** | Photo Scala / courtesy of the ministero Beni e Att. Culturali **13** | Stadt Deggendorf, Andreas Sobeck **12.**

Textnachweis

Phaedrus IV 25: Die Ameise und die Fliege, Übersetzung Dr. Brigitte Keller, <https://lehrerfortbildung-bw.de/u_sprachlit/latein/gym/bp2016/fb6/2_berufe/01_beruf/2_fabeln/2131_phaedrus-fabeln_zur_lebenswahl_korr.pdf **64** | Hymnus Latinus Europae („Ode an die Freude"), lateinischer Text © Peter Roland **101**

IMPERIUM ROMANUM
Das Römische Reich zur Zeit der späten Republik
Das Römische Reich zur Zeit des Augustus
Das Römische Reich zur Zeit seiner größten Ausdehnung 2. Jh. n. Chr.
km 200 400
Maßstab 1:14 000 000
OCEANUS ATLANTICUS
CALEDONIA
Vallum Hadriani
HIBERNIA
Eburacum
Mare Germanicum
BRITANNIA
Londinium
Oceanus Britannicus
Germania inferior
Colonia Agrippina
Rhenus
Visurgis
Albis
Viadua
Limes
GERMANIA
Belgica
Sequana
Lugdunensis
Lutetia
GALLIA
Mosella
Augusta Treverorum
Mogontiacum
Germania superior
Castra Regina
Liger
Mare Cantabricum
Vesontio
Augusta Vindelicum
Vindobona
Augusta Rauricorum
Raetia
Noricum
Aquitania
Brigantium
Burdigala
Duranius
Garumna
Lugdunum
Dravus
HISPANIA
Tarraconensis
Durius
Iberus
Narbonensis
Rhodanus
Arausio
Mediolanum
Aquileia
Pannonia
Padus
Tolosa
PYRENAEI
Arelate
Aquae Sextiae
Genua
Savus
Numantia
Salmantica
Lusitania
Narbo
Massilia
Ravenna
ILLYRICUM
Dalmatia
Caesaraugusta
Bilbilis
Pisae
Salonae
Tagus
Olisipo
Emerita Augusta
Toletum
Tarraco
Mare Adriaticum
Corsica
Tiberis
ITALIA
Anas
Saguntum
Ostia
Roma
Valentia
Capua
Corduba
Baetis
Baleares
Neapolis
Pompei
Paestum
Tarentum
Sardinia
Gades
Baetica
Nova Carthago
Mare Tyrrhenum
Tingis
Mare Ibericum
Panormus
Mauretania Tingitana
Hippo Regius
Segesta
Volubilis
Carthago
Sicilia
Agrigentum
Syracusae
Mauretania Caesariensis
Numidia
Zama
Thapsus
Syrtis minor
Tripolis
Leptis Magna
Africa proconsularis
Syrtis
AFRICA